いま語るべき日中戦争

民衆の視点による
歴史認識の日中共同研究

日中口述歴史・文化研究会／編

同時代社

日中口述歴史・文化研究会設立一五周年記念出版

はじめに――司馬遷『史記』に学ぶ

須藤正親

戦争の世紀をつぶさに見てきたイギリスの哲学者、バートランド・ラッセル（一八七二〜一九七〇）は、戦争という「集団的精神異常」の発芽を抑えるために、次のように言っている。「宇宙を敵対する二陣営―味方と敵、助けるものと敵対するもの、善と悪―に分ったりせず、全体を公平に観察することである。知識の獲得はすべて自己の拡大であるが、この拡大は、それを直接求めないときにもっともよく達成される。知識は、自己と自己ならざるものとの統合の一形式なのである」（『哲学の諸問題』より）。端的に言えば、彼は、人間を単純に「敵」と「味方」に分ける短絡した論理のおぞましさを鋭く突くとともに、ちっぽけな人間の単線的な目ではなく、複眼的なそして宇宙空間的な眼をもつことを説いて止まなかったのである。

だが、わたしたちは、警句を発し続けたそのラッセルより二千年余り前、中国の歴史書『史記』によって、そうした視点を余すところなく展開記述した、司馬遷という歴史家、思想家がいたことを、改めて思い起こさずにはいられない。

『史記』は、周知の通り、中国の伝説上の帝王、黄帝から漢王朝時代までを表した歴史書で、その内容は五つの形式、「本紀」「書」「表」「世家」「列伝」からなり、それぞれ独立していると同時に、互いに関連し合い、補い合っている。「本紀」は歴史上の主人公となる皇帝を軸に展開され、「世家」はそれを巡る小中心とし、その間にあって、彼らに絡み合い歴史に参与した人々を「列伝」で取り上げている。また、「書」は歴史上の問題を、「表」はその事実を整理して、歴史を俯瞰する材料を提供している。

読み物としても、読者を惹きつけて止まない「本紀」「列伝」も共に単純ではない。例えば、「本紀」に漢の高祖・劉邦が登場するのは当然だとしても、本来ならば、「列伝」でもしかるべき項羽を「本紀」として取り上げている。秦帝国崩壊後、項羽が覇権の先頭に立っていたことは事実だが、皇帝とは成り得なかった劉邦の宿敵・項羽を、司馬遷は「本紀」の人に加えたのである。さらに言えば、高祖の正妻で、漢帝国の礎を揺るがせた呂后をも「本紀」に登場させ、その暴虐ぶりを活写している。

「列伝」では、義に殉じた伯夷・叔斉兄弟を列伝第一に取り上げたのに始まり、第七に仲尼（孔子）弟子、第二四で、日本でもよく知られている屈原などを取り上げて、司馬遷のよって立つところを旗幟鮮明にしながらも、列伝最後の第六九で「貨殖列伝」として、「人は霞を食う」ばかりでは社会は成り立たず、経済人を蔑ろにしているわけでないことを詳細に記述している。

『史記』の世界は単純ではない。中国全土を隈なく歩き、目にし、耳にし、収集した資料をもとに司馬遷は、歴史が複雑な人間がらみで成り立っていることを洞察したのである。それは、正、不正、義、不義、誠実、狡猾、徳、不徳、悪徳、信頼、猜疑、羨望、嫉妬、密告、寛容、厳格、野心、勇気、友情、漢奸、愛憎、憤怒、等々、一筋縄では計り知れない人間内奥の複雑さから歴史が作られてきたことを、複眼的に俯瞰することであった。

『永遠平和』を問うたドイツの哲学者カント（一七二四〜一八〇四）は、イギリスの先人ジョン・ロック（一六三二〜一七〇四）の『人間悟性論』に倣ったのか、最晩年、『人間学』という論考を著したが、彼が『史記』を通読していたかどうかは、寡聞ながら知らない。だがわたしたちは、人間を余すところなく描いた『史記』を知っている。それは、ただ単に「朝夕を争う」のではなく、「千年」の視座をもって、多様な人間を学ぶことが、日中友好に資することを教えている。

目次

序章　日中口述歴史・文化研究会の歩み

研究会発足の経緯と今後の課題

植田渥雄

日中口述歴史・文化研究会が設立されて早くも一五年が過ぎました。当時を振り返ると実に感慨に堪えません。過去の冊子をひもといてみると、設立趣旨として次のように書かれています。「なまの記憶を掘り起こし、日中の歴史体験者に口述で歴史を語ってもらい、民衆自身を歴史編纂の表舞台に上げ、学会の研究活動を通じて日中民衆間の心を通わせ、相互理解による民衆間の共通史観を模索し、子々孫々の平和友好を促進する」と。

このことについては設立当時から様々な意見がありました。「歴史体験者からなまの記憶を掘り起こす」という点について異論はなかったようですが、中には次のような意見もありました。研究会の目的はあくまで研究者の純粋な学術活動の一環と位置付けるべきで、通常の政治活動や市民運動とは異なったものでなければならない、したがって資料提供者（歴史体験者）と研究者（記録者）との間も一線を画すべきで、両者を混同してはならない、というものでした。この考え方の主旨は、他の諸々の学術研究組織と同様、外部からの政治目的、利害目的等による干渉を排除して、学術団体としての純粋性を確保しようとするものでした。

しかし発足当時の状況から見れば、これは時期尚早の観がありました。というのは、発起人として参画した人たちのうち、その中心を占めていたのは、橋口傑氏をはじめとする「富士語りべの会」の人たちで、この方たちには学術経験者は含まれず、全員歴史体験者であると同時に記録者としても数十年にわたる経験と実績を積んでいました。一方、研究者として新しく参加した人たちの多くは既に大学を定年退職した人たち、或いは定年に近い人たちで、何れもそれぞれの分野で豊富な見識と研究業績を有しているにもかかわらず、オーラルヒストリー（口述歴史）という分野では、ほとんどこれといった業績を持ち合わせていませんでした。全国の大学を見渡してもこの分野を専攻する学科は見当たらず、したがって新しい研究者を養成する機関もありませんでした。更に、設立の趣旨に応えて集まって来た若い人たちも少なからずいましたが、もちろん彼らは歴史体験者でもなければ、研究者志望でもありませんでした。

端的に言えばすべてが素人集団であったということです。にもかかわらず数十人単位の人々が集まったのは、「富士語りべの会」の活動実績に興味を示す人が如何に多かったかということを物語っています。もちろん「語りべの会」以外の体験者も多数集まってきました。

ここで「富士語りべの会」について一言触れておきますが、本部は静岡県富士市にあり、ここを活動拠点として、体験を同じくする人たちの多い長野県をはじめとして、全国的な活動を展開していました。メンバーの多くは戦時中、満蒙開拓団員として旧満洲にわたり、敗戦後、人民解放軍に協力し、彼らと生活を共にしながら中国解放のために戦った経験を持つ人たちでした。

この中の幾人かは当研究会設立の中心的存在となりましたが、これらの人たちとの接触は、わたしたちのような門外漢の研究者はもちろん、一般の人々にとっても意義深いものがあったと思います。

人民解放軍と行動を共にした人たちの存在は、私個人としても何かの記録で目にし、または口づてに聞いていましたが、体験当事者の口から直に話を聞くのは初めてのことでした。体験者の話の中には、これまで中国関係の専門家からは知らされることのなかった事実もありましたが、その内容等についてはここでは省略します。

というわけで、ひとまず目の前にいるこの人たちの実績を手本として口述歴史のあり方を学ぶということも必要な項目の一つとなりました。

さらにもう一つ、「日中友好」を旗印として掲げるのは学術組織の在り方として如何なものかという意見もありました。会員個人が日中友好を主張するか否かは会員個人の問題であって、会設立の趣旨として前面に掲げるのは果たして適切と言えるかどうか、というものでした。この主張も外部からの政治的干渉を排除する当時の学術組織の通例として、当然首肯し得るものでした。

しかし、これらの問題に関しては、会員の大多数が日中いずれかの国籍を持ち、日中間の平和と友好を願う人たちであったこと。設立当時、一時期の反日運動が収まり、友好ムードが盛り上がりを見せていた時期であったこと。それに加えて、そもそも日中間の友好がなければ入会希望者が集まる機会もなく、会の成立も困難という状況もありました。全体の雰囲気から見て、「日中友好」を前面に掲げることに、さほどの抵抗感はなかったように思います。

また、政治的干渉を避けるという意味合いを込めて、国家間の友好について触れることは避け、「民衆間の友好」に留めたのは、ある意味、苦肉の策でもありましたが、これが結果として「日中民衆間」における「共通史観」の「模索」という文言と相俟って、この会の特性を表わすものとなりました。その結果として生まれたのが「日中口述歴史・文化研究会」という名称でした。「学会」という二文字を敢えて使わなかったのは、学会と称するには時期尚早で、暫く検討期間を置く必要があるという意味合いからでした。「文化」という二文字を加えたのは、研究領域を「口述歴史」に特化するには、その専門性の点で、これもまた時期尚早の観があるという意味合いからでした。

結果として生まれたのは、学術組織と友好団体を兼ね合わせたファジーな領域のグループでしたが、これはやむを得ないことであったと思います。一方、このような融通性がこの会の活動に幅を持たせ、一五年の長きにわたって活動を持続させる要因となったとも言えます。

以上、研究会発足の経緯について述べてきましたが、今、改めて思い返すと、世界の潮流も時代の雰囲気も、甚だしきに至っては、人々の心までもが信じ難いほど大きく変わってきているように見えます。これから一五年後もこのような状態が続くかどうか、保証の限りではありませんが、当研究会もこの新しい時代の変化の影響を多少受けることもあるかと思います。ただ「民衆のナマの声を掘り起こし後世に伝える」という、この一点だけは当会が存続する限り不変であって欲しいものです。

日中口述歴史・文化研究会の一五年

李素楨

一　研究会設立の経緯

本研究会設立のきっかけになったのは、私が博士論文「旧満洲における日本人の教育に関する研究―中国語能力検定試験を巡る歴史」を執筆するに際して、かつて旧満洲に住んでいた多くの日本人の方々にインタビューを行ったことにあった。

一〇年間にわたる数多くの日本人の「口述証言」の内容に、私は衝撃を受け、心の底から驚かされたのである。その口述内容の多くは、どんな歴史の教科書にも書かれてはいなかったものだったからである。私はこうした内容を是非とも広く社会に知らせ、さらには後世にも残しておきたいと実感し、そのことを何人かの先生方にお話をした。その中のお一人、私の博士論文の指導教授である桜美林大学の植田渥雄教授（後に本会初代会長、現、名誉会長）は、「このテーマは、これまで誰も踏み込むことのなかった斬新な研究領域です」と指摘されたほか、東京大学の衛藤瀋吉名誉教授からは、「この研究は、本来、日本人がやらなければならないのですが、李先生が苦労しておやりになればよい。そのことを、私は日本人として感謝します」と評価されるとともに「日中関係の改善のために、幅広く深く継続的に研究していくことを期待しています」との励ましの言葉を頂いたのである。

こうして私は、博士論文で扱うことができなかった多くの残された課題を追求するために、そしてそのことが、より良好なこれからの日中両国関係に資するために、この「口述歴史」の研究を以後の私の使命にしようと決意したのである。

しかしこの研究は、私一人の力でできるものではない。かつて戦前・戦中には、旧満洲だけではなく、中国全土に多くの日本人が住み、その人たちは日本に帰国してからも日本全土に散らばって住んでいる。そうした人たちにできるだけ多く直接お会いしインタビューをして、口述資料を収集していかなければならないが、私一人の力量では限界があることに気付かされ、私はそこでこの問題に関心のある人々とともに、グループを結成し、共同で取り組もうと考えたのである。

そしてそのことを、植田渥雄教授、旧満洲瀋陽生まれの日本大学の杉村房彦教授、東海大学の須藤正親教授、桜美林大学の田中慎也教授、「富士語りべの会」の橋口傑代表、「四野会」の幅敬信代表、口述歴史を研究している慶應義塾大学博士課程中の田剛氏などの各氏に相談した。その過程で須藤正親教授（現在の本会会長）から「賛成です。前例のない民間学術団体を作りましょう」との提案を頂いたのを契機に、各氏とともに会の名称、研究方法、目的及び会則等、細部にわたって議論をしたのである。

その結果、名称を「日中口述歴史・文化研究会」とし、約一年半の準備期間を経て、二〇〇七年二月、ようやく本会設立のための準備会を開

準備会発足（2007年2月20日）富士市吉原公民館

催するまでに至ったのである。

二　研究会の目的と性格

二〇〇七年三月一一日、静岡県富士市吉原公民館で「日中口述歴史・文化研究会」の設立大会を開催した。

研究会の目的は、歴史教科書に書かれていない民衆の生の記憶から史実を掘り起こし、ありのままの歴史を後世に伝えるとともに、これまでの歴史研究の空白を埋め、隠された事実を解明し、「口述」歴史学を創造することを目的とするものであり、加えてそのことにより日中双方の新たな歴史認識を共有化しようとするものである。そのことはさらに、その時代の日中間の歴史体験者に、実際に体験した生の歴史的事実を語ってもらうことによって、民衆自身に歴史編纂の表舞台に参加して頂き、こうした研究活動を通じて、日中民衆間の心の交流を深め、相互理解による日中間の子々孫々にいたる平和友好を促進する、ということでもある。

そのために、研究会は以下の五つの性格を保持することに努めた。①「真実性」、②「証拠性」、③「鮮明性」、④「独自性」、⑤「民間性」である。つまりいかなる政治行政機関とも距離を置き、実証的客観的な方法と合理的で明解な論理を堅持しようとするものであり、またその対象は普通の民間の

研究会創立大会（2007年3月11日）富士市吉原公民館

人々の証言を重視するという点で、独自の民衆の歴史学を創造しようとするものである。

さらに、本研究会は、①「無政府背景」（政府機関との関係を持たない）、②「有和平理念」（日中友好、人類平和の促進の理念に基づく）、③「自費調査研究」（ひも付きの資金によるのではなく、私費での調査・研究を行う）、④「搶救口述歴史」（失われつつある口述証言を緊急に掘り起こす）」という骨格を柱とした民間学術団体であると定めている。

本研究会の植田初代会長は、かつて「私たちは司馬遷のような偉大な歴史家ではありませんが、この偉大な先人から学びたいと思っています」と語られた。為政者にとって良いことだけでなく悪いことも（現代的に言い換えれば被害の歴史だけでなく、加害の歴史も）、ありのままに記した司馬遷にならって、これを本研究会の「座右の銘」として一五年間歩み、努めてきたつもりである。

三　研究会のこれまでの歩み

これまでの研究会の歩みは、以下の三つの段階に大別することができる。第一は、二〇〇七～一〇年のスタート段階であり、第二は、二〇一〇～一九年の発展段階であり、第三は、二〇二〇～二三年の現在の段階である。

この間、本研究会が取り上げたテーマや証言は、三光作戦、細菌戦、慰安婦、徴用工、満蒙開拓団、「五族協和」のスローガンの問題性、盗測地図、軍事郵便・戦地日記、軍国主義教育、日本人捕虜の思想変容、文化侵略と思想殖民、父（参戦した男）達の戦争足跡の検証、口述歴史学方法論の検討、文献資料と口述証言の関係など数多くある。

研究会の開催は、日本で二九回の例会、中国で一三回の講演会・シンポジウム、オンラインでの研究会は三回

国際シンポジウム　遼寧大学（2007年9月6日）（左）吉林省社会科学院（2007年9月7日）

と、一五年間で合計四五回に及んだ。参加者は少ない会でも五〇人以上であり、多い会では中国中央テレビの生放送を通じて五〇〇〇万人とも言われる人々が視聴していた。

（1）スタート段階（二〇〇七～一〇年）

スタート段階では、研究会の理念や目的を確立することであり、できるだけ広範に歴史の口述証言を調査・収集し、公表することであった。その結果、以下の成果を上げることができたと考えている。それは、口述証言により、中国の国共内戦の時に、共産党軍（八路軍・解放軍）に参加した日本人が多く存在した事実をはじめて公表したこと、しかも彼らは「売国奴ではなく平和の勇士であった」と位置づけることができたということである。

また中国東北部の五カ所の大学でも講演会を開催し、その模様をテレビ、新聞などが報道して、数万を超える大学生がそれを見たとされ、講演会後には、多くのメール、手紙などによる反響があり、とりわけ講師の一人であった橋口傑宛に五〇通余りの中国の大学生からの手紙が寄せられた。また日本国内でも、静岡県、長野県、山梨県、東京都の町田市、神奈川県の秦野市などでも講演会を開催し、多くの市民・学生らが聴講した。こうして日中民衆同士がお互いに心を通わせる切っかけが多少なりとも出来たものと考えている。

（2）発展段階（二〇一〇～一九年）

発展段階での課題は、①広範な調査により収集された口述証言を深く掘り下げること、②口述歴史学そのものの方法論を模索すること、③日中共同で口述歴史の若手研究者（大学院生等）を育成すること、④個人研究とともに研究チームを作って共同で幅広い研究を推し進めること、であった。その結果、課題の①と②に関しては、日本軍の三光作戦、七三一部隊などの細菌戦、慰安婦、徴用工、戦犯の遺言、満蒙開拓団の実態、「満洲国」における〝五族協和〟の問題性、軍国主義教育の様相、日本人捕虜の思想変容、戦地からの軍事郵便や戦地日記、兵士として戦争に参加した自分の父親の足跡調査、日本軍による満洲の盗測地図の作成、欧米における口述歴史の方法論の検討など、多くの研究成果が発表された。この間も、本会会員たちは、中国にも出張し、各大学など各地で講演会やシンポジウムを開催し、それらは、中国中央テレビや上海テレビ、中国新聞や長春新聞などの多くの各種メディアで取り上げられた。

次に③の課題については、中国の大学から口述歴史研究の共同研究の提案があり、瀋陽師範大学、吉林師範大学、長春師範大学などに、本会の学生会員を推薦して送り、十名ぐらいの学生が口述歴史に関する修士学位を取得することができた。

なお課題④に関しては次の「現状」の項で叙述する。

国際シンポジウム　中国偽満洲皇宮博物館（2011年9月）

（3）現状（二〇二〇〜二三年）

研究会の現在の活動状況として、以下の諸点を挙げておきたい。

①これまでインタビューをした数多くの口述歴史証言を整理し、それらを深く掘り下げる作業である。

またチームとしての共同研究として以下の諸研究が行われている。

②海外に派遣された兵士たちが日本の肉親や友人等に送った「軍事郵便」を無声の口述証言として解読・研究する作業であり、森彪副会長、片山兵衛理事、長野真理子理事、氏田和子会員を中心に精力的に活動している。軍事郵便は手書きのため読みにくく、また検閲のため内容が切り取られたり、墨で塗られたり、〇〇（地名が秘密にされた）で表示された箇所もあり、解読がきわめて困難なところも多いが、既に軍事郵便研究会を五回開催し、解読した郵便物は千通余りにものぼる。

③高齢の直接体験者が減少していく中、その子供たちが父親の戦争活動をたどる「父達の足跡を辿る」という研究チームを、本会の竹上勝利理事、前田哲夫会員を中心に結成し、父親たちの戦争体験を可能な限り復元しようとする作業を続けている。

④黒井秋夫会員を代表として、「PTSDの復員日本兵と暮らした家族が語り合う会」を結成し、「復員した父が戦後アルコール依存に

26回研究会（2017年11月19日）桜美林大学

苦しんでいた」あるいは「家族へ暴力をふるっていた」といった様々な証言、体験談を全国から収集している（ホームページ　https://www.ptsd-nihonhei.com）。

⑤田中慎也副会長、何彬副会長、椎名宮雄副会長、史東陽副会長、干場辰夫副会長（事務局長）、田剛理事、渡辺美佐子理事、伊藤なな理事等、個々の研究者が、日本や中国の様々な文化の諸相や日中文化の交流等についての個別的な研究を続けている。

四　今後の課題

二〇〇七年、富士山の山麓に「口述歴史・文化研究会」が誕生した。会長をはじめ、理事や会員の皆様のお陰で、この会は赤ん坊から漸く一五歳の青年になったところである。まだまだ年若く、不十分なところが多々あるとは言え、今後も歩み続け、次のことにも挑みたいと考えている。①研究を継承するため、若手研究者だけでなく、関心を持つ一般の若者たちの育成、②これまでの数多くの口述証言のさらなる整理に加え、その翻訳や研究の深化を行い、それに基づくデータベースの構築、さらには③目標として、世界文化遺産の記憶遺産への登録である。こうした活動を通して、日中友好、世界平和に貢献したいと考えている。

第一章　口述歴史体験編

中国大陸に生きた波瀾万丈の半生
――満蒙開拓義勇軍から関東軍、謝文東軍を経て人民解放軍へ

橋口傑
インタビュー：田剛・李素楨・森彪・岡木隆敏
記録：森彪・郭華飛

満蒙開拓義勇軍への参加

問：橋口さんが満蒙開拓青少年義勇軍に志願したことについてお話を聞かせてください。

橋口：私は一〇人兄弟、上から五人が男で、四番目の私まで小学校高等科卒業で家を出ていますので、農家の手伝いのいない父母は大変だったと思います。一番上の兄は北九州の軍需工場から軍隊へ行き、バレンバンの落下傘部隊で負傷し、日本で治療中に終戦、二男は昭和一三年に第一次満蒙開拓青少年義勇軍で満洲へ、その兄のいた大東開拓団が軍隊への応召で残り僅かとなり、団員の親族を補充募集したのに、「お前も行け」ということで、私は昭和一六年に義勇軍に行くことになったのです。私のすぐ上の兄は、海南島に行っていましたが病気で内地治療中に亡くなりました。

昭和一五年、当時澎湃として湧き興っていた満洲への移民について、私は私なりに真剣に考えていた。長男でない私は、しかも兄や姉の多い家、将来の生活、独立への道は自分で拓かねばならない。一四歳の少年はひそかに決意しました。満洲へ行くと言ったとき、父は黙ってうなずき、ソッポを向いた。母は「こんに小さいのに」

と、声をつまらせたまま、泣きながら家の中に駆け込んだ。当時高等科卒業後の私たちの針路は、軍隊の少年兵に志願するか、満蒙開拓青少年義勇軍に行くか、または軍需工場に行くか、の三つしか選択肢はありませんでした。私は卒業を待たず、義勇軍に行くことを決めました。

義勇軍に参加する動機を調べてみると、私のように兄に言われて、というのは珍しく、昭和一六年の参加者一万二五一〇人のうち、先生の指導で、というのが九、六四八人でダントツに多く、「俺は先生に騙された」というほうがかなり多く見られました。また父兄の指導というのは六二九人と意外に少ないのです。そして、県庁前集合、記念撮影、壮行式、肉親との別れ、歓呼の声、旗の波に送られて内原訓練所へ。

橋口傑

満蒙開拓青少年義勇軍郷土部隊壮行式は、県並びに静岡市共同主催のもとに一四日一四時半から、静岡市公会堂で盛大に挙行されました。この日晴れの壮行式に参列の青少年義勇軍は、各郡ごとにまとまり、指定列車で続々静岡に乗り込み、会場に到着、定刻開会、国民儀礼、国歌斉唱の後、今松知事の式辞、大塚県会議長、山口町村会長、静岡市長代理川村助役その他来賓の激励の祝辞、満洲国大使館並びに義勇軍中隊長よりの祝電披露に次いで、静岡男子国民学校、長谷川博君が在校生を代表して送辞を朗読、記念品の贈呈がありました。義勇軍を代表して富士郡今泉村の若林唯夫君が「我等は誓って満蒙の礎石たらん」と、烈々たる決意を示す答辞があり、最後に聖寿の万歳を奉唱、義勇軍の万歳壮行式を閉じ、直ちに市役所前に整列、海洋少年団の音楽と日満国旗を先頭に隊伍堂々、中町・馬場町を経て浅間神社に至り祈願参拝を行い、安西から電車通りを公会堂前に再び市内行進を行い、一七時公会堂着、一応解散、一七時三〇分から一九時三〇分まで家族との面会並びに夕食会を済ませて、公会堂で映画と静岡芸能報国隊員による劇の慰安会に臨み、二四時静岡駅発の臨時列車で内原訓練所（現・茨城県水戸市）に向かい、一五日一一時三二分内原駅着、訓練所に入所した。

問：内原訓練所は今、遺跡として展示館を開設していますが、復元した蒙古の「パオ」のような兵舎はその時と同じですか。

橋口：あれは僕らの時より木材は少し奇麗だ。日輪兵舎の直径は、ざっと一一、二メートルでした。それは、一棟一個小隊（約四〇〜五〇名）が生活するのですから、かなり大きなものでした。私たちの高橋中隊は、これが六棟、つまり六個小隊の編成でした（橋口さんは日輪兵舎の様子、周囲の森の環境など詳しく説明したが、紙面の制限で省略）。

問：内原訓練所の訓練生活など、いかがでしたか。

橋口：二万坪（六万平方米）以上もあるという練兵広場の中央正面に訓練本部があり、その横に五層の太鼓楼が聳え、午前五時半、この太鼓の音と、起床ラッパが鳴り響き、三百余棟の日輪歩兵舎は、爆発したようになりました。見渡す限りの少年たちの美しい姿。日満両国旗がするすると国旗掲揚塔に登る。六時になると、雨の日以外は松林の中庭に出て、中隊ごとに点呼、礼拝が行われ、先ず中隊長の音頭で「すめらみこと、いやさかー」、つまり、天皇陛下万歳を三唱し、義勇軍綱領なるものを唱えました。

「すめらみこと」「いやさか」「あなおもしろ」という具合で、一挙手、一投足にも皇国精神が培われたのです。即ち、加藤完治所長のもと、満洲建国の聖業、遂行をスローガンに義勇軍魂を植え付けられたのです。朝礼、食事、作業、武道、体操などに使用する言葉が、すべて「やまとことば」で始まり、「やまとことば」で終わります。この行事が、義勇軍精神の基本とされました。

朝の礼拝が終われば朝食か、というと、そうはいきません。この後、「やまとばたらき」と称する体操がある。無論、号令はすべてやまとことば。「ヒー、フー、ミー、ヨー……」、これは空手と合気術の基本動作をミックスしたような体技で、奇妙なものでしたが、神がかりな号令もあって、朝のコンディション作りには合理的な運動であったとも言えるかも知れませんね。

それが済んでもたいていは朝食お預け。たいてい二列縦隊になって駆け足が始まります。練兵場だけでなく、門を抜けて所外へ出ることが多かった。始めは横っ腹を押さえて、落伍者も出ましたが、そんな時、幹部や小隊長の叱咤が飛びました。だんだん慣れるにつれ、距離も二キロ、三キロと延びていきました。満洲現地生活に備えて、愚痴一つこぼさず、黙々と基礎体力作りに励みました。

一個小隊だけの小集団だったためか、この朝の駆け足は苛酷なものでした。それは正門を出て、西へどんどん走り、行き着いた先は偕楽園（水戸市）。ゆうに一五キロです。偕楽園で一〇分の休憩、往復三〇キロのマラソン。それが週一回あった。四〇名中完走できたのは三名でした。私は先頭から三〇分遅れての帰隊で、もう九時になっていました。勿論帰隊まで朝食はお預け。二回目、三回目は全員で完走できました。満洲開拓をテーマにした「白蘭の歌」という映画を見せてくれました。両親が面会に来た時、とりとめない話で終わりましたが「ボクのことは心配いらない。ゆっくり日光でも見て帰りなさい」と言いました。

内原訓練所での三カ月間の訓練は終了、待望の渡満の日を迎えました。中隊長以下三〇〇名、日満国旗を先頭にラッパ鼓隊、各小隊が続き、静岡県郷土中隊は県都静岡、或いは沼津、浜松で壮行会が行われました。この少年たちは大きなリュックを背負い、銃の代わりに鍬の柄を担って、軍隊と全く同じような歩調で堂々と行進する姿に、歓送迎の方々は涙を流していました。

内原訓練所で壮行式を終えると、東京駅で下車し、ラッパ鼓隊を先頭に、丸の内街を堂々の行進。宮城二重橋前で横隊整列「天皇陛下の弥栄《いやさか》」（弥栄とは万歳に当たる言葉）を三唱した。新潟での乗船の場合は、列車でそのまま新潟に向いますが、敦賀や下関での乗船の場合は、途中で伊勢神宮に参拝しました。五十鈴川の水でうがいをし、手を洗って、神宮の前で恭しく頭を下げ、清々しい気持になって、乗船地に向かったのです。

昭和一六年になりますと、防諜意識が高まり、列車の窓は全てカーテンで閉ざしました。したがって窓外の景色を眺めることは出来なくなりました。現代の人たちには想像もできかねると思いますが、伊勢から下関まで、当時は一日かかりましたので、その間はカーテンで閉ざされた列車の中での忍耐は耐え難いものがありました。

関東軍入隊

問：満蒙開拓義勇軍で活動した後、関東軍に入隊しましたね。そのことについて話してください。

橋口：僕は、昭和一九年になって、関東軍第六〇三特警大隊に入隊することになりました。出頭してみたら、全員が一八歳ということでした。約四〇名が集合し、隊長（少佐でした）の訓示を受けましたが、全員が集合したのはこの一回限り、それも半日後にはバラバラに分散しました。私がまず行ったのは自動車の訓練でした。「お前は自転車に乗れるか」「はい、乗れます」「そんなら少し練習すれば運転できるようになる」と、いきなりオートバイの練習です。一日五時間ぐらい、みっちり運転させられ、三日もすれば自信が持てるほどになりました。「よし、これはできるな」、今度はサイドカーでした。同じように自信が持てるようになったら、今度はトラック、これはそう簡単にはいきませんでしたが、それでも一週間もやったら、かなりの悪路でもどうやら運転ができるほどになりました。「よし、ちょっと来い」それはドイツ製の乗用車でした。「やってみろ、ぶっつけるなよ」。座席に尻が沈み込みます。それまでの日本のトラックは始動の時、鉄の棒でクランクを手回しし、エンジンを始動させますが、これはキーを差し込んで回すだけでエンジンがかかるのです。「ギヤを入れろ」恐る恐るローギヤを入れてクラッチを離したらボーンと飛び出した。エンジンの音もあまり聞こえないのにボーンと飛び出したのです。「分かったか、他所の国の車はこんなに良くできているんだ」と言われ、なるほどと感心したものでした。

訓練は一日五時間から七時間ぐらい、みっちりしごかれましたが、訓練はそれだけではありませんで、一日二時間ぐらいの語学の学習がありました。それも中国語とロシア語ですが、中途半端に終わってしまいました。

今、思うとこれは特殊部隊の試験であったのではないか？　と勝手な推測をしています。スパイ、撹乱行動がとれるための、何でも出来る訓練の試行ではなかったかと思うんですよ。

昭和二〇年四月、東安の陸軍病院で衛生兵教育を受けました。

ある日、私に運転させ、行く先も明確に示さず、ただ走るだけ。助手席に座った上官の命令で「そこを右に」とか「左」とか指示され走らされた。着いたところは通遼の銭家店屯だった。その辺で止まれ

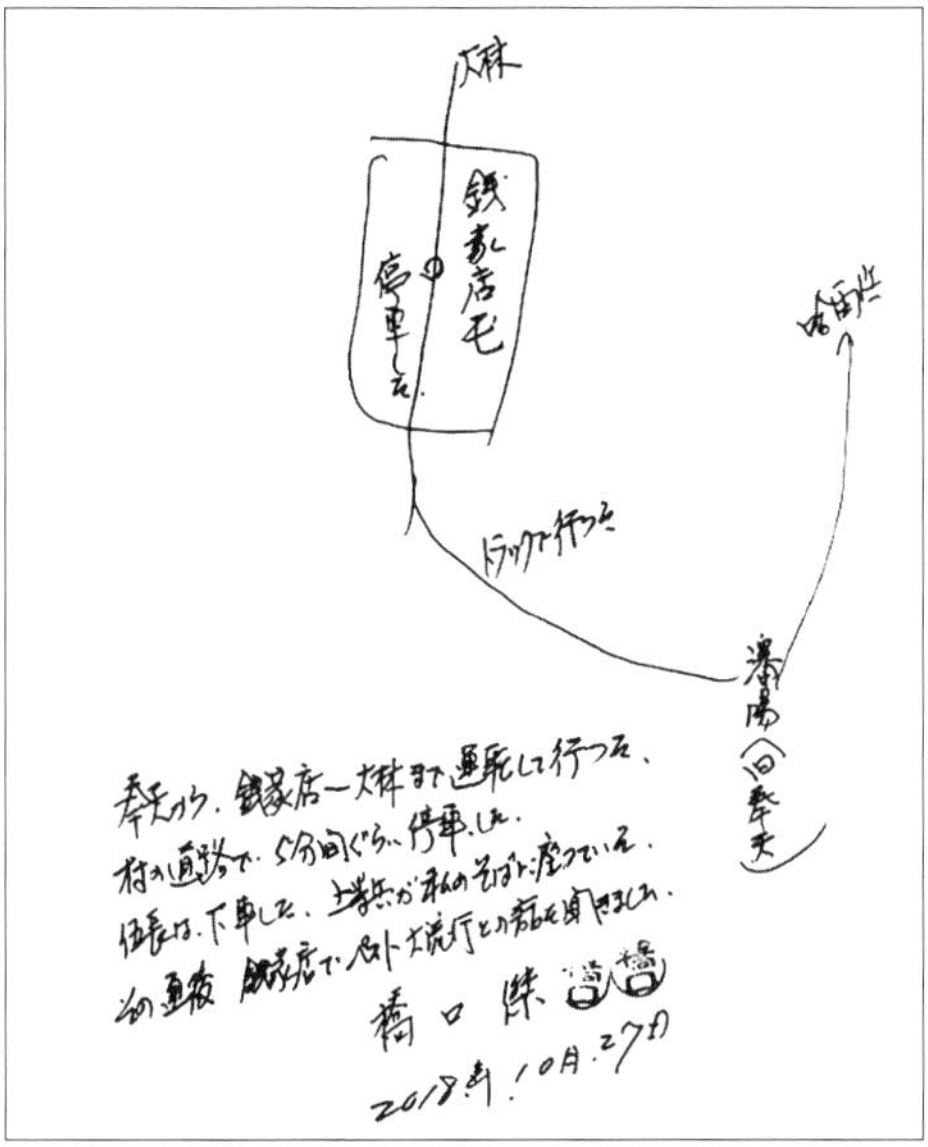

運転させられた経路

と命令されました。その上官は三〇センチ四方の箱を持って降り、数分間で車に空手で戻ってきました。帰る途中、その上官はハルビン駅近くで下車。私は東安の陸軍病院に戻りました。

のちに東北民主連軍の捕虜になった時、一カ月間の間、私は尋問されました。そのことを話すと、私が通遼に行ったあと、日時的に通遼でペストの大流行が起こったことと一致すると教えられました。そうすると、私は上官の命令で車を運転したのは、ペスト菌を散布した片棒を担いだことになるのです。

謝文東との接触

問：橋口さん、匪賊と言われた謝文東と関係があると聞きましたが、ちょっと詳しく説明してくれませんか。

橋口：一九四三（昭和一八）年初に勃利街郊外の乳牛牧場で、乳牛の飼育管理の研修も受けました。乳牛牧場で働いている中国人の少年は謝文東の親戚でした。彼の紹介で謝文東と知り合う機会を得、謝文東の話から、満洲侵略の実態、満洲開拓の虚偽を、おぼろげながら知ることになったのです。中国人たちは移民団のことを、匪賊にならって「屯賊」と呼んでいました。土地を奪った「屯田匪賊」であるというのです。開拓団ではなく「怪盗団」だとも言っていました。謝文東が農民一揆の形で日本人と対決しなければならなかった理由はたくさんありますが、根本的な原因は日本人による「土地の強制的な買収」にありました。

当時、謝文東は反日闘士として有名でした。土竜山事件は、一九三四（昭和九）年三月、「満洲国」の三江省依蘭県土竜山（現在の中華人民共和国黒竜江省樺南県土竜山鎮）で発生した農民武装蜂起事件で、依蘭県駐屯の歩兵第六三連隊が駆け付けたが、飯塚朝吉連隊長以下一九名が戦死しました。土竜山事件は謝文東事件とも呼ばれていました。それから一九四〇年に謝文東が満洲国に帰順（降伏）という結末を迎えるまでの間、この三江地域では、日本人は匪賊がいつまた襲ってくるかと恐怖の日々が続きました。

敗戦から謝文東軍へ

後に私が謝文東の軍団に入ったのは、一九四五（昭和二〇）年八月の日本敗戦によって、牡丹江のソ連軍収容所に収容されましたが、最後まで「民間人である」と主張してソ連の収容所から一二月に解放されて、行き場を失った私が選んだのは勃利への舞い戻りでした。勃利駅に着いた時、街には謝文東軍がいると聞きました。駅を出た途端に兵士が駆け寄り「どこへ行くのか」と詰め寄られ、思わず「謝文東先生に会いに行く、橋口が来たと伝えてくれ」と言ったら「なに軍長に？」「しばらく待て」と、一人が駆けて行った。迎えに案内されて会った謝文東は国民党軍の支隊長だった。「このままでは生命の保証はできないので、私と一緒に行動しよう」と誘われ、彼等の衛生関係を担当し行動を共にすることになったのです。

問：後に謝文東は民主連軍によって、裁判、処刑されましたね。その時、橋口さんは東北民主連軍の兵士になっていましたね。

橋口：謝文東軍全滅の約一カ月前、謝文東は私にこう言ったのです。「もう、貴方の安全は守れない。いつでもいいから軍団を離れてもかまわない」と。私は謝文東軍団を離れて大東開拓団のところへ行く途中、七台河と小五站屯の中間の小高い丘の頂上で、いきなり四方八方から銃口を付き付けられた。人民帽には赤い星のマークが付いていました。八路軍の兵士でした。何度か立ち寄ったことのある小五站屯の中心部にある飯店の前に着いた時、群集の一人が「この男、開拓団の男だ」「この男は謝文東軍の中にいたぞ！」との声が挙がりました。いきなり石のつぶてが飛んできて、何個か当たった。兵士らに制止され事なきを得ましたが、もう夕方、飯店の中に入って土間に車座になり食事が始まりました。私の傍の兵士が「吃吧」(食べろ)と言って、箸でおかずを取って私のご飯の上に乗せた。日本人とわかっていても仮にも私は捕虜であるのに。ワイワイ雑談しながらの中で「連長(中隊長)」という言葉があった。それが私の横にいた人でした。日本の軍隊との余りの違いにも驚きました。このようにして東北民主連軍(後の中国人民解放軍第四野戦軍)の捕虜になったのです。のちに東北民主連軍に参加することになって、一九四六年～五三年の八年間、黒龍江省から湖南省まで、国民党軍隊と戦いました。

中国東北部は中国共産党の支配するところとなり、中国共産党軍、当時の東北民主連軍(後の中国人民解放軍)が対日戦争勝利後の中国東北解放区で着手したのは、地主などの支配層との「清算闘争」でした。謝文東の場合はその最たるものでした。「人民裁判」に付せられたのです。裁判大会で私は謝文東と一メートルしか離れていないところに座らされました。

人民解放軍の軍隊生活

問:八年間の人民解放軍の軍隊生活はいかがでしたか。

橋口:それをお話するには長い時間がかかります。一九四七年四月、阿城東北民主連軍第五後方医院で「護士班長」(看護師の班長)に任命され、中国人と共に新中国解放戦争に参加して、阿城から、ハルビン、牡丹江、蚊河、樺甸、盤石、靠山屯、チチハル、白城子、洮南、通遼、大林、銭家店、朝陽、義県、青竜屯、錦州、山海関、唐山、香河、北京、石家荘、鄭州、洛陽、鞏義累河、武漢、咸寧、湘潭、岳陽、衡陽、衡山、南岳、長沙まででした。一九五三年上海から日本に帰りました。

人民解放軍の軍隊生活ではいろいろありましたよ。先ず、「為人民服務」という言葉から聞いて下さい。一カ月で捕虜から解放され、東北民主連軍の野戦病院に勤めることになりました。あの病院には元関東軍陸軍病院の人たちが四〇人ほどいました。数日後、指導員に呼ばれて行ったところは、政治委員室でした。今度は「坐れ」と椅子をすすめられ、膝詰めの話でした。「橋口、今度、日本人を全員集めて私が話をする。そこで、君が通訳してくれないか」と。私は即座に「それは無理です。日常の会話はなんとか理解できる程度の話はしますが、人の話を通訳するなんて、とてもできません」と断ったものの、政治委員は、「言葉の問題じゃないのです。日本人たちに受け入れられるかどうかなんです」と説得に努める感じ。すったもんだの末、「うまくできなくても知りませんよ」と、しぶしぶ承諾。ところが政治委員が「為人民服務」と言った。「我々民主連軍は為人民服務を実行する軍隊である」「それは毛主席の云々」が出てきた時、「えぇ！　どういう意味」と、何回もその意味について聞き質した。結局、中途半端に「貧しい人々のために働く軍隊」だと通訳した。更に、政治委員が「この軍隊は民族の差別もありません。男女の差別もありません。男女平等、民族も平等です」と強調し、「これから中国人も日本人も朝鮮人も助け合って中国の革命のために頑張りましょう」と締め括った。

終わった時、仕方ないように各人が二つ四つ拍手をしたが、院長も政治委員もにこやかに、私の手をとり「謝々你」と強く握ってくれました。

ともあれ、この会議は私にとって最初に「中国東北民主連軍」とは何ぞやについて研究する必要があると思った動機となりました。もちろん、子供の時から教え込まれた「国のため、天皇陛下のため」と、どこが違うのか、大きな疑問となったのです。

なお、「三大紀律八項注意」を聞いたのは、第五後方医院に配属されてからでした。ここで、「胡」という護士長に呼ばれて行った院長室で「班長」を命じられました。この時も否応なしで押し付けられ、男性護士班を受け持つことになったのです。この時が新中国解放戦争の転換期でもありました。私たちの病院も戦争の進展に伴って移動を開始し、ハルビン近くの阿城から吉林の近くへ移動。この時期から東北人民解放軍の中では思想的な教育が展開されていきました。正規化が始まり、最初に始まったのが軍歌演習。「三大紀律八項注意」の歌の練習でした。指導員が一節ずつ歌い、皆で復唱していくやり方です。私は今でも歌えますよ。

北京解放戦中、南方の香河で医院開設、文字通り不眠不休の一週間でした。その一日間の一回だけ各班ごとに副食を作って食べたことがありました。炊事場から支給の肉、野菜を炒めて大はしゃぎで食べたのでした。翌日、この民家の家主が物凄い剣幕で怒鳴り込んできた。「はい、豚肉を炒めて食べましたが、それが何か?」と答えましたが、「俺の家ではそんな不浄の物は食べないんだ」。一瞬、何のことか理解できませんでしたが、実は中国の「回教徒」の家だったのです。回教徒は豚肉を食べることはしないという厳しい戒律があって、炊事の道具、鍋釜を使用することもご法度だったのです。「人民裁判にかける」との大問題になりましたが、班長である私が日本人で、戒律問題を全く知らなかったことで発生した問題である、厳重注意する、鍋釜一切新品と取り替える、ということで何とか解決に至りましたが、病院あげて「為人民服務」「三大紀律八項注意」の再学習をしました。

新中国解放戦争の中の三大戦役の一つといわれる「遼瀋戦役」の瀋陽、吉林、長春での戦傷患者を収容する仕事に就いたこともありました。香河での任務は「平津戦役」での患者を、そして石家荘での任務は「淮海戦役」徐州など平原の戦闘、及び山西省太原での患者収容にあたった。現代の皆さんには信じられないだろうが、病院と言ってもベッドも無い、薬品はもちろん少ない、病院開設の場所で、病院の全員が野原に出て草刈りをし、少し乾いたものを土間に敷いて、その上に患者を寝かしただけのものです。適切な措置をされた患者もいれば、簡単な措置で送られてくる患者もいました。当然、緊急の措置の必要な患者が多くいるわけです。こんな患者の中で、回診中に「患者の一人がおかしい」との声で、飛んで行ったら、もう呼吸が止まっている。患者に跨って人工呼吸を施したら、私の膝が濡れた。ひょっと見たら、下は血の海だった。直前に血管が切れての失血だった。戦場の流血も野戦病院の治療でもこんな流血を見ることは珍しくない。明らかに出血による貧血が認められる患者を診たとき、薬品の不足（皆無に近い）の病院で私らの頭にひらめいたのは「輸血」であった。「おーい、ここで大量に薬品が使えたらこの患者は助かるのになー」「少量でもいい輸血してやれば助かるなー」と目を合わして口にも出した。「幸い、僕はO型だから、一〇〇CCやるか」で一決した。そこには日本人、中国人という意識は皆無だった。ただ、目の前の瀕死の患者の命を取り止めるだけに必死でした。血液が体内に入り、頬に赤みがさしたり、「温かい」との患者の声を聞いたときは本心「よかったなー」と喜んだものだった。記憶では私自身だけで計三、〇〇〇CCぐらいの血液を中国人の兵士に輸血しました。

林倉野との結婚

問：橋口さんの奥さんも人民解放軍の兵士ですね、いつ結婚しましたか。

橋口：そうです。妻の林倉野も敗戦後、開拓団から東北民主連軍の野戦病院で私と同じように勤めていました。その頃に指導員から「林倉野との結婚の申請をしたらどうか」と突然言われた。彼女に話して申請はしたのですが、院長の決裁、当時武漢にあった後勤部、総衛生部の決裁があって許可が届いたのはそれから半年後でした。

毛沢東の生誕地湘潭の湘江対岸の小さな集落に駐屯していた時でした。朝礼で「明日、結婚式を挙行するからそのつもりで」と院長に言われました。第五後方医院第一所（本院）の全員が集まり、毛沢東主席の肖像の前で、一所所長の祝辞のあと、二人が握手して式は終わりましたが、指導員その他の祝辞もありました。第五後方医院で初めての日本人の結婚ということで、医院挙げての結婚の祝いをしてくれたのです。私たち二人のために、炊事ではびっくりするほどのご馳走を準備してくれました。それは一九四九年九月一日のことでした。

それから一九五三年五月二〇日に、私たち夫婦は一男一女を連れて第三次帰国船「白竜丸」で、帰国の途に着きました。私たちは上海から帰国しました。舞鶴港に着いた私を、長兄がカッターシャツ一枚を持って迎えに来ていました。私が背広姿で上陸して来たので吃驚したようでした。

「富士語りべの会」の発足

問：橋口さん、「富士語りべの会」の代表ですね。あの活動を簡単にご紹介ください。

橋口：一九五三年五月帰国して、一九八一年六月、旭化成を退社した後、自分の歩いた軌跡の概略を記してみたいと思いました。自分だけではなく、「富士語りべの会」も立ちあがりました。「語りべ」さんにお願いするのは、自分のやったことや見たことを、正直にそのまま話してもらうこと、決して脚色はしないことなどを決め、戦争を知らない人たちへと世代が移りつつある今、「どんな理由があろうとも、戦争は二度としてはならない」と訴え続けています。一九八九年九月九日第一回の例会開催、隔月に一回のペースで例会を重ね、また会場に出席できない方の自宅を訪問しての聞き取りも実施しました。それからもう二三年、語りべの会を続けたわけですけれど、合計しますと一八八回例会をやったことになります。「日中口述歴史・文化研究会」は、今年まで一一年間

橋口傑、林倉野夫婦

で二七回だから、一八八回になるのはあと何年かかるのでしょうね。ぜひとも語りべの会の一八八回に届くように、皆さんで頑張って欲しいと思います。もう実を言いますと九三歳になります。足腰が不自由で歩くこともままなりません。それで、研究会にも参加できませんけれども、陰ながら私なりの努力をしていきたいと思います。李さんと森さんの前で、一生懸命頑張りますと約束しましたので、ぜひとも富士市にいても皆さんの後押しをしていると思ってください。

インタビュー：二〇〇七年・二〇一一年・二〇一八年　場所：橋口傑宅

富士語りべの会講演会

「満洲開拓団」の体験
――一〇歳の少年が得たもの

桜井規順
インタビュー：李素楨・田剛

はじめに、そして私の結論

・「満洲開拓団」は中国農民に対する最大の侵略者であった。
・同時に「満洲開拓団」は満洲の日本人での最大の犠牲者であった。
しかし、「満洲」侵略の元凶は関東軍であり、中国農民と「満洲開拓」日本農民は、関東軍の戦争政策の共通の犠牲者である。この日中農民の共同の力こそ日中不戦・友好の原点・原動力である。

一　中国農民に対する最大の侵略者「満洲開拓団」

常識として、「満洲国」は、日本の防衛と資源確保と移民のために、関東軍がつくった国である。

「満洲開拓団」は、関東軍が支配する軍事拠点間の広大な面の治安確立と、農産物の日本への輸出と日本国内で過剰人口と言われた貧農の移民のために作られた。

一九三二年から一九三四年までの、第一次から第四次までの武装開拓団は在郷軍人で構成され、土地の強制取得、中国住民の立ち退きなどを強行し、現地の武装した住民との交戦は絶えなかった。

しかし、一九三七年広田内閣の「満洲農業移民百万戸移住計画」以降は、「満洲開拓団」は関東軍に防衛され、自らは武装することなく、関東軍がつくった「満洲」拓殖公社が中国人から安値または代償なく取得した二千万町歩の土地、住宅、中国人の使役をはじめ農業に必要な一切の資材の供給を受けて農業に専念した。「満洲」のいわば全土において、中国農民から取り上げた土地と住居地で、その中国人を使役に使ったのは開拓団であった。

「満洲開拓団」は、現場において、中国農民に対する最大の侵略者であった。

一〇歳の少年・私が見たもの

私は、一九四四年の夏に、連日の米軍機の空襲、野草とすいとん鍋（小麦粉の食品）ばかりの戦時下の生活を逃れて、親に連れられて渡満し、富士郷・「満洲開拓団」に加わった。開拓団で、父は本部の職員、母が農業をやった。

この「満洲開拓団」は「満洲」の南部・遼寧省撫順の東方一〇〇キロ地点の小高い山岳地帯にある湾甸子鎮である。私の家は開拓団本部の集落の最東端にあった。わが家から、はるか向こうの山に囲まれた平野が一望のもとに見えたが、そこから見える限りの平坦地と小高い山の斜面は日本人の農地であった。そこには中国人の家屋は一軒もない。わが家も、開拓団本部から、母が農地二町歩と「苦力」（クーリーと呼ぶ中国人農民）一人を与えられて農業を始めた。主に大豆を作った。

大豆の収穫のころ、中国人の住まう集落の真ん中にある大きなグランドのような広場に所狭しと、大豆が高く積み上げられ、近くの鉄道の清原駅にこの大豆を運ぶ荷馬車の列が切れ目なく動いていた。

そこで働いているのは中国人、荷馬車で運ぶものも中国人であった。

小学三年生の私は友だち数人でこの大豆集積場を見に行ったことがあった。その時に警備にあたっていた三人の中国人の青年が、手にしていた横棒を、私たち子供をなぎ倒さんばかりに押し付けてきたことがあった。青年たちの敵意と怒りを感じた。

二 「満洲開拓民」は最大の戦争被害者

常識として、「満洲開拓民」には、「満洲開拓団」と「満洲開拓青少年義勇軍」と二つの集団がある。

広田内閣は、「満洲農業移民百万戸移住計画」を、「経済更生運動」の名のもと、「農村の過剰人口」を満洲に移民させる施策を推進した。当時、日本には五反以下の貧農が二百万戸あり、そのうちの半数を町村ごとに満洲に移住させる施策を強力にすすめた。こうして選ばれた満洲移民は貧困世帯であった。

青少年義勇軍は、一九三七年に創設されるが、当時高等小学校卒業時の一四歳の少年たちが、小学校ごと、教室ごとに割り当てられて、少年たちは、先生の教えの通り、アジアの興隆を純粋に夢見て志願した。

開拓民は、満洲の目的地に着くと、住宅、土地、使役する中国人、必要な農業資材を与えられ、農業に専心することができた。

問題点は、敗戦時に、二つの満洲開拓民は、満洲国からも関東軍からも敗戦を知らされないのみか、日本の大本営は関東軍に対し、開拓民を大陸の一角に残留させるよう伝えていた。敗戦直前から、関東軍、日本人の行政官・経済人・都市住民は帰国のため満洲を列車で南下していった。開拓民は、一九四五年八月九日、ソ連軍の満洲侵入によって、開拓地から一斉に逃避行動に移り、敗戦によって都市での避難生活に入る。この間に、ソ連機の銃撃、成年男子のシベリア拉致、ソ連兵による婦女暴行、そして現地住民による報復行動、飢餓、伝染病に襲われたのだった。

この過程での満洲開拓民の死者は一万一千人、静岡県の開拓民の死者は一、四七四人だった。開拓民が死と闘っているとき、関東軍の幹部は、撫順の戦犯収容所ですごしていた。

私の体験

私たちが、富士郷開拓団でどんな被害にあったか記しておく。

敗戦前は、内地の空襲から逃れ平和な雰囲気の中で、食糧難の生活から自給自足の食生活が確保され、開拓地ののどかな環境の下で生活していた。

しかし父が、敗戦の年の八月に、本部の出張で「満洲」の首都・新京に行き、そこで腸チフスに感染し、開拓団の診療所で、その月の七日に息を引き取ってしまった。

まもなく敗戦になるや、本部役員、学校の先生、駐在所の警官らは、開拓村から姿を消し、開拓団周辺の中国人から「日本は負けた」と話されたが、日本人は半信半疑、行政からは敗戦は知らされず、九月に入ると周辺中国人の襲撃を受け始めた。

開拓団の五つの部落は、本部村の小学校に集結した。九月二六日に、一〇〇〇人ほどの中国人に本部村の住宅と学校が襲撃され、すべての家財は持ち去られ、開拓団は近くの清原への逃避行が始まった。二夜三日間、昼は山に隠れ、夜になって歩くという逃避行の過程で、現地中国人に一八回襲われ、携帯物と身にまとう衣服は下着一枚を残してはぎとられてしまった。

清原の町で八路軍に救われ、撫順の収容所へと送られた。撫順の炭鉱社宅での難民生活が一九四七年七月の引き揚げの日までつづいた。この間の飢餓と発疹チフスの伝染病は、四五〇人の団員の半数を死に追いやった。わが家もその飢餓と発疹チフス蔓延の中で、一九四七年二月に私が病み、母の介護ですぐ治り、続いて兄、すぐ母が病み、姉が介護にあたったが四月一七日に兄が、四月二四日に母が息をひきとった。母が息を引き取ると姉が高熱に侵され、倒れてしまった。姉を一〇歳の私が介護し、やがて快方に向かい、病み上がりで七月の帰国の途に向かった。

生き残った開拓団員のこの傷みこそ、日本の中国侵略戦争、中国農民に対する侵略に対する罰であり報復であった。生き残った私たちにとって、なぜこうなったのかの反省と、私たちが中国農民にもたらした損害に対する痛恨のお詫びである。

「満洲開拓団」の満洲農民に対する責任を明らかにすることは、「満洲開拓団」を生み出しその全行程を指導した関東軍の政治責任を明らかにするものでなければ本末顛倒である。

「満洲開拓団」を置き去りにした関東軍と行政官たちは、敗戦前から「満洲」を南下し帰国の途に着いた。関東軍の兵士はシベリア抑留されて苦労する、幹部は撫順戦犯収容所に収容され、建屋の中で三食付、反省を求められて生活していた。実際に、満洲事変から始まる中国侵略戦争を進めた関東軍とそれに引きずられた日本の政治責任を明らかにし、近隣国と戦争を繰り返さないという合意、外交の基本を確立することが、今日なお不十分なことが、いま日本の最大の課題である。

三　中国農民と日本農民は中国侵略戦争の共通の被害者
――その体験が日中不戦・友好を推進する底力

二〇一〇年・遼寧省湾甸子鎮の訪問を経験して

湾甸子鎮（遼寧省撫順市清原県湾甸子鎮）は、私が九歳のとき親に連れられて行った「満洲開拓団」があった所である。

私は二〇一〇年五月八日から九日まで、静岡平和資料センター主催で、中国東北の「満洲開拓地」を訪問した時、その九日に、この湾甸子鎮を訪問し、敗戦前に日本の「開拓団」に直接かかわりのある人たちと話し合った。

この湾甸子鎮訪問は、私のいた「満洲開拓団」にかかわりのある方の話を聞くことに目的を置いた。私は、湾甸子鎮の、いまは高齢のこの方たちが日本人の「開拓団」をどうとらえているのかを知りたかったからである。この時の私の心境は、必ず、「開拓団」の責任を「どうしてくれるのか！」と、その侵略の責任を問われるであろう、それを覚悟し、どう応えるのかを考え続けた。

この時の湾甸子訪問は、撫順市の旅行社が準備してくれた。メーデー休暇に、この旅行社の担当者が湾甸子鎮にでかけて折衝した結果が、私のところに電話で入った。その内容は、「開拓団時代を体験した高齢者三人が対応します。湾甸子鎮は歓迎です」というものだった。私は感激した。

二〇一〇年五月九日に訪問すると、三人の高齢者と、副鎮長さん、校長先生が迎えてくださり、学校で懇談した。会の冒頭、副鎮長さん、校長先生と歓迎のあいさつをいただいたあと、私は、開拓団が侵略したことをお詫びし、反省の気持ちを話した。そして、いま日本でまた戦争を繰り返さないために活動していることを話した。

自分で、言葉が詰まり目頭が絞られる思いで短い話を終えた。

三人の中国人の高齢者は、

「日本は私たちの土地を一番安い値段で強制的に買い上げた」

「自分の農地で作ったものも、大部分は開拓団に出し、自分のものは少なかった」

「私たち村の者は、開拓団の家や軍の幹部の家で、強制的に働かされた。山から木材を切って運んで家を建てた」

「日本の神のこと、日本語を教えられた」

こうした話が続いたあと、この高齢者のみなさんの口から、「私は子供のころ開拓団の子供とよく遊んだ」「開拓団は日本の貧困な人たちであった。私たちと同じ戦争の犠牲者です」と静かに話されるのだった。

私は、満洲開拓団が、敗戦後、逃避行と難民生活の中での苦難という侵略の罰を受けて、痛恨の反省のうえで得た、この「開拓地」であった湾甸鎮の高齢者の話は万感、胸に迫るものがあった。

中国人と日本人の人間的な連帯がここにあると思う。この連帯こそ、日中不戦・友好の絆、底力だと思っている。

インタビュー：二〇〇九年九月七日　桜井自宅にて
二〇一七年九月　長春師範大学　講演

七三一部隊　少年隊員の体験

清水英男

私は清水英男、九二歳です。

本日は私が、一九四五（昭和二〇）年三～八月まで配属された七三一部隊の話をします。

私は現在の中学三年生の時、わずか五カ月ばかりのことですが、七三一部隊に見習技術員として入隊いたしました。のちに七三一部隊が中国への侵略、人体解剖、細菌戦を行ったことを知りました。当時は何も知らなかったとはいえ、私自身がこのような犯罪に手を貸してしまったことに、本当に後悔と謝罪の気持ちを抑えることができません。心からお詫びいたします。

また『こんなメディアや政党はもういらない』（高山正之・和田政宗著、二〇一一年一〇月、ワック刊）という本を読みました。著者の和田政宗氏は参議院議員ですが「七三一のことはまったくのウソだ、アメリカがしたことだ、だから部隊からは戦犯が出なかったのだ」と言っています。しかし、戦犯としては下級の人が何人か処刑されているのは事実です。罪を負わされたのは上の人でなく下の人でした。本当に政権によって法が曲げられている気がします。七三一部隊の事実は、今の政治の流れを左右しているのでは、とさえ思えてなりません。史実を歪めているのは誰でしょうか？　先の大戦によりたくさんの犠牲者が出ました。次世代の人に負の責任を負わせることは本当につらいことです。しかしながら事実は事実として正確に受け止めて頂きたいと思います。

一　七三一部隊入隊まで

私は一九三〇年、長野県上伊那郡宮田村で、二男三女の次男として出生しました。私が七三一部隊に入隊することになったのは、学校の先生の推薦があり、勤務場所はハルビンというこどでしたが、何をするのかも知らずに、第四期生の見習技術員として採用されたのでした。

一九四五（昭和二〇）年三月、国民学校高等科を卒業後三日でハルビンに向かいました。入隊は一四歳。同期は三四名、このうち伊那からは一一名でした。宮田村を出発したのは一九四五年三月二三日、下関に集合、博多港から釜山に渡り、平城→安東→奉天→新京を経てハルビンに到着しました。他に宮田村出身の女子がおり、新京（長春）の部隊に入隊しました。

二　七三一部隊に入っての仕事

教育部の実習室に三名だけ配属されました。朝、六三棟、二階、実習室へ出勤すると着物を滅菌し白衣に着替え、病原

731部隊入隊の時に撮影された記念写真。最上段から二列目、右から三人目が清水英男

菌の基礎知識（細菌検査法、培養基製法、滅菌消毒法）の勉強を主にしていました。時には実験用のネズミ（ラット、マウス）の尻からプラチナの耳かきのような棒で採取したものは、カンテンをとかして入れたシャーレーの菌床に植え付けたり、ろ過器を通した水の検査も行いました。他班のことについては極秘になっており、同期生が何をしていたかは一切分かりません。

現地住民の現状も見学しました。当時の現地住民は高床式のトイレで、排泄物をそのまま下に落とすと言う不衛生な生活環境でした。日本の兵隊が現場で戦闘をした場合に、そうした不衛生な環境で病気にならないか、どうなのかを調査するための見学であったのではないかと思います。

三　標本室の見学の状況

標本室の見学に行く前に言われたことは「外科医になるには少なくとも三人の遺体が必要だ」と言うことです。陳列室の状況は、人体の各部分の標本（ホルマリン漬の瓶）があり、その時に、それはマルタ（スパイ及び抗日運動で捕らえられた人）の生体実験を行った標本だと知らされました。その夜には、寝てから夢を見てうなされました。隣の人に何度も突かれ、起こされましたが、なかなか目を覚ますことができず、汗もびっしょりかいていました。この標本を見る限り、森村誠一氏が『悪魔の飽食』で記しているように、女マルタが可愛い子供の命を助けるために、どのような実験にも応じていたのは本当のことだと思います。結局は人間とは思われず、親子とも可哀想に無残にも標本になってしまったのです。

四　少年隊員を利用した人体実験

『悪魔の飽食』にも記載がありますが、少年隊員に病原菌を入れたまんじゅうを食べさせ、その効果について観察をしていたのではないかと思われます。私自身も人体実験をされたと思います。しかしその時、私自身もそれが人体実験をされたとは分かりませんでした。帰国後『悪魔の飽食』などを読んで、私が体験したことが人体実験であったと思い当たりました。私は、時々、先輩研究者より蒸しパンを頂くことがありました。その折、一度だけ四二度以上の高熱に見舞われ、一週間ほど、うなされた経験をしています。その間、特別な治療を受けるわけでもなく、ただベッドに寝かされ、一日一回、体温と脈拍を計りに衛生兵が来るのみでした。五週間後、やっと注射を打ってくれて熱が下がりました。その際に、今後、診療所に行った時には、注射を打ったことを口外しないよう口止めもされています。

隊員研究者の中には病原菌に侵され、多数の人が殉職されていました。生体実験では、日本人が犠牲になることもあったと言います。

森村誠一氏の『悪魔の飽食』で証言されている篠塚さんは先輩なので直接面識はありませんが、ペストに感染した友人の少年隊員であった平川三男の生体解剖に立ち会った様子を、次のように語っています。

「平川三男は、すでに特別班の隊員によって真っ裸にされ、解剖台に担ぎ上げられているところでした。（中略）うつろに開かれた眼には涙が溢れ、口をダラリと開けてハーハー苦しそうに息をはき、そのたびにピクピク腹が波うっていました。（中略）『少佐殿、少佐殿』平川の必死な叫びが、部屋にむなしく響きます。私の頭の中には石井部隊に入隊するとき、『三男と仲良くしてやってネ』と私に、小さな果物籠を渡してくれた平川の母親の顔が浮かびました。またそれ以来、共に過ごした生活が渦を巻いて脳裏に押し寄せてきました。『助けてやりたい』そう思った私の手が、止血剤をとろうと薬物箱に伸びようとした瞬間、平川の全身をつっきまわして検査していた大山少佐の命令がかかりました。『はじめろッ！』（中略）江河技手は、解剖刀を逆手に握ると上腹部を刺しました。『助けてくれー』平川の口からうめきがもれると、江川技手の手が震えました。『その態度はなんだ』後ろから一括を食った江川技手はサーッと解剖刀を下に引くと、返す刀で胸部の皮膚を裂き始めました。血は解剖台の血流れを通じて、下にボタボタ流れ出しました。『畜生！』平川の口から、血をしぼる叫びが出ました。それと同時に解剖台上に内臓がズッズーッとはみ出て彼は絶命しました」。

五　画工の隊員が同室にいたこと

加賀で友禅染の絵師をしていたという隊員が同室にいました。彼はパーテーションで区切られた部屋で、花やハルビンの寺院の絵を描いているようでした。なぜ、七三一部隊に画工が必要だったのかと思いますが、当時、マルタの生体実験の様子や状況を正確に記録しておく方法として、画工の腕が使われていたようです。カラー写真などない時代ですから、実験時の色や様子を生々しく記録するためには都合が良かったようです。

六　少年隊舎の反乱

当時、少年隊舎を支配するT班長の暴力が、多くの少年隊員を苦しめていました。T班長は軍律のもとに、事あるごとに少年隊員の行動や言動に文句をつけ、感覚が無くなるほどの殴打、流血と暴力で少年隊員を支配していました。そんなある日、一部の少年隊員たちがT班長への復讐を計画し、実行に移しました。私は加わっておりませんが、それを見ておりました。暗闇の中で、少年隊舎で複数の少年隊員に襲撃された班長は、半死半生で少年隊舎から逃げ出しました。その後、T班長は班長をクビになり、石井部隊長のボデーガードに回されました。当時一四〜一七歳の隊員たちが軍律では軍法会議に回されれば、銃殺刑に処されることを承知の上で反乱を起こしたのでした。

少年隊舎の反乱の取り調べの結果、上層部の計らいでT班長の降格だけで済んだのですが、「このようなことは日本に帰ればできないからな」と先輩が呟いたことがありました。

もしかすると一部の先輩たちは戦争状況を知っていたのかも知れません。また、あわよくば七三一部隊を離れて日本に帰れるかも知れない、という希望があったのかも知れません。

七　昭和二〇年八月九日朝、ソ連参戦ハルビン空襲

午前中までは平穏でしたが、午後になり急変、夜になりソ連より空襲（照明弾）がありました。防空壕に隠れていましたが、蚊に喰われるなど、とても中にはいられず、その日はなかなか寝つかれませんでした。

八月一一日朝、先輩研究者が「まだ煙が出ているな」と話していたのは、特設監獄にいたマルタの人たちを焼いた煙であったのではないかと思います。八月一二日には、特設監獄の中に入り、焼いた人の骨拾いをしました。終わった時点で、特設監獄の爆破用の爆薬の運搬を行い、その後、退避命令が出たため、ボイラー室の陰まで退避しました。爆破した破片が、五階ほどの建物を飛び越えて飛んできました。

八　昭和二〇年八月一三日　運搬、雑役

八月一三日は、貨車へ荷物の積み込みを行い、八月一四日の朝には移動を知らされ、その後、実習室に呼び出されました。部署に行くと、自決用の拳銃と青酸化合物を渡され、万が一、捕まった場合には自決するよう指示されました。その日の夕刻、引込線で列車に自分の荷物を持って乗り込みました。渡された拳銃はトランクに入れ、青酸カリは靴下を二重に履き、その間に隠しました。

八月一五日、新京（長春）の一つ手前で敗戦を知りました。その時、列車が止まり一日待機となりました。発車がいつになるかも分からなかったため、列車を降り近くで食事の仕度をしていると、列車が出発する連絡を受け、急ぎ戻りました。最後の人は、動き始めてから列車に引き上げられるという状況でした。八月一六日朝、奉天（瀋陽）に着きました。二期生の先輩から「お前たちは日本へ帰れ」と言われ、ここで初めて帰国することを知りました。先輩は「俺はここ（奉天）で降りて、馬賊に入る」と言って別れました。

この時点で、内地の状況が分かっていれば、先輩のような人も、自決をする人もいなかったでしょう。そこからは、朝鮮半島を縦断して、釜山の港に着きました。私は港で、自決用の拳銃と青酸化合物を捨てました。釜山からは、暁部隊の移送船で山口県の萩市まで移動し、萩からは下関を周り、広島を通って帰省しました。広島では、悲惨な原爆の跡も見ました。

九　帰国して四つの誓い

帰国するときに、三つの誓いを命令されました。

一、七三一部隊の軍歴を隠すこと
二、公職に就かぬこと
三、隊員相互の連絡を取らぬこと

その上、私には病院関係の仕事はやってはいけないと言われました。学歴もないため、就職をするのに、とても困りました。働き口がないため、父親の大工の仕事をする他ありませんでした。ただ建築士の資格を取るにしても学歴がないため、十年の実務経験を積まなければいけませんでした。昭和三三年に、やっと取得が叶い、その後は事務所を開設し、現在に至っています。私たちには軍歴資格（医師、薬剤師、技師等）また保証給料、手当（衣食住を除く給料、技術手当、今で言うボーナスなど）は通帳への支払いだったため、通帳等も証拠焼却され、手元にはありませんでしたので、結局なにも返っては来ませんでした。只働きです。

とにかく私の場合、契約書等はもちろん何もありません。ただ先輩の中には、戦死した場合には解剖してもよいなどの約束をさせられた人もいたということでした。

一〇　今の状況

今の政治は独裁政治のようなもので、トップの人の意見のみで動いているように感じます。安保条約、秘密保護法、一億総活躍……また元の軍国主義に戻ってしまうのではないかと懸念をしています。家内と二人暮らしですが、可愛い孫に会えば、あの赤児のホルマリン漬を想い出してなりません。戦争は如何に悲惨なものか、現地に行かなければ分からないのです。若い皆さんに、特に理解をして頂きたいのです。今の政権は過去の戦争責任と七三一部隊の犯罪をまったく反省していません。言動にしても「歴史認識は侵略かどうか、解釈の問題」（稲田朋美防衛大臣〈当時〉、二〇一三年五月一二日付報道〉、「安倍首相が宮城県松島市航空自衛隊基地で番号七三一という訓練機に試乗し、しかも親指を立て、微笑みを浮かべて記者に写真を撮らせた」（国際報道協会アメリカ記者）。こうした言動、行動が世界の人に認められるのでしょうか。北朝鮮の問題に関しましては、圧力、圧力で戦争が始まれば、犠牲になるのは罪のない一般の人たちなのです。

世界のトップの方々にお願いしたいのは、話し合いで戦争の道を除き、世界の人たちが安心して暮らせる道を作ってほしい、と願っています。国会議員の方々、自分の地位を保つことばかり考えず、党派を超えてよい道を選んでもらいたい。経済成長による地球環境の悪化、人類の滅亡が懸念されます。若い皆様に過去を顧みていただき、未来の子供のために幸あるように導いていただきたいと念願しています。

最後に、私の初めの言葉をもう一度繰り返したいと思います。私自身が七三一細菌部隊に入隊して、侵略、犯罪行為の手先になってしまったことに、本当の後悔と謝罪の気持ちを抑えることができません。心からお詫びいたします。

二〇一二年九月四日、第二九回　日中口述歴史・文化研究会例会での講演

三光作戦調査会と河北省北坦村との交流について

中川寿子

三光作戦調査会の中川です。今日は、会を代表して、我々と、河北省定州市にある北坦村（現在名・北町）との交流についてお話しします。

一　北坦惨案が起きるまでの戦況について

惨案（惨劇）があった北坦村は、河北省の冀中平原にある小さな農村です。抗日戦争中は晋察冀辺区の冀中軍区に属し、その指導者は呂正操でした。呂正操は元々東北軍に所属して抗日戦争に参加しましたが、国民党軍が雪崩を打って敗走する中、共産党の呼びかけに応じて「北上抗日」を唱え、河北省に戻って高陽にいた匪賊を駆逐し、抗日政府を樹立して抗日戦争を展開しました。北坦村はその高陽に近く、村人も立ち上がり抗日ゲリラ活動を展開しました。

抗日の気運はどんどん広がり、一九四〇年、華北方面軍は「今後における華北治安のガンは中国共産党及び共産軍である」として、治安粛正戦を展開しましたが、華北の治安状況について四〇年春、「国共摩擦で国民党は河北省南部に敗退、共産第八路軍が進出獲得した地域は保定道全般、河北省の八割を占め、今や河北省は国際共産党下に操縦され、中共の独占活躍の舞台となり新中央政府育成上の最大の癌となれり」（『北支の治安戦』東雲新聞社刊）と報告しています。この中央政府とは王兆銘傀儡政権のことです。

日本軍は占領地の治安維持のため、共産軍を主要敵とし、平原を区割りしてトーチカ・拠点を築き、それを道路で結んでいつでも兵が駆けつけて敵の攻撃を防げるようにし、他区からの侵入を防ぎ、鉄道を守るために封鎖壕を築きました。日本軍の交通網・封鎖壕・拠点について抗日政府側は「囚籠政策」、そのじわじわ拡大するさまを「蚕食」と称しています。

一九四〇年一二月、専ら敵の後方にあって遊撃戦を展開していた八路軍が「一〇〇団」大戦をしかけ、日本軍は大きな被害を出しました、その報復のために「燼滅作戦」を実施、敵性地区では殺しつくし・焼きつくし・奪いつくす作戦を展開し、多くの無辜の住民を殺し物資を奪いました。これを中国側は「三光政策」と称しています。

一九四一年一二月、日本は米英等連合国に宣戦、アジア太平洋に戦線を拡大しました。華北はその「総兵站基地」とされました。華北方面軍は四二年四月から冀東・冀中・冀南・晋察冀辺区大粛正作戦を実施、麦や綿花等の農作物や地下資源のみならず家畜、そして人間までを収奪しました。

一九四二年五月一日、華北方面軍冀中軍区の八路軍主力を捕捉殲滅するために「冀中作戦」（五一大掃蕩）を開始、五万の大兵力を三分し滹沱河・滏陽

烈士陵園の犠牲者追悼碑

河・石徳線を結ぶ三角地帯を包囲攻撃（鉄壁合囲）、八路軍を追い詰め、村々を反復掃討しました。その最中に北坦惨案が起きました。

二　北坦惨案について

一九四二年五月二七日早朝、日本軍（一一〇師団一六三連隊第一大隊）は村を攻撃、村では八路軍が他の戦闘に出ていたために正規兵がおらず、県大隊や民兵が抗戦しましたが銃弾が尽き、昼ころ地下道に入りました。一望千里、隠れる所のない平原で日本軍に抵抗するために地下道が掘られ、村から村を結んでいました。北坦村の地下道は特に進んでおり、家々を結んでいました。その地下道には既に他村からの避難民も入り込んでいて大変混雑していました。

地下道の存在を知った日本軍は、そこに毒ガス（赤筒、ジフェニールシアンアルシン、くしゃみ剤だが大量に吸い込めば致死性を有する）を投入して身動きのとれない人々を殺し、辛うじて穴から出た人々もあらゆる方法で虐殺しました。焼殺、刺殺、斬殺、銃殺、強姦、強制連行、残酷非道な虐殺でした。更に捕まえた青年たちに八路軍の服を着せ、捕虜と偽って石家荘の労工収容所（集中営）に送り、東北へ強制連行して炭鉱で働かせました。この時捕まった王俊傑さんは仲間とともに東北から逃れて北坦に帰りましたが、後に再度、日本軍に捕まり、日本の長崎の炭鉱で働かされ、戦後やっと村に帰ることができました。

当時、定南県青年先鋒隊主任として村で戦った楊青さんの証言の一部を紹介します。

「(二八日、日本軍撤退後）村は死体であふれ、探しにきた家族、親戚で大混乱であった。私が実際に見た例を話そう。私は、木に縛りつけられて軍用犬に食われ、胃腸を引きだされている人を何人も見た。一番大きい井戸が死体でいっぱいになっていた。ある家の庭には、機銃掃射で殺された死体が折り重なっていた。綿を引く家には四～五人の女性が強姦され殺されていた。ある年寄りはキセルをくわえたまま死んでいた。赤ちゃんを抱いたまま死んでいるお母さんもいた。こうした例をあげればきりがない。地下道から引き出された人たちが日本兵と戦った跡がたくさん見られた。血の痕と転がっている包丁、農具からこう推察するのだ。

全滅した家族は三〇世帯以上、北坦だけで二八〇人以上殺された。全部で千人以上殺されたのは間違いない」。

また、楊青さんは、「日本人反戦同盟のメンバーが一人、地下道から逃げるのに成功した。反戦同盟冀中支部に属する人物と思われますが、詳細は分

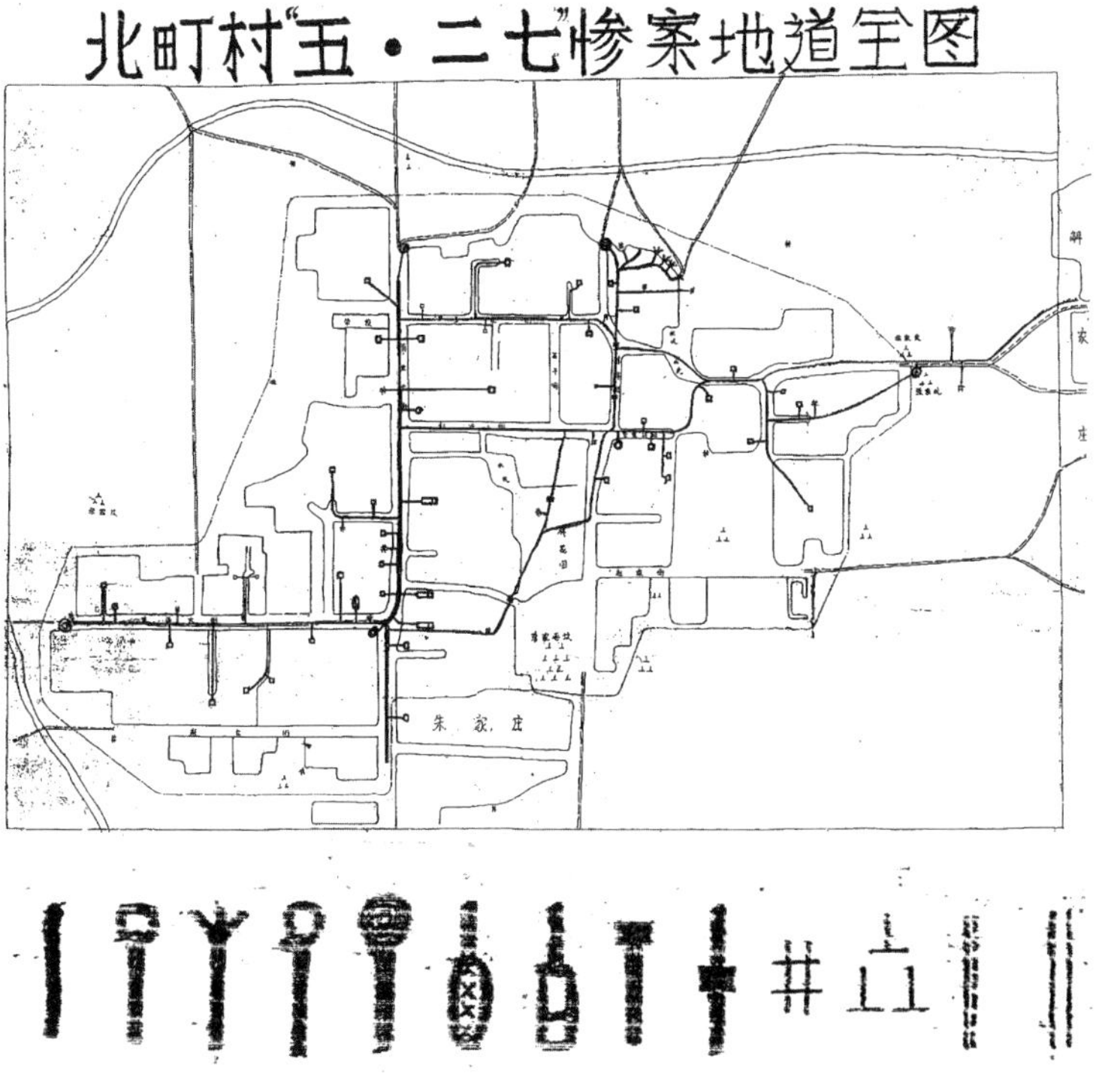

北坦村の地下道と出入り口などを示す記号

りません」と述べています。

新華社元副社長・解力夫さんの証言の一部。

「日本軍撤退後、私は定南県の県長と一緒に後片付けをしました。村の道路、周りの至る所に死体があり、情況を見て胸が痛み、涙も出ませんでした。北坦村、定南県人民は屈服しませんでした。惨案後周りの村の青年一〇〇人以上が遊撃隊に参加しました。彼らのスローガンは『死者のために復讐しなければならない』でした。しばらくすると、この遊撃隊は一個団一〇〇〇人以上に発展しました」

六月二六日発行の『晋察冀日報』は「人類史上曠古未有的暴行！」「敵在冀中施放毒気　北坦八百同胞惨死」のタイトルで報道、七月一九日に延安から全世界に向けて電報で国際法違反の戦争犯罪を知らせました。日本軍は毒ガス使用を禁止するハーグ宣言に調印（一九〇七年）しながら、日中戦争では最後の一年を除いて、国際法に反する毒ガスを数多く使用しています。

「五一大掃討」によって冀中根拠地は甚大な被害を受け、地方幹部の三分の二が犠牲になり、無辜の民衆二万人余が殺され、五万人が労工として東北で強制労働させせられました。全ての村に傀儡政権ができました（『晋察冀抗日根拠地』解放軍出版社）。しかし日本軍の兵力は、この頃をピークとして徐々に勢力を失って行きました。

北坦村の証言者たち

三　北坦村との交流

日本の敗戦後の一九五六年、遼寧省瀋陽で中華人民共和国最高人民法廷が開かれ、日本人戦犯が裁かれました。その戦犯の中には元歩兵一六三連隊連隊長の上坂勝もいました。北坦村から二人の証言者が、上坂が関与した毒ガスによる虐殺事件について証言、上坂勝はその責任を認めました。しかし、日本政府はいまだにその責任を認めず謝罪もしていません。

日本でこの北坦惨案の実態が知られるようになったのは一九九五年の週刊誌の記事がきっかけでした。九七年に渡辺登が村を訪問し、以後、三光作戦調査会を結成し、九八年、九九年には村人を招いて全国で証言集会を催し、この問題を広めてきました。我々は二〇〇〇年から毎年、清明節に村を訪問し犠牲者に哀悼の意を表し、墓前で催される愛国主義教育会で青少年に話をしています。日本の中国における戦争犯罪はまだ十分に解明されていません。我々は歴史の歪曲を許さず「前事不忘　後事之師」（過去のことを忘れずに心に留めておくこと、そのことが教師となって、今後することに役立つ：『史記』）の精神で、民間人として草の根から交流を進めたいと思います。

二〇一七年九月　長春師範大学講演

今も続く犠牲者への追悼式

日本軍による「糧秣作戦」と敗戦直後の日本軍「山西残留」

山下正男
インタビュー：李素楨
記録：岡田美奈子

入営と現地派遣

李：経歴を教えて頂けますか？

山下：私は、一九二三年の一〇月一九日に静岡県の、当時は、中伊豆の田方郡上大見村貴僧坊という所で、農家の七人兄弟の三男として産まれました。四歳の時に、父の弟で熱海に住んでいた叔父に子供がなかったために、私を養嗣子、跡継ぎにさせたいので、私を欲しいという話がありました。それに、親や私も応えて、満四歳の時に熱海に貰われて行きました。私の生家は農家ですが、熱海の叔父の仕事は製材職人で、熱海の「まきば」という製材所に勤めていました。町の噂では、製材職人としては腕が良いと言われていたそうです。

一九三〇（昭和五）年に、熱海尋常高等小学校に入学をしました。そして、二年生になった時の九月一八日に中国東北で柳条湖事変が起きました。九・一八事変と言われていますが、それを小学校二年生の時に聞きました。

尋常小学校を卒業してから、沼津にある静岡県立沼津商業学校に入りました。この商業学校では、既に中等学校以上は、軍事教練、軍隊と同じような教育が正規の科目の中にありました。厳しい軍事教練を受けましたが、私は非常に熱心な生徒で、軍事教練では成績の優秀な方の一人であったわけです。商業学校四年の時には陸軍経理学校を受けましたが、難関で合格することはできませんでした。一九四一年、商業学校を卒業してから、沼津市に本店のある駿河銀行に勤めました。本店勤務で、三年間働いていました。

二〇歳の時、一九四三年に徴兵検査を受けて合格。翌四四年の一月に軍隊に入りました。三重県の久居という町にある歩兵連隊に入って、そこから一月の末に朝鮮に渡り、中国へ送られ、中国は山西省という所の部隊に送られました。

盧溝橋事件以後に山東省で編成された陸軍の第一軍が、そこを軍事占領しておりました。その第一軍の第六二師団に配属されました。そこで新兵の教育を四カ月ほど受けて、そののちに幹部候補生には甲種と乙種がありましたけど、甲種幹部候補生に合格して一九四四年の七月に、河北省にあった陸軍の予備士官学校に入校しました。

山西省を軍事占領していた北支那方面軍には第一、第二、第三とあったのですが、その第一軍に配属されました。翌年の一九四四年に予備士官学校を卒業して、兵科見習士官になりました。当時は陸軍では、航空隊を除いて、一般的には兵科見習士官になって、それから山西省のロアンという所にある独立歩兵第一四旅団という旅団に配属されました。そこで初年兵教育、新しく入って来た兵隊の教育、これを主に担当しました。その間、「糧秣作戦」、いわゆる食糧ですが、それを農村へ行って、農民から略奪をしてくるということを日本軍はやっていたんですけど、その時に二回、私は小隊長として、あの頃、三〇～四〇名くらいでしょうか、兵隊を連れて、農村へ行って、食糧、それから豚、そういう物の略奪の指揮を執りました。

日本軍による略奪の体験――「糧秣作戦」

山下：農村に入って、そういうことをすると、農民たちが「持って行かないでくれ」と食糧を奪い取ろうとする兵隊たちに縋り付いて、泣き叫んで、「持って行かないで」と言うんですけど、それを蹴っ飛ばし、あるいは銃で小突いて、略奪をする。

それから、あの頃、中国のあの地方では洗面器を非常に大切にしていましたね、農民たちが。家が貧しくても、どこの家でも洗面器だけはとても綺麗な洗面器を使っているんです。やはり、もう貧しくて、それだけが楽しみだったのかもしれませんけどね。農村に似合わないような、当時、やっとの思いで買い求めたんでしょうね。それを大事にして、それを隠しているんですよ。ところがそれを兵隊たちがね、糧秣を取りに行くだけじゃなくて、その洗面器を出せと、どこへ隠したんだと言って、責めてね、草むらの陰とかそういう所に隠してあるんですけど、そういう物を取り上げて来たということですね。農民にとっては、食糧をとられるわ、洗面器を取られるわで……嘆いてね、特に女性たちは、その顔を洗う、中国では「洗臉」とか言うんですか。

李：そうです。「洗臉盆（洗面器）」と言います。

山下：これを持って行かないでくれって、兵隊の足にしがみついて言うんですけど、それを蹴っ飛ばして、持ち帰って、そういうようなことをやった。……私は直接しませんでしたけど、部隊によっては若い女性がいると、その女性を強姦する、そういうこともあった、と聞きました。私の部隊ではなかったんですけどね。しかしこれも、私が指揮した時はなかったというだけでね。他では、食糧や何かを略奪するだけではなくて、その後、部落に火をつけて燃してしまうんですよ。食糧を奪うだけでもひどいのにそこまでやるか、って思いましたね。私は少しだけ良心的なものも残っていましたから。ただ、そこの農村の物は取って来ても、後の農村がそのままあると、八路軍が占拠して、そこがまた八路軍の根拠地になるということで、その部落を焼き払ってくるという理屈なんです。ですから、この奪う、殺す、犯す、焼いてしまうことを、「三光作戦」なんて言われていましたけどね。そういうことがあったということは、事実ですから否定のしようもありません。たまたま私は、兵隊たちが女性たちを強姦するとか、それから焼き払うのは、しませんでしたけど、そういうことを重ねて行けば、私も直接、やったかもしれない。これ、ホントに……、何と言ったらいいか……。

李：洗面器は軍隊の中にもあるのでしょう？

山下：ありますよ。

李：それなのに、なんで奪ったのですか？

山下：ですから、綺麗で良いものですからね。自分たちで持って行って、また、それを……。

李：それは陶器で作った物？

山下：ええ、綺麗なやつですよ。琺瑯《ほうろう》引きで作ってあった。

李：重い？

山下：重くありません。洗面器ですからね。とても綺麗で、柄があってね。どこの家にもあるわけではないんですがね。兵隊たちも洗面器を盗むというのを、楽しみのようにしているんですね。嫌がれば嫌がるほど、持ってくる。自分たちが顔を洗うのに困るわけでも何でもないのにね。だから、結局、楽しい、綺麗な洗面器を持っていることが、楽しみだったんでしょうね。そこまでする必要がないんじゃないかと、思ったこともありますけどね。でも、やっぱり、「止めろ」ってことを言わなかった。「そんな、洗面器なんか、盗るな」ってことを言えば良かったかも知れないけれど、それも言わなかったということは、認めたことですから。やれと言ったことと同じですよね。主に食糧を奪い取る、それから豚などを持ってきてしまうと。

李：豚を持ってくるときは、生きたまま？ 逃げないように。

山下：足を縛って棒で担いできます。

ともかく、あれば何でももって来いってことですからね。中国の人たちだって隠しますよ。当たり前でしょ。日本軍が来そうだと思うと草むらに隠したり、土を掘って埋めて、隠してあったり、いろんなことしますけどね。なければないで、どこかに隠してあるだろうって、そこへ連れて行ってね。若い者はいませんでしたから、それだけに可哀そうですよね。若い人は八路軍に。私たちがまわった所は、ほとんど八路軍ですから、国民党の軍隊はいませんからね。国民党の軍隊は先に逃げてしまって、どんどん奥地の方に行ってしまっています。閻錫山（山西軍閥の領袖）の軍隊なんていうのは、どこか、山の中に隠れてね。出てきませんから。周りの陣地はほとんど八路軍なんですよ。私たちと戦ったのは、華北、華中で、ほとんど八路軍。強かったですよ、戦闘したら勇敢でしたね。

李：国民党と戦わなかったですか？

山下：ええ、国民党の軍隊とは戦っていないんです。他の所はわかりませんけど、山西省の周りというのは、ほとんど八路軍ですね。八路軍はいつでも抵抗してくるんではなくて、さっさと引いてしまって、行ったらもういないということが多かったですよ。だから、部落に残っているのは年寄りとか子供、娘とかね。男性の若者は皆、八路軍に行って戦っていたんでしょうから。だから、武器を持って、抵抗するなんていう農民はいませんからね。ただ、「持って行かないでくれ。盗らないでくれ」と泣き叫んでいる。だから、それだけに可哀そうだった。私たちのやったことは弱い者いじめですよね。多少、可哀そうという気持ちが無いことはなかったですよ。だけど、こういうことをやるのが、当然のことだと思っていたし、思わされていたんですよ。というより、それを作戦と言っていたんですからね。略奪が作戦だって言っててんですからね。

だから、そういう点で、一番罪なのは、そういうことをやるなとか、その洗面器は置いていけ、ということを言わない。言わないってのは、強制したのと同じですから。罪もない農村の人たちをね。「持って行かないでくれ」って、泣き叫ぶ声が、今でも耳に残ってますよ。あの声は一生、消えないでしょうね。あの部落へ行って、お詫びに行ったこともありませんし、もう詫びようもないし、当時の人たちも、ほとんど、もう亡くなっているでしょうしね。

李：その村を覚えていますか？

山下：名前はもう忘れました。駐屯していたところから、あまり遠くないですけどね。各部隊がやっているんですからね。自分の周りの近くの部落に入ってね。戦争って言えば、弾を撃ち合うのが戦争と思っていましたけど、戦争の残酷さというのは弾を撃つ以上に、あの作戦、三光作戦。あれは残酷だと思いますよ。無辜の農民から食糧を奪うということは。今、そういうことをされたら、大変な抵抗をするでしょうしね。だから、ましてやね……。

李：その時は、日本軍隊の中で、食糧はどこから？　全部、農村から、中国の農民から？

山下：もちろん軍部の方から食糧の供給というのはあるんですけどね。だんだん軍の補給が少なくなってくるし、現地調達しろって命令なんだから。調達なんていうきれいな言葉を使っているけど、略奪してこいっていうことでしょ。重宝な言葉を使うなあと思って。

李：分かりました。調達イコール、略奪ね。

山下：そうですね。まぁ、それが最前線の実態だと思いますよ。こういうことは取り返しがつきませんものね。償うなんてことができませんものね、今更。償いがたい罪を犯しましたって、言葉では言いますけどね。大変なことをしてしまったのですよ。

李：その時は当たり前ね。軍国青年だから。でもこれは思想的に罪だったと、認識したのはいつ頃ですか？

山下：心の隅には、当時もあったんですよ。こんなことするのは良くない、と。自分の母親と同じような農村の婦人も自分の父親のような人もいるわけでしょ。自分の親だったら、そういうこと出来ませんよね。だから、当時でも、ちらっとは思ったんです。当時、戦争というのは、弾を撃ち合って、相手を倒すという、そういう事を頭の中では考えていたし、こんなものを奪うなんてことは、学校で教えもしないし……。

李：糧秣のことは、すごく心に残っているんですね。

山下：たかが食べ物じゃないか、っていうかも知れないけれど、直接人の命を奪ったんではないけど、しかし人の命を奪う以上に悪いことでしょうね。だって、明日から食べる物がないですからね、奪ってしまったら。それは、人殺しをしたと、弾で撃って、相手を殺めたということと同じですよね。食糧を奪うということは。

李：奪ったものは主に食べる物ですね？

山下：食べる物ですね。私は予備士官学校を出てきたのは、敗戦の一カ月前ですからね。七月の始めに来たんですから。もう、その八月の一五日には戦争は終わりですからね。私が戦場に出たのは一九四五年の七月です。ですから、約一カ月くらいの間ですよ。だけど、たとえ一カ月くらいの間でも、やったことは月の数や日の数は問題ではないですよ。

李：糧秣の略奪は、二回だけ？

山下：二回だけです。

日本兵同士のにらみ合い――「山西残留」

李：それからお聞きしたいのは、敗戦の後、抑留されましたね？　その時、兵士たちは分からないですね、なんで、抑留されたのか。敗戦したから、みんな、帰りたいでしょう？　帰りたいけど、皆、帰れない。なぜ？

山下：私たちも非常に不思議に思ったんですよ。部隊の入り口には木の看板がかかっているんだけど、今までは「第何部隊、何々」と日本語で部隊名が書かれていたのに、敗戦になって、その看板が「徒手官兵収容所」となっていたんです。

李：武器を持たない、という意味ですね。

山下：そう。武器を持っていない官兵の収容所って、看板が部隊にかかっていたんですよ。山西省の場合。ところが全部、武装解除された筈なのに、みんな武器を持ったまま。それで私たちも、どうして戦争に負けたのに、「徒手官兵収容所」なのかなって思った。武装解除されないと日本に帰ることができませんからね。誰が、武装解除するのか。されるのは日本軍だけど、するのは誰なのかか分からない。私たちの周りには、国民党の閻錫山の部隊が来てましたからね。それで、他の陣地の所には八路軍部隊がいますけれど。閻錫山の部隊と八路軍は戦っていますからね。私たちの部隊の所には戦争が終わってからは、八路軍よりは閻錫山の部隊が来て、周りにいるんですよ。そして、その周りには、八路軍がいますからね。そういう状態なんです。ところがその看板を出させたのは閻錫山の部隊なんです。八路軍の部隊がかけたんじゃないですよ。で、撃ち合いもやってますしね、その撃ち合いに、我々も駆り出されたことがあるんですよ。だから、ちょうど三つ巴って言うんでしょうかね。事態が分からなかった。そういう事態が数カ月続いていたんです。戦争が終わってから。

李：敗戦後、八路軍と国民党軍との戦闘に巻き込まれたことは？

山下：巻き込まれたことがあったんです。国民党の閻錫山の方から「日本軍の部隊も出動しろ」って、命令されることもあったんですよ。そこで戦死する者もいましたね。だから、三つ巴みたいな状況に置かれた。武装解除されないで、兵器を持っている日本軍、それを本当なら国民党の部隊が、我々の武装解除すればいいのに、武装解除しなかった。これもおかしな話です。八路軍は八路軍で武装解除を求めてくるんだけど、それに抵抗していた。

日本は九月二日に、アメリカのミズーリ号で降伏文書に調印をしていますね。その翌日の三日に当時の支那派遣軍岡村寧次司令官、東北部には関東軍がいましたでしょ。万里の長城から南は、支那派遣軍の岡村寧次司令官ってのがいて、その岡村寧次が蔣介石に今後のことについて、簡単に言えば「これからは、蔣介石将軍、私たちはあなた方に協力します。共に共産主義と戦いましょう」と、いうような手紙を蔣介石に書いた。蔣介石は、喜びますよね。「これから、日本軍であった我々は、どのようにしたらいいでしょうか」と訓令を求めるんですよ。そしたら、蔣介石の方からも、何応欽陸軍総司令官の名前で、岡村軍司令官のところへ訓令が届くんですね。その訓令は「日本軍はわが国民党の軍隊に投降せよ」と。「決して八路軍に投降してはならない。もし八路軍が投降を求めて来たならば、武力を持って抵抗せよ。もし、兵器やなにかを八路軍に取られたら、実力で奪い返せ」そういう訓令が来たんですね。それで、岡村軍司令官は、それを全軍に対して「蔣介石総督からそのような訓令があったから、投降は八路軍にしてはいけない。国民党の軍隊に投降せよ」と。ところが周りには国民党の軍隊はいないんですよ。周りは八路軍だけでしょ。

これは昔から戦争の国際的な慣習で、戦争に勝ち負けが決まった場合は、負けた方の軍隊は、対面している軍隊に投降するというのが国際慣習、当たり前ですよね。ところが、訓令は対面している八路軍に投降しちゃいけないと。国民党の軍隊が行くまで、もし投降を求められたら、八路軍に武器を持って抵抗しろ、ということをしたでしょ。それでいて蒋介石と国民党の軍隊はずうっと重慶とか皆、奥に逃げちゃっていたんですから、その部隊が、日本軍の占領していたところに来ると言っても、すぐ来ることができるわけがない。アメリカもこれに力を貸して日本軍の陣地の所へ武器を持って、八路軍に抵抗しろ、と言っているわけですね。岡村軍司令官は、蒋介石からそういう指示を受けて、—蒋介石の訓令の中にはないですけど—、もし、日本軍が八路軍に武器弾薬を取られた場合は、罰するというふうに言ったんですね。罰せられるんですよ。罰せられては、困るから、やはり八路軍に抵抗しますよね。しかし、八月二〇日には、私たちの大隊本部があった沁県という所に二万の八路軍が包囲して、投降を求めて来たんです。そしたら、我々の部隊の、駐留した大隊長が、徹底して抵抗しろということで、……もう、大変な戦闘になったんです。八月二〇日。そしたら翌日、終戦の五日後、私は隣の駅の警備隊長をやっていたんです。隣に大隊本部があって、沁県の大隊本部が、包囲されたわけです。八路軍に投降を求められた。それに対して、徹底的して戦え、という命令が来ているんですから、戦う。そこで大変な死傷者が出たんですよ。

もう落とされるのは間違いないと思っていたんです。ところが急に八路軍が引き揚げて移動しはじめたんです。そのために、私たちの陣地は、攻撃を受けなかったんです。それは国民党の大軍が北上するということで、八路軍が急遽そちらへ移動したということで、沁県の攻防戦は一晩で終わったんです。だから、戦争が終わっても、武器を持っていました、日本軍は。

日本の軍隊の総指揮部である大本営が管轄している支那派遣軍、司令官は岡村寧次。そこのところの一〇〇万人は、武装解除はさせなかったんですね。後は全部、南方でも何でも皆、武装解除したのにね。岡村軍司令官は蒋介石に対して、手柄を立てたわけですね。蒋介石の言うとおりにやったんだから。だから、蒋介石は岡村寧次を日本に帰さなかったんですよ。日本へ帰すと極東裁判にかけられるのを知っていましたから。岡村軍司令官と陸軍士官学校、大学、同期の将軍、いわゆる旧満洲の関東軍の司令官だった板垣征四郎とか土肥原賢二、これはA級戦犯、絞首刑になったでしょ。この二人と岡村寧次大将は陸軍大学同期ですし、ましてや関東軍の司令官以上に大きい一〇五万の司令官ですから、日本へ帰ったらA級戦犯、絞首刑になるのは間違いない。それで蒋介石は「岡村軍司令官の裁判は、こちら上海でやるから」そういうことで、帰さなかった。そして極東裁判が終わった二カ月後、アメリカの船で岡村寧次を帰したですね。ところが、もう既に極東裁判終わっていたので、岡村寧次は戦犯にならなかったんですね。岡村寧次は、蒋介石に忠義立てしたということで、投降は国民党の軍隊にする、それから、共に共産主義と戦うということを約束した。同じことが山西軍では閻錫山が投降を受ける責任者だった。蒋介石から命令されて。だから、第一軍を武装解除するべきだったのに、それを武装解除しないで、日本軍を使うというようなことを考えたんですね。それが「山西残留」のきっかけですよね。

李：敗戦後、橋口さんたちは人民解放軍に入りました。だけど団体じゃなくて個人個人の判断で解放軍に入ったのですね。山西省の日本の兵士たちは、そのまま団体で投降したんですね。

山下：結局、閻錫山はどうしたかと言うと、第一軍は五万九〇〇〇人の兵力だったんですよ。それから居留民が約三万人いましたから、合わせて八万人くらいの日本人が山西省にいたんです。で、五万九〇〇〇の第一軍を全部、日本へ帰さないで、残れと、言うふうに閻錫山が言ってきたんですね。ところがこれに対して第一軍の軍司令官の澄田四郎中将や参謀長の山岡道武という少将は、閻錫山に対して「全部残せと言われるけれども、日本の軍隊は天皇の軍隊で、現地の一軍司令官の考えで、全部残すなんていうことはできません」と答えたんですね。しかし、何か閻錫山長官が言われる、それで何かいい方法を考えて、お応えすると、こういうことが閻錫山と第一軍の首脳部と密約が交わされたんです。で、その上手い方法、いい方法というのは、一つは、軍隊を残すというのは命令しかありませんから、命令で残すと。しかし、戦争が終わってから日本の軍隊を武装したまま残すというのはポツダム宣言違反ですからね。ポツダム宣言の第九項で、「日本軍は、日本軍は武装解除された後、各自の家庭に帰り平和・生産的に生活できる機会を与えられる」と書いてあるんですから、すぐに解散し、家郷に帰し、……家郷に帰すということは日本に帰すということじゃなくて、山下正男を静岡県の熱海市の家に帰すっていう意味ですから、「……平和・生産的に生活できる機会を与えられる」んですから。軍事会社へ勤めさせたり、働かせたりしてはいけない。平和的で生産的な、仕事をさせなさいという、宣言を日本は受託したんですから、これを命令で残すなんてことをしたら、完全にポツダム宣言違反である。そこで、残すには、命令でなきゃ残せない、しかし命令で残したらポツダム宣言違反だ。そこで、どうしたかというと現地除隊。それを私たちは全然、知らなかったんですよ。現地除隊させられていたってこと。

李：その時は全然分からなかった？

山下：全然、分からなかった。だけど、命令で残されたってことは知ってますよ。だけど、現地で除隊させられた。これは陸軍の復員規定というのがあって、兵隊を戻す、部隊から戻す、家に帰す、こう定められた規定があるんですよ。この復員規定には、本人の希望、あるいは部隊の都合で現地除隊をさせることができる。その時は、必ず、本人に告知をする。お前は除隊をしろと。そして、知らせるだけではなく証明書を出して、今度はその証明書を以って、軍人は部隊から出て行って、それから、各市町村に行って手続きをとるんですね。ところが、我々は除隊されたということを知らされたことがない。もちろん証明書を貰ったこともない。ですから、私たちは軍隊のまま残ったわけですからね。

李：残されて国民党に管理されて、国民党の軍隊と一緒に、共産党軍と戦ったわけですね。

山下：ですから命令で残して戦うことになったのは、国民党の軍隊の一部、閻錫山の部隊になったからです。

戦後も引き摺った過去の戦い

山下：私は、糧秣作戦という名の下に行われた略奪行為について、こう考えています。

戦争から帰って来て、子供や孫たちに一言も戦争のことを話してきませんでした。私ばかりではなく、上の連中はともかく、下級の兵士たちなんかは自分のやった行為に心をさいなまれていると思いますよね。私自身、やっぱり、自分の親をみたり、自分の妻や子供に、兵隊であった時、食糧を奪い取ったということ、自分はこういうことをやったんだ、ということを妻や親や子供たちに話すことはできませんでした。でも、参加していた兵士が作戦の名の下に略奪行為を行なったことを誰も話さなければ、うやむやのうちに闇の中に葬られていくだろう、と思ったに違いないんです。だから、黙り込んでしまったのでしょうね。しかし、もう自分の人生が長くない、先がないと思うと、やっぱり話さねば死ねない、という思いになるのではないかと思うんです。普通の人間だったら、そう思うと思いますよ。言おう。言わないと、やっぱり死ねないと。皆、夢にも出てくるでしょうし、そんな夢を見たと家族にも話せないですからね。やっぱりこういう経験を積んだ老人は、精神的に悶々としていると思いますよ。

今になって自分もまだ隠していることがあるかな、って思うことがありますよ。だから、いろいろ思い出すんです。夜、家内に言われることがあるんだけど、うなされることがあるらしい。それに戦場のあの、むごい状態を思って眠れなくなってしまうこともあるんです、時々。……自分は、ほとんどのことが、中国にいた時も、帰って来た時も、正直に言っているつもりだと思っていても、ひょっと思い出すことがあるんですね。そう言えば、あんなこともあったってことを、思い出すことがある。やっぱり、思い出すことが。そうすると眠れなくなったりする。だから、それは人間だったら、皆そういう心境に、人生最後の頃になると、思うんじゃないでしょうかね。だから、話さずには死ねないという、流行言葉のように、今はなってる。

最後に、もう一度、李先生に感謝いたします。日中口述歴史・文化研究会の皆様と中国に行かせていただきまして、中国の皆さんに、直接に謝罪してお詫びできる機会を与えて下さったことを大変うれしく思っております。

インタビュー：二〇〇九年八月・山下正男自宅にて

日本兵による略奪と暴行
——中国側からの証言

豊喜成

インタビュー：李素楨・李克倹
翻訳：劉紅

李：お名前は何とおっしゃいますか？　何年生まれですか。

豊：豊喜成と申します。一九三八年生まれです。

李：ご出身は海南島ですか。

豊：いいえ、私は山東省聊城県豊馬庄生まれです。聊城から二五里（一二・五キロメートル）離れた郊外です。

李：今年八六歳ですね。小さい頃のことをまだ覚えていますか。

豊：覚えていますよ。日本軍が村にやってきて、うちの洗面器を奪い取ったんです。

李：それでは、洗面器を奪われたことを詳しく聞かせてもらえますか。

豊：いいですよ。録音してもいいですよ。日本軍が投降する前のことについては、私はまだ小さかったので、はっきり覚えていませんが、敗戦前の日本軍の「焼き尽くす、みんな殺す、奪いきる」という「三光政策」は実に憎いものでした。自分の記憶するところでは、あれはある年の収穫期の一〇月頃のことです。収穫したばかりの穀物は庭に置いていました。ある日、日本軍がやってきました。村に入った途端、すぐに火をつけてしまいました。庭の焔がガンガン燃えていて、木の枝がパチパチ焼かれて、穀物もみな焼き尽くされてしまいました。日本軍は村人を見かけるとすぐに殴りかかってくる。彼らはドアを早く開けなかったと言って、銃の台尻で母を殴りました。カンカン、コンコンと人を殴る音が聞こえ、私は怖くて雛のようにテーブルの下に逃げ込みました。「お前のうちにだれが来た。早く出せ」と言われましたが、母は「知りません」と返事しました。そうすると、父を連行していきました。

李：日本軍は何人来ましたか。

豊：大勢来ました。庭にいっぱい立っていました。日本兵らは背がそれほど高くなかった。彼らは食糧や物を奪った。うちは貧しくて何もなかったのに、日本兵はあちこち探して、最後に洗面器を一つと鍬を一本奪い取りました。

李：洗面器を奪ったのですね。どんな洗面器ですか。大きさは？

豊：これぐらいの大きさでした（手で示す）。銅製でした。

李：銅製だったんですね。重かったでしょう。

豊：そうですよ。銅製だから奪われたんですよ。それは義理の姉が結婚した時に実家からもらった結婚祝いでした。私は時々それを叩いて遊んでいました。わが家の唯一の貴重品でした。

李：当時あなたは何歳だったんですか

豊：七、八歳くらいでした。日本軍は村で「三光」をしていたから、うちはご飯さえ食べられなくなりました。母は一本のボロボロの刀をもってわずか一握りの粟を取り換えてきて、木の葉と木の皮と一緒にゆでて食べさせてくれました。こんなものでさえ簡単に入手できませんでした。またサツマイモの葉や茎をひき臼で粉にして食べていました。本当に大変でした。苦くて渋い野生の山菜もなかなか呑み込めませんでした。食べ物がなくてやむを得ず村を離れて乞食をする人もいました。餓死した人が至る所に見られました。

李：ご兄弟は何人ですか。

豊：男の子が三人で、姉妹が二人でした。しかし、二番目の兄と三番目の兄は病気でお金がなく治療を受けられなかったため、それぞれ八歳と六歳の時に亡くなりました。私は一番目の兄と一五歳ほど年が離れています。すべてのものが日本軍に奪われ、生活ができなくなったので、仕方がなく一番目の兄は嫁と子供を連れて乞食をしに出掛けました。東北地方へ行く途中、子供が死にました。ハルビンにたどり着いた時、嫁の方がまた病気になり、食べ物もなく、結局亡くなりました。

「三光政策」のほかに、日本軍はやたらに人を捕まえたりもしていましたよ。夫は私より一五歳年上で、実家は私の家から二〇里（一〇キロメートル）離れたところにありました。ある日、日本軍に捕まえられて聊城に連れて行かれました。彼は日本軍のために働きたくないと思っていたから、逃げようと考えました。一緒に捕まえられてきた同郷人の一人に「逃げよう」と言ったんだけど、その人は「逃げる勇気がない」と言って断りました。私の夫は「そうしたら一人で逃げる」と言って、夜になると、上着を脱いで塀の上に上り、外の川に飛び込んだのです。夫は一気に家まで走り戻ると、日本軍が捕まえに来る前に、すぐに八路軍に入隊しました。夫の話によると、日本軍を討ち破る戦い、聊城を攻略する戦いなどはとても激しいものだったそうです。多くの人が戦争の中で亡くなったそうです。夫はずっと部隊にいました。一九六四年に兵役が満期になり地方へ転職しました。

日本軍は女も捕まえました。私の村の娘さんや嫁さんはみな顔を見られることを怖がっていて、鍋底の灰で顔を黒く塗って、汚い格好をしていました。日本兵は女性を捕まえるとすぐにレイプするのです。私の村のあるお嫁さんが捕まえられて、高粱畑に連れられていきましたが、その日本兵は騎兵で足にゲートルを結んでいたので、ズボンを脱ごうとしたら、銃剣がゲートルから落ちました。あの嫁さんはとても利口でそれを見るとすぐに銃剣を取って馬のお尻を刺しました。びっくりした馬が走り出して、日本兵は悲鳴をあげながら遠くへ引きずられていきました。一体どこへ行ったか分かりません。死んだかもしれません。あのお嫁さんはほうほうの態で、そのまま自宅に帰りました。村人はみんな彼女を誉めました。とにかく、男は強引に連行されてしまい、女はレイプされてしまうことは至る所で見られました。私のような子供でさえ、家を出ると、すぐに母に呼び戻され、銃弾が簡単に当たらない隅に隠されていたのです。

李：取材に協力してくださってありがとうございました。今日はここまでにしましょう。次回また取材させてください。

インタビュー：二〇二三年四月一八日　海南島興隆鎮太陽河花園・豊喜成宅

第二章　口述歴史研究編

日本軍波八六〇四部隊の細菌戦犯罪
――「東洋のアウシュビッツ」広州南石頭難民収容所

呉軍捷
翻訳：郭寧

はじめに

抗日戦争では軍人が犠牲になったほか、多くの民衆も戦火に葬られ、さらには日本軍の細菌戦の被害者にもなった。戦時中、日本軍の細菌部隊の設置、人体実験、生物兵器の生産と使用は、機密だった。日本軍が敗戦した後、文書が次々と公開され、日本軍の多くの細菌戦の蛮行がさらけ出された。しかし日本占領期に広東・香港・マカオの人々に対し、細菌実験を行った南石頭難民収容所の史実は、まだ学界の注目を集めていない[1]。私は、南石頭難民収容所に関する資料が収集され、これらの文献が保存されて、後世の人々によってさらに研究が押し進められることを期待する。

今日では、七三一部隊など、第二次世界大戦時に日本軍が中国で細菌戦を行ったことについての研究成果が多くある。しかし中国南方で細菌戦を行った波八六〇四部隊（南支那防疫給水部）についての研究は、依然として大きく欠落しているのである[2]。なおこの部隊の正式名称は「波」という字がつくが、以下、それを省略し、八六〇四部隊とのみ表記する。

日本軍占領期の収容所は「広東省南石頭懲戒場」と呼ばれたが、後に「南石頭難民収容所」に改名された。一般的に南石頭難民営と呼ばれ、日本軍が騙して連れてきた香港・マカオ・広州の難民・庶民を拘束したが、国民党と共産党の軍人や遊撃隊員は見られなかった。難民キャンプに収容された被細菌実験者は、戦争下の民間人であり、ジュネーブ条約による戦火下の「民間人」の定義に合致している。この分野の研究者である譚元亨の著書『日本軍細菌戦：黒い波八六〇四』では、南石頭難民収容所は、ナチス・ドイツ時代にポーランド南部のアウシュビッツの絶滅収容所のような「東方アウシュビッツ」だと考えている。[3]

筆者は、南石頭難民営と「アウシュビッツ」収容所で殺された民衆の数や被害状況は、ほぼ似ていると考えている。現在、郭成周、沙東迅、曹衛平、譚元亨などの学者は八六〇四細菌部隊の研究を行っているが、さらに研究を進め、日本軍のこの反人類的犯罪を追及しなければならないと考えている。[4]

南石頭収容所跡は、今日の広州南石頭地区南石西路興隆通り四四号の向かいに位置し、敷地面積は約四〇〇平方メートルで、現在の管理使用単位は広州市公安局水上支局である。広州市文化局は二〇〇二年九月一日に、この建物を「広州市登録保護文物単位：侵華日本軍華南防疫給水部遺跡」と公表した。[5]二〇一二年八月、海珠区政府は一九九五年に近くの広州製紙グループ寮区内に「広東港難民記念碑」を設置した。

南石頭難民営跡地（五万平方メートル以上）は、その後広州製紙工場、広州自転車工場、広州オートバイ工場だったが、今は広州市政府の所有地である。一九五〇年代、広州製紙工場が工場を建設していた時、この地ではおびただしい人骨が発見され、後に広州増城、花都、恵州龍門などに分散された。さらにこの場所には「万人坑」、難民キャンプの塀、台所、化骨池（死体を投げ込んだ池）、所長住宅、検疫所、医療関係者食堂、宿舎、伝染病院など多数の遺跡があった。国、省、市、区の各級の関連部門も南石頭難民営の日本軍の侵華関連遺跡の保護活動に注目し、重視している。中国文物保護基金会理事長、元国家文化部副部長兼国家文物局局長の励小捷、省文物局局長の龍家友、広州市委員会宣伝部部長の徐詠虹らは、前後して現場で調査研究を行い、保護活動の展開を指導した。広州市考古研究院と海珠区政府は二〇一七年に特別資金を拠出し、複数の学者に「南石頭保護研究」及びその旧跡保護の展開を依頼した。南石頭難民収容所跡がある元オートバイ工場と周辺企業工場区域は、二〇一五年六月二六日に市政府の許可を得て再建を実施し、華南理工大学建築歴史文化研究センターに委託し、区域内の文化遺産の手がかりの調査を行った。二〇一八年九月、南石頭オートバイ工場の旧建物の撤去が行われ、香港抗戦歴史研究会の呉軍捷会長らはこの作業が、関連史跡に破壊をもたらす可能性があると考え、広州市文化財部門に九月二九日と一〇月六日の二回、現地調査を依頼した。(6) 広州市人民政府弁公庁は二〇一八年一〇月に「南石頭地区関連抗戦遺跡は広東、香港の青少年が愛国主義教育を行う重要な題材である」ことを確認し、広州市人民政府は「広東香港難民記念碑の所在地に広東香港難民公園を設立し、愛国主義宣伝教育展覧会を行い、コミュニティ記念活動を組織する」ことを明らかにした。これにより、広州市政府も広州南石頭難民営事件及びそれが歴史教育に対する意義を肯定しているため、筆者は南石頭難民営事件の文献資料及び遺跡研究に引き続き参加している。

一九三八年一〇月一二日、日本軍は華南地区を攻撃し、一〇月二一日に広州を陥落させた。戦乱で家を失ったり、物乞いに転落した広州人は、収容所の最初のメンバーとなった。(7) その後、一九四一年一二月八日に日本軍がアメリカの真珠湾攻撃を行い、太平洋戦争が勃発した。同年一二月、日本軍が香港を占領した後、香港の人口が多く、守備と食糧負担が重くなることを懸念して、香港に駐留する日本軍は食糧が不足しているとして、香港人を疎開させる方針を公布し、帰郷する者には食糧を与えると発表した。暴力と誘惑で、おびただしい住民を香港から離れさせた。

筆者たちは広州市档案館（公文書館）で民国三六（一九四七）年に難民の遺骨を南石頭に移転して埋葬した広

州市政府の書類を見つけた。その中には広州市衛生局が提出した報告書、認定書および監査書、費用支出書（衛生局埋立隊臨時費支給ファイル、支給予算四部）、評価表一部、図表一枚が含まれている。当時の広州市長欧陽駒に報告し、報告書を書いたのは衛生局長の朱広陶だった。埋立隊の隊長は張楚材で、費用案は「雇用二〇名」二万元、「石碑」三〇万元、「石碑建立材料費」五五万元、マスク、消毒水、縄代など、計一三五万七〇〇〇元だった。

　報告原文の抜粋は以下の通りである。

「南石頭懲戒場内には、本市が陥落した時に傀儡政府に拘禁された難民が、飢餓のために命を落とした者は非常に多く、現存する白骨は累積しており、これを思えば特に同情を禁じえず、しかも衛生の妨げになり、是非とも衛生局に場所を選んで埋葬してもらい、碑を立てて記録し、殺された人々の霊を慰めるべし。そこで所属の埋葬隊によって迅速に処理してもらった。現在、同隊街掩字第六号によると、本月一六日に直接現場を査察した結果、元日本軍がここに二つの大きい池を掘って、長さと幅はともに約八、九尺くらいの四角形で、戦時中、この池の壁をさらに高くして難民の死体を遺棄するために使用した。現在、池には難民の骨が数百体もあることは確かで、小北外七星岡を選んで移転埋葬場所とした」

　近所の村人である何金の父親は、一九四一年に日本人に難民所に連れ込まれ、炭疽病で足が腐って死に、「化骨池」に投げ込まれたと伝えられている。何の姉妹は化骨池に父の死体を探しに行った。当時、石段の上に立って死体をひっくり返してもらい、六番目にひっくり返し

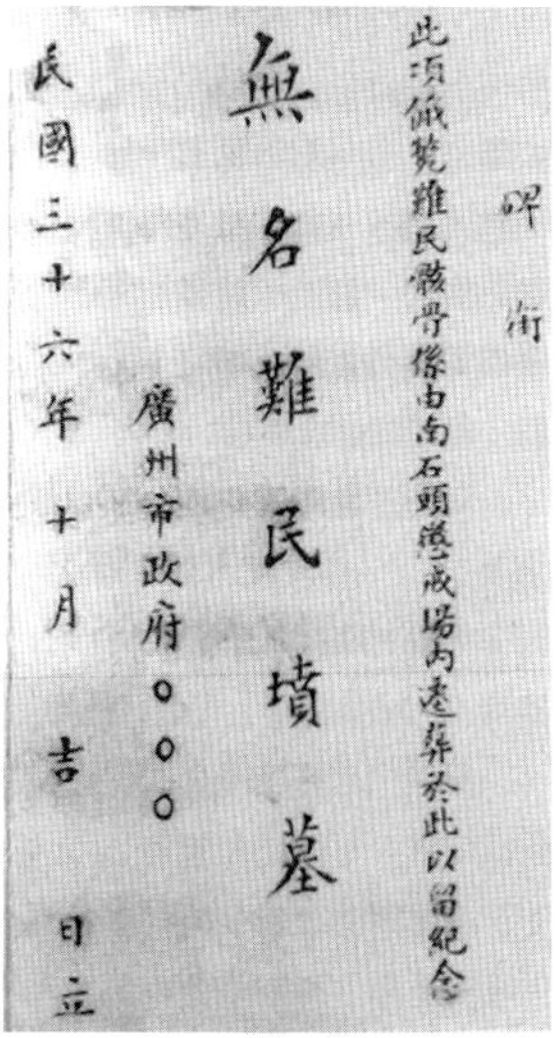

難民墓碑

てもらってやっと見つけた。何金は「化骨池は二つあり、四角く、大きく、部屋一つほど大きかった」と言っている。

報告書は、当時南石頭村民の何金が二つの「化骨池」の死人の山の中で父親の死体を探した証言を証明している。一九四七年になっても、風化されなかった遺骨がそのまま数百体もあったと言う。

また収容所から運良く脱出した近隣の村人（死者の親族）の口述文書には、収容所内に民間で言う「化骨池」があったと証言している。蕭錚（一九三一年生）は日本占領下の時、一〇歳前後で、化骨池の状況について、「死骸の層の上を白い石灰の層で覆い、死んだ人は山のように積まれていて、死臭は近くの村までも臭った」と証言した。巡視に来た日本人将校はその臭いで嘔吐を我慢できず、死体を他に移せ、と命じた。その後、収容所は死体を現在の製紙工場医務所の後ろに運び、大きな穴を掘って埋めた。その時、蕭錚の父も死体の運搬をさせられたという(8)。

手がかりの初歩的発見

一九九二年、元八六〇四部隊班長の丸山茂が日本の雑誌『短歌草原』八～一〇月号に、八六〇四部隊にいた時の証言を連載し、それがすぐに中国に伝わった。一九九三年末、広州テレビ局の沈冠琪副局長は譚元亨に翻訳を依頼した。一九九四年、中国軍事医学科学院の郭成周教授は、それを知った後、広東省社会科学院に手紙を送り、調査を求めた(9)。

以下、丸山茂の証言である。

一九四二年一月に香港日本軍政庁は、香港、九龍の食糧と物資の徴集を開始した。市民は食糧不足に苦しんでいた。この時、軍政庁は田舎に帰る市民に食糧を支給すると布告した。陸路から帰郷する人々は食糧を手に入れた後、それぞれ田舎に戻り、日本軍占領地を離れた。

当時、私は八六〇四部隊第一課細菌検索（検索は化学検査の意）班の兵長（班長）だった。部隊は対外的には「華南防疫給水部」と呼ばれ、部隊長は佐藤俊二（大佐）だった。

この組織は比較的大きくて、一二〇〇人以上の人員を擁する師団級の部隊である。本部の下には六つの課が設けられている。このうち事業将校は一〇〇人（内山武彦の戦地日記によると、兵員の数は含まれていない）いた。

総務課は、後方勤務、人事、財務管理部門で、熊倉町生少佐が課長を務めている。

第一課は、細菌研究課で、溝口軍医少佐が課長を務めている。本課の下に庶務班、研究班、検索班（主任：佐藤大尉）、培地（細菌培養製造）消毒班と動物班を設置していた。合わせて約八〇人、うち将校一〇人、中国人労働者七人（丸山茂は同課検索班に勤務していた）。

第二課は、防疫給水研究に従事し、江口（豊潔）衛生少佐が課長を務めた。

第三課は、各種の伝染病治療の研究に従事し、小口軍医少佐が課長を務めた。

第四課は、ペスト菌の培養と病体解剖に従事し、渡辺軍医中佐が課長を務めた。第四課は金網で囲まれており、外部の人との接触が一切禁止されていた。食住などすべての生活が金網の内部で行われていた。夜の点灯時にのみ、少し内部が覗かれ、小屋には石油のドラム缶でいっぱいになっている。時には外から大きな荷物が運び込まれ、歩哨も中に何が入っているのかわからなかった。

第五課は、機材供給部門で、その課長（名）は忘れてしまった。[10]

広東省社会科学院で抗戦史研究を担当する沙東迅研究員は、郭成周教授の手紙と丸山茂の証言を受けて現地調査を行ったが、細菌戦に関する文献的証拠は少なかった。

その後、日本人の研究者である糟川良谷が沙東迅に本田幸一の記録「華南派遣軍「波字」八六〇四部隊戦友名簿」を送った。その内容は以下の通りである。

八六〇四部隊は創設から敗戦による解散まで七年二カ月を経て、その間に一一〇〇人以上が服務した。部隊は一九三八（昭和一三）年九月七日に創設された。当時は「第二一野戦防疫部」と呼ばれ、井上少佐をはじめ、部隊長以下約一五〇人が大阪市で結成された。同年一〇月一二日、華南「白聊土湾」（大亜湾）に友軍とともに上陸し、同年一〇月二一日午後三時三〇分、省都広州に入り、中山大学医学院に本部を設置。華南派遣軍司令部の直轄部隊として兵力を徐々に増強し、任務を遂行し始め、部隊は波八六〇四部隊と改名した。一九四五（昭和二〇）年八月末に解散した。その間、田中岩、佐々木高行、佐藤俊二、亀沢鹿郎が相次いで部隊長に就任した。本部のほか、広東省各地や華中徐州、福建省、広西省、香港（九龍）などに兵力を派遣し、中国人の防疫、救護などの平和活動の旗印を掲げて「聖戦」を実行した[11]。

8604部隊総本部—広州中山大学医学院

丸山茂の証言は、南石頭にある検疫所に言及している。一九四一年四月、広州市工務局は南石頭の一部の土地（広州懲罰場の北）を収用して広東海港検疫所を設立することを決定した。「広東税関海港検疫所職員表」（中、日、英語）によると、同所長は日本人の島義雄で、台湾総督府病院院長（医官五級）を務めたことがある。また、細菌専門家の岩瀬祐一は、台湾の元衛生技師、医官八級であり、日中医官、技術官、獣医官、検察官、検疫官、事務官、従業員、自動車夫など合わせて七八人、うち日本人一二人、華人六六人がいた。
廖季垣（当時七七歳）は、若い頃は広東省海港検疫所の九級検疫官だった。彼の話によると以下のようである。
「当時、そこに日本軍が駐留していたが、彼らがどんな仕事をしていたのかは詳しく知らなかった。衛生部隊が検疫所の宿舎を借りていて、私たち衛生部隊はそこに住んでいた。人を蚊の餌にすることがあったと聞いた」と。廖季垣は当時を回想して同所の平面図を描き、沙東迅による跡地の視察を案内した。

「収容所」での細菌使用

丸山茂の証言に戻ろう。

昭和一七（一九四二）年二月から五月にかけて、中国広東省南石頭収容所は水路から広州に逃れた香港難民を多数収容した。佐藤俊二は、我々にこれらの人に対して、細菌戦を実行させた。具体的には八六〇四部隊第一課細菌検査班の的場守喜衛生伍長が実施を担当し、同時に細菌の増菌、感染者に対する大便検査、凝集実験糖分解など一連の実験を行い、行動の全体は的場守喜が、直接佐藤俊二からの指示を受けて行った。同じ第一課の細菌研究班の清水伍長も行動に加わったのかどうかは分からないが、私は的場守喜の命令を受けた。的場守喜は私（丸山）と同じ一九三八（昭和一三）年六月に徴兵され、入隊した戦友で、八六〇四部隊に配属された後、一緒に細菌検索班で仕事をしていた。

以下、少し長くなるが、重要な箇所なので、直接、丸山の文を引用する。

「昭和一七（一九四二）年四月に深圳の分遣隊から私一人だけが広州市の部隊本部に帰された。〈中略〉ここで香港作戦以来半年ぶりにＭ（的場―筆者注、以下同様）と会った。

私の仕事はボウフラ、蚊の採集、飼育、繁殖、解剖等で閑な仕事だった。ボウフラ採りに飽きると、田圃の草取り役をさせる、草魚釣りをして夕食の膳を賑わした。

ある日、収容所難民のマラリア検血を行うことにした。Ｍはそれを知ると、心配顔に私に注意した。『収容所で飲食するな、作業が終わったら使用したすべての器材を消毒しろ』と言った。

Ｍ（的場）の注意で収容所内が危険に満ちていることを知った。本来マラリア調査作業はマラリア研究班の担当であり、深圳から細菌検索班の私を呼んでこの作業を命じた理由は、細菌汚染の危険の中の作業があるから、私が選ばれたのかもしれない。

収容所難民のマラリアの検血を行った数日後、宿舎でＭがグラフ用紙に何かを記入していた。〈中略〉『それは何の表だ？』と問う私の声に驚いたＭは、急いでグラフをロッカーに収めた。

彼は私が側に来ていたのを知らなかったらしい。彼は私を屋外に連れ出し、珠江辺の人のいない所で、大要次のように語った。『グラフに関することは二度と聞くな。お前が知っても得になることはない。そのことが部隊長に知れたら、俺はもちろん、お前も無事に済むまい。俺のしたことを話すがお前の身のためだから、一生このことを口外するな』と念を押して話した」。

こうして丸山の証言はその核心に入っていく。さらに丸山の証言を続ける。

「〈Ｍ（的場）の語りの続き（筆者注）〉『軍は広州市に来る難民を市内の治安を保つため、南石頭収容所に留めていたが、香港からの難民が多いため、収容に限度が見えてきたので、南スホ（南水部＝八六〇四部隊―筆者注）に命じ、細菌による殺害を行わせた』Ｍは不幸にしてこの当面の責を負うことになったのである。

Mは部隊長から直接口頭で命令を受け、絶対に外部に事を漏らさずに、細心を払って任務を遂行することを誓わされた。

Mは初め収容所内四カ所の井戸にチフス菌、パラチフス菌を投入したが、難民は生水を飲まず、食物も煮たり炒めたりしたもの以外は食べず、この作業は成功しなかった。

そこで部隊長（佐藤俊二―筆者注）は軍医学校からゲルトネル食中毒菌（モスキー型）を飛行機で取り寄せ、これを飲用湯に投入する方法を考え、Mに実行を指導した。一般に腸管系の細菌は熱に弱く、四五度Cでは五分ぐらいで死滅する。炊事場で湯桶に汲まれた湯の温度は六〇度Cを超す。四三度C以下に下げるには時間がかかる。

予め桶に汲んだ湯が炊事場の涼しい場所で温度が下がる時間の表を作り、この表により釜から桶に移した時に温度を測れば、何分間搬入を遅らせれば、細菌投入可能の温度となるかが判る。

実際の作業の時は省政府職員の出勤前、朝の炊事の時間を選び、難民の慣れない者だけの混乱を利用して湯桶の搬入を遅らせ、細菌の投入を難民に知らせることなく作業を終わった。

湯の温度が下がるまで、湯桶の収容所搬入を遅らせる時間かせぎは苦労したが、この方法は成功し、その夜から患者が発生した。ゲルトネル菌は患者の死亡率が高く、死亡者が続出した。死者は省政府が埋葬したが、埋葬場所がなくなり、先に埋めた死体の上に重ね、重ねして埋めた。しまいには死体に掛ける土もなくなった。

これがMの話のあらましである。Mは涙で頬を光らせていた。誰にも悪魔に売った心の痛みを訴えることも出来ず、酒を飲んでも酔えず、ひとりで寝る宿舎では悪夢を見たと言う。お前に話して幾分気が楽になったとも言った[12]」。

以上が、丸山の戦慄すべき証言である。「東洋のアウシュビッツ」と言っても過言ではない、日本軍による大量殺戮の一端が語られているのである。

南石頭の死骸

南石頭収容所の近くに住んでいた鐘瑞栄は一九二八年生まれで、一四歳の時、大勢の香港難民が南石頭に入った時に、収容所に収監された。鐘は幸いにも器用だったため、壁を乗り越えて脱出することができた。収容所については「入ればもう出て来ることはできず、捕まった人は全て収容所で殺された」と述べた。鐘瑞栄は、毎日大量の死体が難民所から運び出され、現在の南石頭派出所と南箕路一帯に埋葬されていた、と述べている。日本軍は人を雇って深い溝を掘って、死体が満杯になったら、すぐそばに、さらにもう一つの深い溝を掘って、その泥土は前の死体を覆うために使われた。このように、死体が埋葬された深い溝は次々と伸びていき、最初の溝の死体が分解され、陥没したら、もう一層の死体を敷くことができるまで伸びていった。

一九四一年末から四二年にかけての寒い冬、村の少年蕭錚一家は寒さと飢えによって日々を過ごすことができなかった。父の蕭秋は収容所に雇われた出稼ぎ労働者で、他の五人と一緒に収容所の死者を運び出す仕事をしていた。その関係で、同所の陶という幹事の紹介で蕭錚が収容所に入って粥を食べ、昼に入って、夜に出てくることができた。しかし、蕭錚と一緒に入った弟（七歳）は、入って何度か粥をすすった後、寒気がして、何日か耐えた後、死んでしまった。蕭錚も何の病気になったのか分からなかったが、寒気がして発熱したほか、足が腐り始めた。その後、腐った足は炭疽菌の後遺症であることが分かった。

筆者は二〇一九年六月九日、常徳湖南文理学院の日本軍華南細菌戦研究センターの招請に応じて、「中国南方地区の侵華日本軍細菌戦」の協力研究を行った。交流の中で、日本軍が常徳戦で細菌兵器を使用していたことが分かり、研究チームも広東省に関連する日本軍の「研究成果」の論文を複数見つけた。その中に日本陸軍大尉の丘村弘造（元八六〇四部隊員）の六〇頁の論文「広東華人コレラ患者の調査研究」があり、香港難民が「省立伝染病院」に次々と送られて実験台にされたことに直接言及している。関与した時期は一九四二年で、日本軍が香港を占領し、香港難民を広州へ大規模に送り出した最初の年だった。文書によると、日本軍は食糧不足を解消するため、香港住民一七〇万人を六〇万人に減らす計画をした。初めの年三カ月で、香港の住民は四六万人も減少した。新聞によると、その中のかなりの人は船で番禺市橋に行き、南石頭まで川を遡上し続けた。新聞に記された送還時刻、送還対象、特に香港難民の飢餓状態、栄養不良、嘔吐下痢などの状況は、研究チームが以前から明らかにしたように、逮捕されて検疫所や収容所に収監された香港難民の状況と非常に近かった。丘村弘造論文によると、香港難民が広州に渡ったのは初めてだが、同時にコレラを広東省に持ち込んだ。一九四二年一月から一二月にかけて少なくとも一九三九人の香港難民が広州市海珠区の日本軍が作り上げた「省立伝染病院」に入院させられ、八〇〇人以上が死亡し、患者の死亡率が四〇％を超えたことについても言及している。梁明という当時の体験者は、水路によって広州に入った難民船がすべて南石頭海港検疫所外の川面に停泊しており、約七〇〇〜八〇〇隻もあったと研究者への手紙で述べている。日本軍は実弾入りの剣銃を携え、検疫所前の空き地に難民を次から次へと押し込み、老若男女を問わず衣類すべてを脱がせ、裸で仰向けに寝かさせた。白衣を着た七〜八人の男たちが、手に医用器具のようなものを持って肛門内に入れた。検疫を経て、難民の大部分はそこから少し南にある収容所に収容され、少数の人たちは検疫所の隔離室に収容された。梁明の手紙によると、検疫所は「下所」と「上所」の区別があり、下所は川辺の隔離室で、上所の二階の壁面には、今でも色あせた赤十字が見えている。ここに住む住民によると、この建物は「日本軍病院」と呼ばれており、当時は白衣を着た日本軍医が多く出入りしていたが、近くには台所のような平屋が二棟あったという。遠くないところには当時は焼却炉があったが、今は既に平地となっており、記録によれば、日本側はその慣習に基づき、兵士が病気に罹って死亡した場合、すべて焼却処理を行っていた。

戦後の一九五〇年代に、製紙工場は珠江のほとりに従業員療養所を建てたが、この療養所はかつての検疫所の「上所」に近かった。筆者と王利文、譚元亨とが南石頭街道で知り合った古い町民の呉建華、製紙工場の老幹部の郭建平、収容所の生存者の後裔に当たる人と現地を視察した。「上所」から北へ約二〇〇メートル、新築の九階建て住宅ビルと現在の自転車工場の従業員宿舎「鴛鴦楼」の間に挟まれた二列の二〇室近くの病室と種々の平屋が、残された「伝染病院」の病室であると考えられた。譚元亨と他三人の教師と学生たちはこれを測量したが、元は川辺であった場所に、二・六メートルごとに、当時のつり革のついた支柱に残された鉄片があり、元「日本軍病院」の病棟の建築支柱の遺物だと考えられた。譚の研究によると、香港難民は南石頭埠頭に上陸した後、「分散」され、病気に罹った人が送られた場所は、この「省立伝染病院」だった。

難民収容所の前身は鎮南砲台跡地を改築した刑務所で、香港人を入れすぎて、人があふれていたため、収容所を管理する日本軍の八六〇四部隊は「検疫」と称して、大量の難民船を収容所近くの珠江沖に抑留し、臨時の「船上難民収容所」を形成した。この部隊の前身は日本軍第二一野戦防疫部で、一九三八年一〇月に広州中山医学院に進駐した。三九年初め、八六〇四部隊と改称され、対外的には「給水部」と呼ばれた。表面上は日本軍の防疫給水活動であり、実際には細菌培養実験、病体解剖及び細菌戦の研究を行っている。試験場は南石頭収容所にある。サルモネラ菌、炭疽菌などを用いて、所内の難民の食べ物に入れたり、液体注射や菌を持った蚊、ノミ、ネズミなどを介して、ウイルスを難民に伝播したりする。四五年八月に日本は敗戦して投降し、八六〇四部隊も日本に撤退し、あまり記録を残さなかった。日本軍が日本に帰国した後、難民収容所に言及してはならないと命じられ、このことは国内外の学者には知られていない。

梁時暢（聞き取り当時七二歳）は一九五一年から五五年まで工場の基礎建設計画グループの組長を務め、穴掘りの状況を目撃した。(13)

彼の証言は以下のようである。

「一九五三年から南石頭鄧岡（現南箕路北段）に従業員住宅の建設が開始された。土地を平らに整備する時、地面にあるさまざまな墓の移転が完了した後、掘削を開始したら、南箕路の両側、〇・五メートルを超えないところから棺のない白骨が発見された。骨は散乱しており、欠損が多く、形を留めている肋骨、頭蓋骨は少数で、砕骨が多い。何層も重なり、各層は黄土によって三〇センチの厚さで隔てられ、人骨が厚さ二〇～四〇センチぐらいに混じっている。地面から二メートルぐらいの深さまですべてその状態で、いずれも分布が均一ではなく、その数は多すぎて推定できない。

墓地移転の手続きが完備したので、このようなばらばらで不完全な人骨に対しては、工事の出稼ぎ労働者の作業を遅らせないために、ただの土として処理し、他の場所に運んで、埋めてしまった。当時これらの遺棄された骨は、日本軍が広州を占領した後、近くの懲罰場（当時は難民収容所と呼ばれていた）から担いで来て埋めたものだ、ということを現地の農民から知られたが……。毎回死体が多すぎて、穴を掘って一つ一つ埋めることができず、死体の上に薄い土だけを覆って、毎年同じようなことをしていた」。

同時期に作業に参加した曹秀英も、以下のように証言している。

「私は一九五二年から五三年の間に広州製紙工場基本建設弁公室の土建部門に所属する臨時労働者だった。当時『従業員家族住宅工事』を建設した工事現場で土地を平らにする過程で、労働者によって掘り出された誰のものかが分からない遺骨はほとんど棺なしで積み込まれ、直接地中に埋められ、細骨はそのままにされた。脛骨、肋骨、頭蓋骨など、形が残っているものは集中的に積み上げられ、埋葬地の移転を担当する従業員は日ごとに交代したが、時には数日間放置された。私たちはその作業が終わるのを待った。最も多く発掘された場所は、現在の南箕路の東西両側で、その中には現在の南石頭街事務所や公安交番の場所が最も多かった。私が見た限りで推定すれば、三〇〇から四〇〇体以上の頭骸骨があり、今でも、その時のことを思い出すと恐怖で寒気がする。地元の農民によると、これらの遺骨は日本軍占領期、収容所から運ばれ、大きな穴を掘って埋められた」という。(14)

一九八二年以降、製紙工場が南箕路の宿舎を改築した際、再び大量の遺骨を掘り出した。この時、発掘範囲の遺骨を収集、山間部に運んで埋葬した。この任務の責任者である沈時盛（当時、工場基建弁公室主任兼党支部書記）の証言は以下の通りである。

「一九八二年以降、我が工場は南箕路（南石頭派出所南）地区に、寮を改築した際に基礎穴を掘った時、雑然とした遺骨が約三回発見され、一回あたり約一〇〇体以上であった。当時、派出所の南から一番近い最初の基礎穴を掘って一メートル以上になると死体の骨が発見された。雑然と散乱し、遺骨全体を識別することができなかった。当時、私たちは出稼ぎ労働者によって一旦ゴザ袋に入れ、その後、工場で骨壺（金塔とも呼ばれる）を購入して納棺し、増城臘圃の出稼ぎ労働者たちが地元の山間部に運んで埋葬した。死体の骨の部位を見分けることができなかったので、頭蓋骨で数量を計算するしかなかった。その後、いくつかの寮の工事も同様の状況があり、山間部に運ばれた死体の総数は三〇〇体以上と推定されている」。

当時そこを通りかかった老人によると、これらの死体は、戦時期に難民収容所から運んで来たものだという。今の寮の下にはまだどれだけ発見されていない遺体があるのか、見当がつかないというのである。その老人によれば、当時、基礎工事をやっていた民工隊は潮陽県河浦民工隊で、隊長の丁烈典（病没）とその兄の丁烈洲（現在は潮陽河浦）が民工隊を指揮して、死体を集め、山間部に運ばせたのは増城臘圃民工隊の曽邱棹ともう一人の曽氏隊員、そしてこのチームの頼書記だった。一部は太和山間部へ太和民工隊が運んだとも記憶している。

これらの状況の具体的な数字と人員は記憶に頼るだけで、詳細は工場の財務部にある原簿で調べることができる[15]。

一九九七年に入って、沙東迅は、沈時盛を通じて、南箕路の遺骨を埋葬した時の担当者で、まだ広州製紙工場で働いていた増城市小楼鎮秀水村の出稼ぎ労働者隊長の曽丘模と連絡がついた。五月一六日、曽丘模とその年に難民の骨壺の運搬に携わった数人の農民が、沙東迅を連れて「馬糞忽」という小山に到着した。ここでは表土の一部が雨水で流され、骨壺が並んでいることが明らかになり、骨壺の一部は蓋が破壊し、骨が露出していることが明らかになった。沙東迅は骨壺の形状は広東でよく見られるものであり、体積も大きく、上口の直径は約二四センチ、下部の直径は三〇センチ、高さは約六〇センチほどだった。曽丘模によると、骨壺ごとに二人から三人の遺骨を入れることができるという。

曽丘模が書いた証言の全文は、以下の通りである。

「ここ十数年来、増城小楼鎮秀水村は、私を広州製紙工場に派遣し、私はそこでインフラ建設工事の輸送を担当していた（出稼ぎ労働者はみな秀水村の人）。一九八〇年代初め、広州製紙工場が南箕路に従業員宿舎を建設するために地面を掘ったところ、棺もない大小の死体が大量に発見された。当時、地元の高齢者から聞いた話では、これらの犠牲者は近くの、日本占領期の広州南石頭という難民収容所（現在は広州オートバイグループ会社）から南箕路に運ばれて埋葬された。

一九八五年八月二〇日、広州製紙工場基礎建設弁公室の責任者である沈時盛書記は、私に秀水村幹部と相談し、これらの名前も分からない死体を秀水村の丘に埋葬し、人頭骨で計算し、骨（人頭骨）ごとに一五元で処理費を計算するように言った。すぐに秀水村幹部に電話して相談した。私たちの村の幹部は、この誰のものとも分からない死体を『馬糞忽』に運び、葬ることに同意した。

一九八五年八月二一日午前、私は六人の出稼ぎ労働者を派遣して三一〇個の骨（頭蓋骨）を、製紙工場で買ってきた一〇〇個以上の骨壺に詰め、トラックで増城県小楼鎮の『馬糞忽』に運んで安置した。

一九九七年五月一六日、私は広東省社会科学院歴史所の沙東迅と中央テレビ、広東テレビ、そして当時骨壺の山への安置に参加していた幹部、村人を連れて『馬糞忽』の丘に行って一〇年以上安置されていた名前も分からない難民の死体を見つけ、ビデオと写真で撮影・記録した[16]」。

南箕村の村人黄有（当時六八歳）も、以下のように証言している。

「一九四二年の初め（寒い冬に）、多くの香港難民が船で広州に戻り、まず検疫所で検査した結果、難民の大部分は難民収容所に収容され、やがて多くの難民が病死し、六人の死体運搬人（私はその一人を知っていたが、亡くなった）がいて、テント布の担架で死体を運び出し、当時教練所といわれる場所（現在、南石頭派出所の南側）の近くに埋めた。毎回一〜三人の死体、老若男女もいて、口が動くものもあれば、息が切れていないものも一緒に埋められていた。毎回一つの穴を掘り、折り曲げたりして六、七人の死体を埋めた。その後、また、そのそばに穴を掘って、周りはすべて掘っていっぱいになった。約一〇〇〇人の死体があって、その長さは一〇〇メートル余りあって、幅は二〇メートルぐらいで、すべて死体を埋めた。収容所の難民はほとんど亡くなった。解放後、収容所はがらんとしていて、誰も管理していなかった。私たちは収容所の中の通路で穀物を干したが、セメントで作られた池（水のない、幅四〜五メートル＝すなわち化骨池）の中に多くの頭蓋骨や他の骨が見えて、とても怖かった。一九五三年から五四年にかけて広州製紙工場が平屋建ての寮（すなわち南箕路の東、南石頭街派出所南）を建てた時、多くの骨を掘り出し、骨壺で積み上げて別の場所に運んで埋葬した（どこに運んだかわからない）。現在の南石頭街派出所から計算すると、南八〇〜一〇〇メートルの距離に死体が掘り出されている。一九八二年に平屋を解体して建物を建て、土台を掘った時にまた多くの人の骨を掘り出した。これらの死体の九〇％以上は難民所から運び出されたものだ。そこは平地であり水がたまっているので、地元の人が死んでそこに埋葬されることはない。以前銃殺されたものも、そこに埋葬されていたわけでなかった[17]」。

「広東省立伝染病院」及びその「防疫報告」

湖南文理学院日本軍華南細菌戦研究センターの招請に応じて、二〇一九年六月九日、王利文、譚元亨及び呉軍捷は同学院の所在地である常徳に到着した。六月一〇日、同センター主任の陳致遠教授らと懇談した。七月一～三日、譚元亨らは同学院を再び訪れ、同時に到着した日本の反戦論者和田千代子らと交流し、広東省、海南省に関係する日本軍の「研究成果」としての論文を複数発見した。

それらは、日本陸軍大尉の丘村弘造（元八六〇四部隊員）の報告書「広東華人コレラ患者の調査研究」、中佐渡辺建、栗田吉栄による「急性コレラ死亡及び戦地コレラ症状」、及び江口豊潔による東莞虎門竹渓郷防疫に関する報告書の手書き原稿の写真版（なお江口豊潔は著名な書である『大東亜戦争陸軍衛生史』に独立の章を分担して広東香港細菌戦を書いている）、及び多くの文献資料であった。湖南常徳の湖南文理学院日本軍華南細菌戦研究センターに所蔵されている「日本陸軍軍医学校防疫報告」のうち、第七部第六七六号は八六〇四部隊軍医大尉の丘村弘造が編纂した報告書「広東華人コレラ患者の調査研究」である。この報告書によって、香港難民の河南地区（広州市珠江南岸の俗称、現在の海珠区）への移動に関する情報が示されている。

同報告書によると、疫病について調査研究を進めるため、一九四一年、つまり日本軍は、太平洋戦争を開始する前に、広州市河南地区に広東省立伝染病院を設立した。この研究報告書によると、その研究内容は、日本軍が広東省を陥落させた後、なぜ毎年コレラが発生しているのかについて、最終的な結論を出している。その原因は、香港難民が広東省に到着してから、大規模なコレラ患者が現れたこと、つまり「香港難民が広東省での大規模なコレラの発生源だ」ということであった。また同報告書は、広州市内の住民の生命と治安を確保するため、河南地区（現在の海珠区）に広東省立感染病院を設立し、広東の香港難民のコレラ患者を「集中治療」した、としている。

報告書第三章では、一九四二（昭和一七）年二月から九月までの患者総数が五七九名で、そのうち、男性二八七名、女性二九二名である。また年齢層で分けて、一〇歳ごとに一組、一歳から九〇歳までを九組に分けた。そのうち一歳から一〇歳の患者の死亡率は、男性五六・三％、女性六六・七％であり、四〇歳を超えた後の患者の死亡率は明らかに急増した。六一～七〇歳の死亡率が高く、患者の六〇～七〇％に達した。七一歳から八〇歳は七一・四％、それ以降は患者の一〇〇％が死亡した。その他の年齢層では四〇～七〇％の間である。死亡者実数は二四五人、すなわち患者総数の四二％に達した。死亡者は七月に集中し、気温の高い季節である。そのため、コレラ菌による死亡は気温との関連が最も大きく、性別とはあまり関係がないと考えられている。もし患者の下痢が深刻であれば、死亡率は四〇％に達し、嘔吐があった場合、死亡率は五七・一％にも達した。また五二・二％の患者が痙攣を起こす。上肢痙攣は三一・八％、下肢痙攣は四七・八％、上下肢共に痙攣があるのは二〇・四％であった。また報告書によると「入院」時の患者の意識朦朧者は一六・二％、意識不明者は五・二％、後者の死亡率は六九％に達した。こうした事実から推定すれば、わずか一日前から一〇時間ほど前に船に乗ることができた難民たちが、わずかの間に「意識がはっきりしていない、完全に覚醒していない」者が五分の一ほどの割合を占めるようになるわけがないのである。彼らは、実は難民収容所に閉じ込められて人為的に毒を投与されて病気になった被害者だと考えざるを得ないのである。

報告書第六章では、最初から合併症患者には薄膜炎、黄疸、胆嚢炎、肺壊疽などの症状があると述べられている。昭和一七年の一年だけで、伝染病院に収容された難民は少なくとも一、九三九人。死亡率は少なくとも四〇～五〇％前後で、この報告書は、死亡率は気温上昇との関連度が大きいと考えている。七月から九月にかけては、九〇％に達することもあるという。「退院」者の生死は、知られていない。

以上の報告書の記述から明らかなのは、コレラは、香港難民が持ち込んできたのか、それともこの伝染病院で強制的に感染させられたのか、言うまでもないだろう。この「広東省立伝染病院」は、実は香港難民の「死」を研究するために建てられたのである。(18)

当時、南石頭に上陸した香港難民は、地面に押し倒され、肛門にガラス管を挿入して糞便検査を受けた。「病気」が検出されれば、検疫所に隔離され、「コレラに感染した香港難民」を収容する「広東省立伝染病院」に送られた人も多いはずだ。「問題ない」人は難民収容所に送られた。そして「広東省立伝染病院」に送られたり、収容所で命を落としたりしたかもしれない。先の報告書では、これらの香港難民が南石頭の難民船から来たことを隠そうともしなかった―大きい船は八〇〇人を乗せる日本船籍の白銀丸、小さい船は一〇〇人近く乗せる中国の木造船である。

何瓊菊（インタビュー当時八〇歳）は次のように回想している。

「日本軍が香港を占領した後、一九四二年初め（春節前）に私は息子、娘、姑を連れて四人で、船の切符を買ってフェリーで香港から広州に帰り、全乗客約四八〇人だった。船は広州南石頭に着いた後、日本軍に止められて上陸できず、疫病検査のため大便を検査すると言われた。問題があるとされたら、広州港検疫所の感染症室に入れられるが、入ればもう出られなかった。私は船の上で約一カ月余り勾留され、下船した時、元の四八〇人は、最後に四〇人余りしか残っていなかった。何人かが船で死んで、日本軍に川に投げ捨てられ、他の人は伝染病院に入って、帰ってこなかった。彼らはみな死んだと聞いた。私は船を出てから、もう船の人に会えなくなった[19]」

丸山茂は一九九三年のビデオで、珠江の水には顕微鏡を使えばコレラ菌が「群集蠕動（密集して動いている）」ことを確認できたと述べている。

井上睦夫の証言

丸山茂が一九九五年七月に初めて広州を再訪した時、随行した糟川良谷は、八六〇四部隊の元兵士井上睦雄の日本語証言を持って来た[20]。

井上証言からの引用は、以下の通りである。

井上睦雄は、一九二二年生まれの七三歳（一九九五年現在）。故郷の福岡で徴兵され、一九三八年一〇月末頃に中山（医科）大学に入学し、その後半年間、一般的な軍事訓練と衛生兵訓練を受けた。『衛生教程』という分厚い本（衛生兵の教科書）があり、人体の構造などが描かれている。私（井上）たちは実験もしたが、訓練への要求はとても厳しかった。教育訓練終了後、病理解剖班、昆虫班、マラリア班のある第四課に配属された。この時、八六〇四部隊の部隊長は亀沢鹿郎軍医大佐、第四課課長は山内正通軍医大尉（後に少佐に昇進、敗戦後に帰国し、岐阜県に胃腸専門クリニックを開業）、病理班班長は橋本敬佑（士官見習い、敗戦後に帰国、後に順天堂大学医学部教授）だった。

病理班には六、七人の衛生兵がいて、もう一人の台湾籍の文官がいた。昆虫班は主にペストに感染したノミ（以下ペストノミと称す）の育成に従事し、約一〇人の衛生兵と数人の中国人労働者がいた。マラリア班の班長は寺師通であった。

第一課には戦後、厚生省医務局長を務めた金光克己と、馬、豚、鶏のコレラ研究に従事する馬場准尉もいた。私（井上）の所属する病理解剖班には、解剖執刀者は橋本であり、残りは助手などであった。私、佐藤吉己（長崎在住）、高杉常などが助手をしていた。

私は助手だったが、頭蓋骨を切断したことをよく覚えている。橋本が死体の内臓を解剖する時、私たちは同時に頭蓋骨を切った。頭、顔を切り、前後に力を入れて割ると頭蓋骨が出る。続いて特製の鋸で慎重に中間の脳間膜を切開し、損傷をできるだけ避ける。それは小さな鋸で、適切に切り開いた後、切り口に糸子（解剖器具）を差し込むと、上部頭蓋骨をパッと開くことができる。頭蓋骨を開くのは私たちが担当し、同時に橋本は内臓を取り出す。内臓を取る時、喉から腹部にかけて切開し、喉に手を差し込んで舌の根をつかんで外に引きずると、内臓はすべて引き出され、必要な部分を切り取り、残りは死体内に戻した。その時、私たち頭の仕事を担当していた助手はハサミで脳間膜を切り、一本一本脳神経を切り、脳を露出させ、最後に脳下垂体に集中していた神経を切り、脳全体を取り出す。

その後掘られた頭蓋骨に低品質の綿を詰め、切り裂かれた頭蓋骨を上からそのまま縫合した。取り出した脳をホルマリン漬けにして標本にした。ホルマリン漬けにするのは、一つは腐らせないためであり、二つは凝固させるためである。凝固後は「マイクロメートルナイフ」と呼ばれるメスで極薄のシート状にスライスし、プレパラートに貼り付けて顕微鏡用標本を作る。その後、染色する。この標本片がマラリアに感染していると、マラリア菌が染色液に付着する。このように染色することで、マラリアに感染する程度やマラリアの種類が判明できる。

病理班には死体が多い日は四、五体あり、一日では解剖が終わらない。解剖は簡単なものもあれば複雑なものもあるので、一日に最大三体程度、一人の死体を解剖するのに三時間かかる。私は病理班にいた間（一九四二年八月から四四年の空襲まで）毎日約一〜五人の死体を解剖した。このような状況は、私が病理班を離れるまで続いた。解剖が終わらない死体は冷蔵倉庫に保管されている。私たちは洗面器の大きさの氷を死体の腹部の上に置いていた。

解剖された死体には男性の死体が多く、少数の女性、子供、老人の死体もあった。日本兵の死体もあれば、中国人の死体もあり、中国人スパイ（抗日ゲリラかもしれない）もいる。当時第四課昆虫班がペストノミを育成繁殖する状況を、昆虫班の中国人労働者が外部に漏らした、と考えられた。それは私がペストノミ育成部門に異動するよう命じられた時のことだった。私は八六〇四部隊の見取り図を盗み出そうとするその労働者を発見し、それを捕まえて勲章（「殊勲二級」）を授けられた。その後、その労働者がどのように扱われたかは分からないが、想像はできる。日本が敗戦した時、私はその「殊勲二級」勲章を焼き捨てた。病理解剖された死体にはスパイやゲリラと言われる死体もあったが、どこで捕まえたか、などは軍事秘密であり、その詳細を聞くことや同僚同士の伝え合いは禁止されていた。遺体を見ると額に銃撃の痕があり、憲兵部隊が射殺したことに間違いなかった。額の中には骨が二重に重なっているところがあり、弾丸が当たって脳震盪を起こすことがあっても死には至らないことがある。言いたくないことだが、その場合、正確に言えば、それは死体ではなく、生体である。心臓はまだ鼓動しており、止血のために鉗子で血流を遮断している。血管を引っ張り出して顕微鏡の下で見ると、赤血球と白血球が集まっているのが見える。心臓が鼓動するとその集まりが転がる。

ペストの病理解剖は行われておらず、マラリアの病理解剖が多かったようだ。一九四四年になると、米軍が頻繁に空襲したため、病理解剖ができなくなった。病理解剖のために切断された死体は地下室の水槽に浸されている。解剖室は中山大学医学部の円形座席付き教室で、解剖台は真ん中にある。地下室には死体を浸す水槽があり、多くはホルマリンに浸されており、かめや大きな瓶に浸された頭蓋骨、内臓標本は多く、一〇〇個まではなくても、五〇個以上は確かにあった。

一九四四年、私は、ペストノミ生産部門に異動し、主に温度を一定に保つ作業を担当した。第四課の昆虫班には約一〇人の衛生兵、数人の中国人労働者がいた。昆虫班は中山大学医学部北門と東門の間（現在は中山大学医学部付属衛生学校一帯）でネズミを飼育しており、その中にコンクリート製の部屋がある。その建物の面積は一〇～一五坪（三三～五五平方メートル）である。大きなネズミが五〇万匹飼育されている。校舎のような建物がいくつかあり、いずれもバラックのような建物で、そこでネズミを飼育している。飼育中のネズミの健康も衛生大尉に随時報告し、丁寧に対処している。石油缶（一八リットル）の蓋を開け、缶の底におがくずを敷き、ペスト菌に感染した乾いた血を振りかけた。おがくずの上にネズミ一匹しか入れない鉄のケージがあり、ネズミは鉄のケージの中で動き回れず、鉄のケージには小さな裂け目があり、その裂け目はネズミにサツマイモを与えるために使用される。石油缶に下ろした柱状液量計を用いてペストノミの数を測定した。それからネズミに乾いた血を振りかける。部屋の中はコンクリート構造で、床にはセメント板が置かれ、セメント板の上には大きなストーブがあり、松の木が中で赤々と燃えている。地面には水があふれていて、蒸気がたくさん出てきて、ペストノミを大量に繁殖させることができる。

柱状液量計の直径は二～三センチで、二～三センチの目盛りまでペストノミを入れて、何匹のノミがいるか分からない。ネズミは血を吸い取られて骨と皮だけが残ってミイラのようになったものは捨てられ、新しいネズミを補充し、絶え間なく続けられた。私はペストノミをどれだけ繁殖させたか分からない。私たちは交代で仕事をして、五人が常時勤務していた。これは生産量を高める作戦命令を受けたからだ。部屋には一〇〇個ほどの石油缶があったと記憶している（ネズミは五～七日飼っていればミイラのようになり、新しいものが補充される）。

一九四四年に空襲が激しくなる前に増産命令が出たのを覚えている。例えば、ペストノミが一〇キロ必要であれば、一五キロを生産しなければならない。空爆開始後、米軍が中国南海岸に上陸すれば、このペスト戦が最大の役割を果たす、と言われた。ほぼ毎晩米機が爆撃に来て、B29戦闘機が来た時は空一面を遮ったようになったことを覚えている。空襲の際、広州市内や中山大学医学部のキャンパスにはのろしが上がり、米軍はそれを狙って爆撃したのだろう。一九四五年六月二四日、八六〇四部隊（駐中山大学医学部）のネズミ飼育舎五棟とペストノミの育成施設（コンクリート建造物）が、二五～二六機のB29戦闘機編隊によって爆撃され、私たちの仕事は中止せざるを得なくなった。この時、部隊も撤退の行軍訓練を始め、韓国の釜山に撤退する準備をしていた。

一九四五年七月、私は広東で伝染病にかかり、広州河南陸軍病院に転院して療養したが、病気が治った後、陸軍病院で敗戦を迎えた。降伏後、当時の国民党政府が「日本人に傷害を及ぼさず」と命じたため、被害はなかった。

私は部隊の生体実験のことを知らない。病理解剖前の生体の状況については知ってはいないのである。憲兵隊に捕まった人はゲリラかスパイだと思う。第四課で生産されたペストノミがどこに運ばれたのかも知らない。

私は一九四六年六月に帰国した。私が乗ったのは排水量一万三〇〇〇トンの大きな船で、船の中でコレラが発生し、二〇〇人が死んだ。九月に日本に着いた。九州の久留米には朝日屋百貨店が残っており、それ以外は全焼して荒野となっていた。

戦争は他人に不幸をもたらし、自分にも不幸をもたらした。二度と戦争を起こすことは許さない。この記念日に際し、私はこの歴史的事実を述べ、事実を残したいと思っている。


以上が、井上睦夫の証言である。

丸山茂の懺悔

一九九五年七月、丸山茂は戦後、初めて広東を再訪し、八六〇四部隊の中山医学院本部と南石頭の現状を確認し、記録映画を撮影した。二六日、広東省博物館で開幕を控えた広州抗日史跡展を見学した。丸山茂はその場で涙を流し、日本語で感想を書いた。随行した日本語通訳はその意味を訳した。「私は人々に石で殴られても仕方がなかったが、逆に寛大な心で私を歓迎してくれた。涙が出るほど感動した」と。

二七日午後、丸山茂は広州南石頭地区に赴き、収容所跡地（現広州モーターグループ会社）と広東税関海港検疫所を撮影した。その後、彼は西へ珠江のほとりまで歩き、当時、的場守喜に細菌戦の秘密を教えてくれた場所を指さした。

二八日には丸山茂は再びメッセージを書き、後悔の意を表した。その夜、神奈川大学教授の常石敬一は通訳を通して沙東迅と詳しい質疑応答を行い、広東テレビ局も丸山茂にインタビュー撮影を行った。その後、広東省外事弁公室は中国大酒店で記者会見を開き、広東・香港・マカオの各メディアの来場者は三〇～四〇人だった。丸山茂、常石敬一、沙東迅はそれぞれ発言したが、糟川良谷は事情があって早めに広州を離れた。会議で常石敬一は質問に答え、実地調査の考証を経て、丸山茂が八六〇四部隊で細菌戦を行った摘発証言は真実であり、実際の状況に合っていると指摘した。今回の調査や撮影活動を通じて、沙東迅らの研究成果が実証された。

日本側のテレビディレクター・桜庭は、現在多くの日本人はこのことを知らないか認めないかだが、撮影したアルバムは八月中旬の日曜日午前一〇時のゴールデンタイムに日本全国に約三〇分放送し、日本軍が当時中国を侵略して細菌戦を行った罪に対し、日本国民が理解するのを助けたい、と述べた。八月一三日、『アジア太平洋経済時報』は一面で同紙記者の呉道山、徐蜻が書いた「歴史の本来の姿を復元する」という文章を発表し、広東省外事弁公室が中国大酒店で開いた記者会見の模様を報道した。

一九九五年七月から八月にかけて、広州製紙工場は経費を支出し、南箕路東側融園近くの水塔の下に「広東香港難民の墓」を建設し、九五年八月二三日に除幕式を行った。日本に帰国した後、丸山茂はこの墓碑が建てられたことを知り、礼拝に行きたいと考えた。深刻な心臓病を患い、体内にペースメーカーが入っていたが、自ら広州に行って罪を認め、謝罪すべきだと感じ、自費で再び広州に行くことを決意した。

広州を再訪した丸山茂

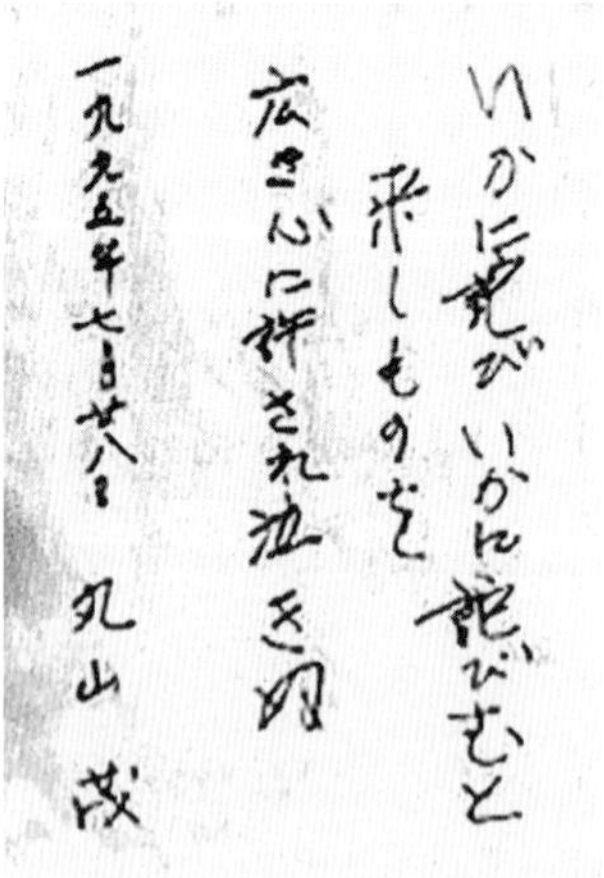

丸山茂の書いた懺悔の短歌

一九九五年一一月五日、丸山茂は広州を再訪し南箕路に向かった。丸山茂は「日中友好、二度と戦わない」と書かれた花輪を、犠牲になった広東・香港の難民に捧げた。広州に行く前に、神奈川柳瀬幼稚園や川崎市市場保育園で昔話をし、教師や児童から平和を願う折り鶴二四五〇羽をもらい受け、墓前に捧げた。その日、彼は頭を剃り、謝罪の意を表して、黒いスーツに黒ネクタイをし、手に数珠を持ち、線香に火を点し、木魚と銅の鉦をたたいて経を読んだ。それから墓前にひざまずき、涙を流して日本語で「私は深い罪を犯しました！　侵華日本軍の細菌戦兵器の下で死んだ広東省・香港の難民に罪を認め、謝罪します。生きている間に、日中友好を祈り、二度と戦わないことを誓います！」と礼拝し、その後、居合わせた記者に「八六〇四細菌部隊は広東省で非道にも国際条約違反の細菌実験と細菌戦を行いました。私はこの部隊の軍人として、心の中に重い罪悪感を抱き続けてきました。だから私は今回懺悔の気持をもって広州に来ました。もし私が生きている間に広東香港難民を祀ったこの地を訪れることがなければ、私は一生心の中で後悔し続けたことになったでしょう」と語った。翌日、広州の多くのメディアがこのことを報道した(21)。

南石頭難民収容所ではいったい何人が犠牲になったのだろうか

南石頭は当時の広東税関の所在地で、出入りする者はみな船でやって来る。その年にどれだけの人が香港から船で出港して、ここに着いたのかを明らかにするため、筆者と王利文、譚元亨とは香港中央図書館で一九四二年二月からの『華僑日報』と『華南日報』を調べた。『華南日報』一九四二年二月一五日付の記事「旧暦元旦の省港船が一日欠航」を発見した（なお、省港船とは広東省と香港の間を往来する船である─筆者注）。そこには「昨日（一四日）は三四回目の帰国華僑が出発した」と書いてある。つまり二月一四日までに三四回の帰国華僑が船に乗って香港から運び出されたことを示している。調査によると、毎回の人数は五〇〇〇人前後で、例えば第一九陣は「約五千余人、帆船一〇隻と大型汽船一隻で運ばれ」とあり、第二六陣は「小輪民国号と大天利号を出航させ、帆船四隻を率い、午前八時に碇を挙げ、四〇〇〇人、すべてが帰郷し、一隻の例外もなかった」とある。

しかし同紙は「今月二日に復航して以来、隔日運航を予定していた船は、やむを得ず毎日運航に変更しただけで、帰郷証を受け取った華僑は、まだ多くの人がおり、船が少ないために乗り込むことができないことに苦しんでいる」と伝えた。二月一七日付の同紙によれば、「九龍の各区役所は先月、帰郷証明書一〇万通を発行したが、その内、油麻地区に住む人が多い。香港には食糧があまり残っておらず、当局は市民に帰郷を勧め、帰郷指導委員会を設置して帰郷者に便宜を提供している。例えば米穀の支給、粥の接待、無料乗船等々である。証明書をもらって帰郷した者も、もらわずに自らすすんで帰郷した者もいるが、ともあれ帰郷した者は、すでに四〇万人余りに達している」と伝えている。

翌日には、次のように報道している。

「広州の市橋では、一七日に帰国する何世代にもわたる約一五〇〇人が早朝から威林臣埠頭に集合して船の出発を待った。午前八時に同会（帰郷指導委員会—筆者注）が汽船一隻、帆船四隻を用意し、埠頭から碇を挙げ、同胞を乗船させ、滞りもなかった」

二月一六日付の記事によると、タイトルは「市橋唐家湾二線、明日から平常通り航行し、早く帰郷したい人は荷物を放棄すべき」などとあり、文中には、「（香港軍政府は、）華僑の中にコレラに罹っている人を発見したため、すべての人を市橋から送還することを決めた。輸送船は南石頭沖に停泊し直し、二四時間の検疫手続きを経ても、なかなか上陸させてもらえなかった。統計によると、省に留まる華僑同胞、民船は六〇隻以上に達し、船は対応し切れず、少なからず影響を受けた」とあるこれは日本軍がかなり長い間、南石頭難民所、特に「帰僑」船に「コレラ菌」を投与したことを証明している。この報道は丸山茂の証言と一致している。

その後、「南海丸」「海珠丸」「雲陽丸」「白銀丸」などの大型客船が広州に停泊させられた、との報道もあった。これらの客船の積載人数はいずれも一〇〇〇人以上である。私たちが先に引用した第一九陣、第二六陣などは、いずれも大型客船を主とし、帆船を伴ったとしており、この船団の難民の多さが窺える。

また『華南日報』には、次のニュースもあった。

「南海丸は事情により広州に停泊、省港汽船は本日欠航」、「本日、雲陽丸、宜陽丸の両隻が出航するが、南海丸の乗船券で雲陽丸に乗り替えることができる」、「本日省港船（広州香港間船）はもう一日欠航し、さらに二二日から、三日間欠航する」。この三つのニュースは、いずれも南石頭の「停泊」が常態化していることを示しており、その中で「省（省都広州を指す―筆者注）に滞留して戻って来れない」、「事情があって日にちを変更した」、「事情があって滞留して戻って来ない」などと言及している。筆者の推定によると、日本軍が、船を収容所にしただけでなく、サルモネラ菌を撒き散らして、細菌殺人所にした可能性が高い。船から脱出できたのはごくわずかで、ほとんどの人が殺されて川に投げ込まれ、船が「空《カラ》」になるまで香港に帰って来なかったのである[22]。

以上のように、一九四二年初め、日本軍は香港で市民の強制帰郷を行い、市民を大陸部に追い返した。鄺智文『重光の道』（香港天地図書、二〇一五年、一七五、一八二、一八三頁）によると、一九四二年一月六日から二月一九日までに、約五五万四〇〇〇人が香港を離れ、そのうち約一〇万九〇〇〇人が船で離れ、一九四二年二月一九日から四三年九月までに、香港占領地総督部が手配した疎開者数は四一万九〇〇〇人に達し、香港の人口は約八六万人に減少した。統計によると、一九四二年一二月末時点の総疎開者数（軍政庁と総督部の手配を含む）は、九九万三三二六人だった。香港占領地総督部が監修した東洋経済新報社編『軍政下の香港：新生した大東亜の中核』

（香港東洋経済社、一九四四年）によると、一九四三年五月の戸籍調査の人数は八六万三三九九人であった。四四年二月、占領地総督部の磯谷総督は香港の人口を六〇～六五万人に減らすよう求めたが、四五年には香港の実際の人口は五五～六〇万人しか残っていなかった。香港政府の一九四一年三月の人口調査では、人口数は一六五万九三三七人だった。即ち日本占領期には、香港の人口は一一〇～一二〇万人も減少したのである。

現在の南石頭遺跡の保護及び研究

二〇〇七年に香港で「中華百年」シリーズのイベントが開催され、京港学術交流センターの総裁、李乃尭は沙東迅に手紙を送り、香港での講演を要請し、南石頭の惨事を紹介してもらった。

二〇一六年末に、筆者は北京で国家博物館副館長の董琦、軍事博物館副館長の向栄高にこの惨禍について報告し、中国文物保護基金会は専門機関を設立して、この特別な事件を調査研究することに同意した。二〇一七年二月二二日、元国家文化部副部長兼国家文物局局長の励小捷は七人の専門家を率いて、北京から広州へ赴き、すぐに海珠区南石頭収容所の現場を視察し、省、市文物局の関係者を集めて現場調査会を開き、遺跡についての調査研究と保護に対する具体的な意見を提言した。その後、筆者は海珠区政協委員と共同でこの提言案を提案し、二〇一七年、一八年、一九年には二〇人以上の香港区全国政協委員が全国政協大会でこれを提案し、関係部門に南石頭日本軍細菌戦問題について更なる調査と遺構の保護を促した。筆者は王利文、譚元亨と広州、ハルビン、瀋陽、常徳、南京、上海、香港、台湾で何度も調査研究を行った。ここ数年来、香港抗戦歴史研究会は香港教育大学、上環文楽センター、尖沙咀の海辺で何度も大型展覧会を開催した。また香港歴史博物館、沙田大会堂、珠海書院、いくつかの中学校とサークルで一〇回以上の報告会を開催し、パンフレット「香港人は忘れてはならない」、「小霊（主人公である殺された子供の名前―筆者注）の呼号」を二万部以上配布し、新聞に複数の文章を発表し、香港や大陸部の中央メディア、鳳凰衛星テレビ、アメリカラジオなどが南石頭虐殺事件についての報道を何度も取り上げた。

二〇一七年にジャーナリストの陸錦栄（『香港志』執行総編集長）は『明報』紙に「歴史に埋もれた南石頭虐殺事件」という文章を掲載し、日本の八六〇四部隊が犯した反人類的犯罪を暴露し、「死者の怨霊が南石頭から悲鳴を上げているのが聞こえるようだ。香港人はこの驚くべき虐殺事件を忘れてはならない」と書いた[23]。

二〇一八年に民政事務局副局長を務めた許暁暉も『信報』紙で「隠れた南石頭」という文章を書いた。許は、後世の人が歴史を大切にし、学習し、新しい方法で香港に関する重要な歴史的事実を記録し、保護して伝えてくれることを心から願っている、と記した[24]。

作家の余非は、アメリカ・サンフランシスコのラジオ番組で、「グルジアから思いついた日本軍による中国侵略生物化学兵器惨事―広州南石頭難民営事件」というタイトルで、次のような放送をした。「広州に駐留していた八六〇四部隊は、悪名高い七三一部隊の四つの支部機構の一つで、日本の細菌戦の罪証であり、その遺跡は保護され、重視されるべきである。戦争のこれら反人類的罪証は、次の世代を教育し、平和を大切にし、民族復興を大切にし、戦争を二度と起こしてはならないことの証であると、私は強調したい」と。

広州市文物保護部門は、広東海上シルクロード研究院の研究者たちを招き、私たちとともに研究グループを設立して、歴史資料を集め、ハルビン七三一部隊陳列館にも赴き、七三一部隊陳列館の経験を聴取した。陳列館の研究者たちは、日本に四四回赴き、元七三一部隊の一〇〇〇人を超える元兵士から大量の証言を収集した。陳列館側は、私たち研究員グループに対して、「できるだけ早く日本に行き、一〇人前後の八六〇四部隊の元兵士に会うことができれば、新しい史料を見つけ出すことができるかも知れない」とアドバイスした。また陳列館の研究者達は七回渡米し、日本軍が米軍に渡した現在公開されている大量の資料を持ち帰った。私たちのグループに米国スタンフォード大学ハーバード研究院、米議会図書館に行って証拠資料を探すことを提案した。香港、上海、台湾の学者は、私たちの研究チームに日本、米国で協力できる団体、学者リストを提供した。そこで私たちのチームは研究費を増やすことを提言し、日本、米国に文献やその他の証拠を収集するように提案するとともに、文化財保護部門に専門家を派遣して調査研究に参加させ、より多くの「一次資料」を探すように要求している。現在は企画申請中である。

元南石頭刑務所は現在の南石路28号の範囲内にあり、二〇一七年二月、中国文物保護基金会理事長の励小捷が現場視察に臨み、保護活動の徹底化を求めた。しかし今は五万平方メートル以上の地表建築物がほぼ破壊され（興隆通りの南側に塀の跡が残っているだけ）、最新の解体は二〇一八年九月下旬のことである。筆者は解体されたことを知った後、香港から広州に赴き、王利文、譚元亭などとともに、遺跡の全壊を阻止し、影響を受けていない所長室、台所、病院の遺跡を保全し、元の場所で化骨池や井戸などの遺跡を発掘することを要求した。市文化財保護部門は即座に承諾した。現在、所長室、台所、病院には何の保護措置も見られず、「現地発掘」は依然として「協議中」である。

二〇一七年二月、政府は「既存の文化財建築物を利用して展示」することを約束し、一八年八月には一〇〇万元以上を拠出し、「防疫所」を修復することを決定した。市当局は「修繕が完了したら、まずここで日本軍の中国侵略に関する歴史展覧会を開催して公開する計画だ」と述べた。南石頭事件は歴史的にはあまり知られておらず、決定的な政府文書もまだ見つかっていない。こうした状況からみれば、過去に全面的に隠蔽された可能性がある。その信憑性は単純に文献の多寡で判断するのは難しく、「南石頭で何人死んだか」という数字だけにこだわるのではなく、むしろさまざまな口述史料や推論、地下の発掘を重視しなければならない。今後各界の学者が一緒に努力して、文献と関連資料を探し出し、事件全体の真相を早急に明らかにすることができるようにしなければならない。

幸いなことに、中国共産党広州市委員会はこのほど、南石頭難民営が、かつて「八六〇四部隊細菌実験場」であり、「罪のない広東省・香港難民が細菌兵器の実験台になった」ことを正式に認め、同地を広州市政府が二〇二一年三月二五日に発表した第九次の文化財保護地域として認定した。広州考古院は、また同じ住所がかつて多くの共産党員も殺害された「南石刑務所」の跡地でもあったことを発見し、ここに「広州革命歴史博物館（新館）」を建設することを予定している。筆者は、南石頭で惨殺された香港難民の無念の悔しさが一日も早く晴らされ、その魂が家に帰り、千年もその悲しみをそのまま残すことないよう願うばかりである。

初出：呉軍捷編著『孤魂何處來 南石頭難民營研究及資料』（中華書局、二〇二一年）の収録論文を加筆修正した。

注

1　「南石頭難民収容所」は、元は「南石頭懲戒場」と呼ばれていたが、本稿では日本軍元兵士・丸山茂の証言に依拠して、「南石頭難民収容所」と表記する。丸山茂「いかなる名義であれ、戦争に向かうのは罪悪である」、郭成周・廖応昌『中国侵略日本軍細菌戦記録—歴史上に隠された一章』（北京、燕山出版社、一九九七年）、丸山茂著、沙東迅・易雪顔訳「中国侵略日本軍が広東で細菌戦を行い香港難民を虐殺した証言」『広州都市人』（一九九五年一月号）、沙東迅「日本軍波八六〇四部隊の広東での細菌戦活動」『湖南文理学院学報（社会科学版）』第三一巻第六期（二〇〇六年）、一一三〜一一七頁、四一頁などはすべてこの名称を用いている。

2　曹衛平『中国侵略日本軍―広州八六〇四細菌部隊研究』（北京、中国社会科学出版社、二〇一八年）一～一四頁。松村高夫「細菌戦調査研究の仕事に関する回顧」、解学詩・松村高夫『戦事と悪疫―日本軍対中国細菌戦』（北京、人民出版社、二〇一四年）、二六七～二八三頁。

3　譚元亨『日本軍細菌戦：黒い波八六〇四』（広州、南方日報出版社、二〇〇五年）。

4　郭成周、廖応昌、譚元亨、曹衛平の著作を参照。

5　「広州人は更に忘れてはならぬ　鉄証、山の如し」『南石頭大虐殺図録』（広東香港南石頭惨事調査研究グループ、香港抗戦歴史研究会、二〇一七年）三七頁。

6　『広州市文物局の南石頭日本軍侵華遺跡の保護に関する書簡』（広州、広州市文物局、二〇一八年）。

7　曹衛平『中国侵略日本軍―広州八六〇四細菌部隊研究』（北京、中国社会科学出版社、二〇一八年）、八四～八五頁。

8　『広州日報』の二〇〇五年六月八日付の記事では「七五歳の老人肖峥は日本軍が「難民所（収容所）」での残虐な悪行を回想し、日本軍が若者を使って細菌試験を行った」と記されている。

9　前掲、丸山茂「いかなる名目であれ、戦争に向かうことは罪悪である」『中国侵略日本軍細菌戦記録』、四〇六～四〇八頁。

10　前掲、丸山茂著、沙東迅・易雪顔訳「中国侵略日本軍は広東で細菌戦を行い、香港の難民を虐殺した証言」、前掲『中国侵略日本軍細菌戦記録』、四〇四～四〇六頁。

11　糟川良谷は沙東迅に本田幸一が巻頭を書いた『華南派遣軍「波」字第八六〇四部隊戦友名簿』を送った。譚元亨『犯罪目録』（香港知青出版社、二〇二一年）九二頁。

12　同注10

13　梁時暢から提供された資料は、前掲、譚元亨『広東香港一九四二：南石頭大虐殺』から引用（西苑出版社、二〇一五年）一四九～一五〇頁。

14 曹秀英からの手紙は、前掲、譚元亨『広東香港一九四二：南石頭大虐殺』一五〇頁。
15 沈時盛から提供された資料は、前掲『広東香港一九四二：南石頭大虐殺』一四六～一四七頁。前掲『中国侵略日本軍の広東細菌戦と毒ガス戦の秘密』七七頁。
16 曽丘模の証言は、前掲『中国侵略日本軍の広東細菌戦と毒ガス戦の秘密』一五九～一六〇頁。
17 沙東迅の記録「黄有を訪れた記録」、前掲『中国侵略日本軍の広東細菌戦と毒ガス戦の秘密』から引用。
18 譚元亨『無声の虐殺』（香港、知青出版社、二〇二一年）一四〇～一四五頁の「中国侵略日本軍の細菌戦犯罪のもう一つの重大な発見――香港難民を実験台とした傀儡政権「省立伝染病院」の調査報告書」
19 前掲、譚元亨『広東香港一九四二：南石頭大虐殺』一〇五～一〇七頁。
20 前掲、譚元亨『広東香港一九四二：南石頭大虐殺』一二五～一三二頁。
21 前掲、譚元亨『無声の虐殺』一五八～一七九頁。
22 前掲、譚元亨『無声の虐殺』三八～四七頁。
23 陸錦栄「歴史に埋もれた南石頭惨事」『明報』二〇一七年七月九日。https://news.mingpao.com/pns/%E5%89%AF%E5%88%8A/article/20170709/s00005/1499537242755/%E6%99%82%4%BB%A4%8%AE%80%7%89%A9-96E5969F968B96E5969C96A896E696AD96B796E5968F96B296E496B89688%E7969A%8496 E 5968 D%69796 E 7969 F 96 B 396 E 996 A 096 AD 96 E 6968596989 6 E 6%A 1%88（閲覧日：二〇二〇年一二月二七日）。
24 許暁暉「隠された南石頭」『信報』二〇一八年五月二五日 https://mww1.hkej.com/dailynews/culture/article/1850107/%E9%94%B1%6%B2%92%7%9A%84%E 5%68D%697%6 E 7%69 F%B 3%E 9%A 0%AD（閲覧日：二〇二〇年一二月二七日）。

軍医たちの生体解剖実験
——元陸軍軍医・湯浅謙の思いがけない告白

張暁剛
翻訳：孫妍

はじめに

湯浅謙は日本が中国を侵略した時期の陸軍軍医で、中国華北戦区の日本の戦地病院で勤務し、主に山西省周辺で活動していた。中国の抗日戦争が勝利した後、彼は日本軍の捕虜として太原の刑務所で教育を受け、その間に戦争犯罪を深く反省した。帰国後、中国帰還者連絡会（以下「中帰連」と略）の一員となり、積極的に反戦活動や日中友好活動に取り組んだ。本稿では、二〇年前に東京で湯浅との偶然の出会い、彼との交流や会話の内容を回顧した。元日本陸軍軍医の湯浅謙は、中国侵略戦争中に経験したこと、特に中国人に対する生体解剖実験に直接参加したことを筆者に告白した。湯浅が話した戦争体験は、日本の軍国主義が侵略戦争を引き起こした残酷性を間接的に明らかにし、彼がこの侵略戦争に対する理性的な認識と深い反省を持っていることが窺える。現在、湯浅謙の言動と心声を再評価することで、中日両国民の間の教育文化交流と中日関係の良好な発展を促進することに寄与するものがあると思う。

一　東京で湯浅謙との出会い

筆者は、二〇〇二年から二〇〇三年まで北京大学歴史学専攻の博士過程在学中、日本の二松学舎大学に一年間留学した。当時は東京都文京区の後楽寮に住んでいた。後楽寮の隣には日中友好会館があり、会館内には地下と地上の二つの展示室を持つ美術館があり、中国の芸術家の作品展示会が頻繁に開催されていた。二〇〇二年一二月中旬、会館では中国の版画作品展が開催され、文化活動を担当していた李先生[1]から私にその展示のサービス業務を手伝ってほしいと頼まれた。主な仕事は、展示されている版画作品の安全を確保し、美術画集を販売することだった[2]。

版画の展示期間中、毎日多くの人が美術館に来て作品を鑑賞していた。ある日の夕方、おそらく六時頃、展示室にはもう観客はいなかった。私は、李先生が代わりに勤務するのを待っていた。

その時、眼鏡をかけた教授風の紳士的なお年寄りが入ってきて、壁に掛けられた展示品をしばらく鑑賞した後、私の前に来て美術画集を見始め、私と話し始めた。彼は、おそらく私の日本語に変なアクセントがあることから、中国人ではないかと尋ねてきた。私は二松学舎大学の中国人交換留学生で、現在、後楽寮に住んでいると答えた。すると突然、彼が私の前でひざまずいた。私は驚きながら、すぐに彼を支えて何が起こったかと尋ねた。それから彼は、自分自身のことを話し始めた。

彼は自分が湯浅謙という名前で、かつて日本が中国を侵略した時期の陸軍軍医だったと言った。抗日戦争が終わった後、彼は戦犯として中国太原刑務所で思想教育を受け、日本軍国主義が侵略戦争を引き起こし、中国人民に巨大な災害をもたらしたことを深く認識した。彼はその後、日本に帰国し「中帰連」[3]の一員となり、反戦講演活動を積極的に行い、日中友好のための活動を行ってきた。彼はまた、自分が持っていたバッグから二つの資料を取り出し、自分の戦争体験が記録されていると言い、私に時間がある時に読んでほしいと言った。湯浅は何度も彼が多くの中国人を殺したこと、罪が重大であり、常に悔い改めなければならないと言い、私が彼の謝罪を受け入れてほしいと願った。以下では、私が湯浅と出会った経験と彼が提供した回想資料(4)や他の関連文献を参考にし、彼の日本侵略戦争についての告白と反省を紹介しようと思う。

二　医科大学卒業から医師になり、日本陸軍病院に入隊

湯浅謙は、一九一六年に日本の埼玉県で生まれ、東京の京橋越前堀で育った。父親は自営の医者だった。彼は九人兄弟であり、彼は三男で学業が優秀だった。父親の影響を受け、彼も医者になることを志し、困難な状況にある人々を助けることを決意した。

その後、彼は東京慈恵医科大学に入学した(5)。一九四一年春、湯浅は医科大学を卒業し、東京都立駒込病院に勤務した。当時は、中国抗日戦争が最も困難な時期だった。同年秋、湯浅は中国戦線に派遣され、現役の軍医となった。その後の三年半、彼は山西省南部の潞安日本陸軍三六師団病院の伝染病室所属の軍医として勤務した。

湯浅の回想によれば、彼は「一五年戦争(6)」に参加した時、中国に侵略した日本軍のために傷病者を治療しただけでなく、中国人民に対して多くの罪を犯した。これには中国の捕虜や農民を殺害することも含まれていた。「一九四二年二月から一九四五年四月まで、彼(湯浅―筆者注)は潞安に滞在し、細菌戦の訓練研究を行う衛生兵を四〇〇人育成した。彼は中国の抗日戦争の捕虜や住民一九人に対する生体解剖に参加し、自ら手術を行った(7)」と記録されている。湯浅は戦後、「手術演習の名目で生体解剖を七回行い、一四人を解剖した(8)」と自己告白した。また「ただ華北だけでも日本軍が四〇～五〇万人いて、下部に約二〇カ所の陸軍病院があり、かなり多くの

軍医・看護師・衛生兵が生体解剖手術に参加しており、その参加者はおそらく数万人いるだろう[9]」と述べている。

さらに他にもいくつかの罪行を犯している。例えば侵略軍の傷病兵への食料を補うために中国の村へ食料を奪いに行く行動に参加したこと、チフス病患者からチフス菌を分離し、師団防疫供給（水）部に送り、日本軍が中国の田舎を攻撃する際に病原菌を広めるために使用したこと、戦闘部隊に派遣され、日本軍の傷病兵を運ぶ労働者として村民を強制的に連れ去り奴隷化したこと、朝鮮人の女性を侵略した日本軍の性奴隷として使用するために性病検査を行ったことなどである[10]。湯浅の経験から、「潞安には日本軍人専用の朝鮮人（女性）「慰安所」が設けられており、陸軍病院の軍人は頻繁にそこを利用していた[11]」という事実が明らかになった。一九四五年八月、日本が降伏した後、湯浅は中国の山西省に滞在し、国民党軍に参加した。その後、彼は捕虜・戦犯として拘留されている間に自分の犯罪行為を反省し認識した。

一九四二年春、湯浅は山西省潞安の日本陸軍病院で医師として働いていた。当時、彼は盲目的にこの戦争が侵略ではなく自衛であり、アジアを解放する正義の戦争であり、最終的に勝利すると信じていた。そのため湯浅は戦争中に侵略軍医の職務と地位を誇りに思い、「支配者」としてのプライドを持っていた。実際、後の多くの資料から明らかになったように、これは当時の大多数の日本人が共通して持っていた見方であり、戦争が終わるまで彼らはそれを信じて疑わなかった。天皇裕仁が日本の降伏を宣言した時、多くの日本人はこの事実を信じられず、精神的な打撃から自殺する人もいた。これからも彼らが受けた軍国主義の宣伝の深さがわかる。

一九四二年、日本軍は中国戦場で泥沼化していた。一方で日本政府は国内の多くの医者を動員したが、戦場では外科医が依然として不足していた。もう一方で、軍部も傷病兵が増え続けることが前線部隊の士気に影響を与えることを考慮していた。日本軍は中国北部の都市や交通要所に駐留したが、「点と線」の限定的な占領地域だけだった。重傷者を後方病院に送ると、中国軍の攻撃を受ける恐れがあった。そのため広大な占領地域を統治し、貴重な戦争資源である兵士を得るために、緊急手術が可能な外科技術をできるだけ多くの医療関係者に習得させることが非常に重要だった。

当時の湯浅は命令に従う軍人で、上官の命令には従順であり、積極的に軍事行動に参加し、皆の前で臆病な行動をしないようにと自分自身を励ましていた。湯浅自身は中日間の軍事状況や戦争の進行状況を十分に理解していなかったが、同年三月中旬、彼は院長から生体解剖実験を行うよう指示された。彼は今でもその時に受けた衝撃を忘れることができない。学生時代に先輩の軍医からいくつかの情報を聞いたことがあり、少し心がざわついた感じがしたが、彼はその時点ではそれが許されない非人道的な行為だとは認識していなかった。彼はただ「中国人は卑しい」と思っており、「戦争の勝利のためにやむを得ず行う[12]」と考えていたのである。

三　中国の捕虜や農民に対する生体解剖への参加

この手術は師団の随行軍医から始まり、手術対象は憲兵隊と警備隊が提供した生きている健康な中国人の捕虜だった。一二坪[13]ほどの解剖室には、両手を縛られた中国人が二人立っていた。一人は八路軍の兵士で、若くて体格が良く、表情は落ち着いていた。もう一人は年配の農民で、縛られた両手を前に出し、「ああ、ああ」という悲鳴を上げていた。中国人の前で、二人の日本人看護師が手術台の前で手術用のナイフ、ピンセット、ツィーザーなどを準備し、ガラガラと音を立てた。「すぐに生きた人間の体を切り開くことになるが、私たちは何もなかったかのように笑って話している。これは戦争勝利のための仕事だ。嫌悪感や同情心を感じても、態度に表すことは許されない。これが天皇の軍隊の軍規だ[14]」との院長の指示により、生体解剖手術が始まった。八路軍の兵士は日本軍の衛生兵に促されて手術台に仰向けになったが、彼の態度は落ち着いていた。

当時の湯浅は、中国の軍民が日本の軍国主義による中国侵略と、中国人民の奴隷化に抵抗する決意と意志を理解することができず、もちろん中国人を生体解剖することがどれほど非人道的な行為であるかも認識していなかった。彼は今思い出すと、怒りに燃える中国の軍人が「無道な日本の軍人たち、私の戦友が私のために復讐するだろう[15]」と言っているように感じる。その後、日本の軍医グループがこの八路軍の兵士に対する解剖実験を始めた。湯浅は農民を解剖するグループに分けられた。日本の衛生兵が力まかせに捕らえようとしても、農民は後ずさりしながら抵抗し続けた。湯浅はどうすることもできず、思い切って両手で強く引っ張り、農民は両足で力強く地面を蹴って彼に抵抗し続けた。最終的に農民は手術台の端まで押し込まれたが、まるで屠殺される羊のように、手術台に上がるのを必死に抵抗した。

当時のその農民同胞の心情は私たちにはわからないが、彼の生活経験や日本軍人が中国で行った行為から考えると、この哀れな農民は不吉な予感を持っていたのかもしれない。その時、看護師が近づいてきて農民をなだめるように、「麻酔を打つから痛くないよ。ただ眠るだけだよ」と言った。哀れな農民はそれを信じて、頷きながら手術台に横たわった。そこで看護師は振り返って湯浅医師に舌を出し、「どうだ？　やっぱり私がお利口だろう」と言わんばかりの顔をした。その後、日本の軍医たちは二人の中国人に対して腰椎麻酔と全身麻酔を施し、次に虫垂切除、腸管縫合、四肢切断、気管切開などの手術実験を行った。生体実験は日本の外科軍医が指導し、湯浅らが助手として行ったもので、約一時間半かかった。

手術実験が終わった後、部隊の軍医と看護師たちは皆去り、湯浅など新入隊の軍医と衛生兵が残りの仕事を処理した。その中国の農民はすでに死亡しており、衛生兵は彼の遺体を解剖室から遠くない場所に事前に掘られた穴に投げ入れた。その穴の周囲には、以前の何度もの生体解剖実験後に捨てられた遺体が遺棄されていた。その八路軍の兵士はまだ苦しみながら息をしており、日本軍の院長は彼に心臓内注射を試みた後、空気を注入した。しかし中国兵士は長い間呼吸を止めなかった。湯浅は後始末を命じられ、そこで衛生兵の指導で、八路軍の兵士に静脈注射を行い、彼を死亡させた。

四　解剖実験の場所、プロセスおよび目的

もちろん、日本軍は潞安日本陸軍病院でのみ生体解剖実験を行っていたわけではない。一九四二年の春、太原市の日本軍第一司令部は山西省各地の陸軍野戦病院から約四〇名の軍医を召集した。内科と外科の講義が終わった後、軍医部長は軍医たちにまだ達成すべき任務があると告げた。そこでこれらの医師たちは一緒に太原刑務所に来た。当時、刑務所の大門の中には二人の中国人が床にしゃがんでおり、目を覆われ、両手を後ろに縛られていた。突然、二人の看守が出てきて、そのうちの一人が腰に差した拳銃を二人の「犯罪者」の腹部に向けてそれぞれ二発撃った。そこで日本の軍医たちは弾丸を受けて悲鳴を上げる二人を別々の部屋に運び込み、生体手術実験を始めた。

この実験は潞安で行われた手術と大体同じだった。最初は、軍医長が弾丸を取るまで「犯罪者」が生きていることを確保するように軍医たちに命じた。しかし止血剤や強心剤がなく、手術を行う日本の軍医の技術がまだ未熟であり、出血が多かったため、「犯罪者」はすぐに息を引き取った。当時は彼らを絶息させるために麻酔を使うことさえなかった。これらの生体解剖の被験者である中国人が死ぬ前にどれほどの苦しみと痛みを味わったかが想像できる。湯浅らは手術実験中に隣室から拳銃の発射音が聞こえてきたことから、そこでも軍医たちが「仕事」を始めたことがわかった。手術中、一人の日本軍医は何もせずに見ていただけだった。彼は「これは都市で

はなく前線でやるべきことだ」とつぶやいていた。そこで湯浅は山西各地でこのような事が起こっていることを知った。

湯浅は、多くの中国の捕虜兵が日本軍の新兵によって軍事訓練の際の生け贄として殺され、将校や軍人が「試し斬り」をする際の対象として殺されたという話を聞いている。ご存知のように、日本の伝統的な武士道では、刀は力と勇気の象徴とされ、若い武士が新しい刀を身につけるとき、しばしば木や藁人形を使って刀の刃が鋭いかどうかを試す。これがいわゆる「試し斬り」である。しかし、「試し斬りではなく、本物の人体が手を伸ばせばすぐに届く場所に常に置かれているため、その乱用には大きな誘惑がある」、「乱用の極みでは、時には無実の人々の頭蓋骨を使って新しく手に入れた刀を試すことさえある」[16]。旧日本軍ではこのようないわゆる「武士道」精神が溢れており、それが対外拡張主義と結びついていたことも、日本の軍人が無実の人を殺す原因の一つと言えよう。

湯浅は日本軍の戦地病院で六回の生体解剖実験を経験した。最初は恐怖で震えていたが、二回目からは経験によって勇気がつき、三回目からは手術を一人で行うことができるようになった[17]。湯浅は「私は二十数名の衛生兵に解剖学を教えたことがある。人体解剖図や模型はあったが、衛生兵がより良く理解し記憶するために、私は憲兵隊に生体解剖の練習をさせるために四名の中国人を捕まえるよう頼んだ。当時、私は戦争の勝利のためには、方法を選ばず何でもするとただ思っていた[18]」と衛生兵に対する授業で生体解剖を提案した。これは、日本国内から来た新兵たちが殺人の勇気を持つようにするためだ。

また、彼は軍医長の命令で解剖中に殺された中国人の大脳皮質を切り取り、アルコール瓶に入れ日本に運んだ。これはすべて製薬会社が大脳皮質の研究に使用するためのものだったが、彼はそれが日本国家に有益だと考えて特別に行った。湯浅はまた、軍医長に提案し、春秋の各季節に行っていた一度に二人の手術を三倍に増やす計画を立てて方面軍の軍医部に送った。幸いなことに、当時部隊が南方に移動したため、計画は実施されなかった。湯浅は日本が敗戦する前に総務主任として機密文書を処理していた。彼は「北支方面軍」の軍医部から送られてきた機密文書を受け取ったことがある。「戦況は満足できない。手術実験を真剣に行うように[19]」という内容の命令が含まれていた。その命令に基づき、湯浅は北方戦区全体の軍隊病院で生体解剖実験が行われていることを知った。参加した医療関係者は数千人に上った。そしてこの事実を湯浅は誰にも話さなかったのである。湯浅は当時の他の日本兵と同様、参加していた虐殺、強姦、略奪などの暴行についてほとんど話さなかった。

「恥の文化」は日本の伝統文化の一大特徴である。一部の学者は、日本人の特性は「罪悪感よりも恥をより理解しており、つまり、社会的な裁判による恥は、神の目に映る罪よりも強力な制約力を持つ[20]」と考えている。また、中国侵略戦争について否認する日本人にもこのような心理的特徴が見られる。これは恥を感じているからか、それとも恐怖から口に出せないのか、私たちは知らない。しかし、湯浅はそれらの理由は当てはまらないと考えており、これは非常に驚くべきことである。

当時の日本兵は幼少期から軍国主義的な教育を受けており、頭に詰め込まれたのは他の民族を蔑視する考え方ばかりだった。天皇が開始した戦争は正しいものであり、それはアジア人民を解放するための聖戦であり、必ず勝利するという考え方だ。そのため、彼らは自分たちの暴行が犯罪であると感じていなかった。この状況は日本軍内で一般的な現象となっており、その論理は次のようなものである。命令だから実行しなければならない、覚えることはない、覚える必要もない。また、軍国主義が横行していた時代には、戦争が正義の行為として美化され、侵略戦争の真実も隠されていた。日本人が時折、自分たちが犯した罪を思い出すことがあっても、当時の環境や状況では誰もその罪を深く追及することは許されなかった。

五　日本敗戦後、河北永年戦俘収容所と太原刑務所での変容

一九四五年八月一五日、裕仁天皇が日本の降伏を宣言し、湯浅は山西省の省都太原で日本の敗戦の日を迎えた。当時、山西にいた日本人は一〇万人以上で、これらの人々はすべて日本に帰国することを期待した。その時、日本軍の司令官や在留日本人会長などが「山西残留運動[21]」を開始した。この宣伝は命令の形で伝えられ、結果として二七〇〇名の日本人が残留した。一九四五年九月、日本軍第一軍は各部隊に「志願して閻錫山軍に残る将兵は全員現地で復員手続きを行う。各部隊は上記命令に基づき、志願残留者個々に復員手続きを行い、閻錫山軍に参加させる[22]」と命じた。最初は、これらの残留兵士が国民党閻錫山部隊の中国兵士を訓練するだけだったが、中国革命の形勢が進展するにつれ、これらの日本人は最終的に国民党軍の制服を着て直接共産党が指導する人民解放軍との全面戦争に参加することになった。最終的に残留した日本人のうち一〇〇〇名程度が日本に帰国し、六〇〇名程度が戦死し、残りの者は三年半の解放戦争中すべて解放軍の捕虜となった。

湯浅が捕虜となった後、最初は中国共産党政権の指導下の政府病院で働き、一年半後に河北省永年の捕虜収容所に送られ、そこで二年間の捕虜生活を送った。拘束期間中、中国側の管理者は湯浅に罪を告白するよう求め、それによって彼は自分が行った中国人への生体解剖の罪を思い出した。中国側は日本の捕虜に対して寛容な態度を取った。「あなたたちは中国を侵略する意志はなく、すべてが政府の命令に従って中国に来たものだ。したがってあなたたちは被害者でもある。しかし中国人民はより大きな災難を受けており、自分の犯した罪を真剣に告白すれば寛容にされるかもしれない」と。そのような今日でも耳に残っている穏やかな言葉と、中国政府が日本の戦犯に対して取った寛大な政策は、当時の日本の捕虜が想像していなかったものだ。二年間の捕虜生活が終わった後、罪が軽く反省態度が良好だった人々はすぐに日本に帰国した。一方、湯浅ら罪が重く、または反省が十

分でなかった一四〇名の捕虜は太原刑務所に送られ、そこで戦争犯罪者として半閉鎖状態で三年半の反省を行った。

湯浅が自分の犯した深い罪を認識したのは、彼が一度解剖した中国人の母親からの手紙を読んだときだった。「湯浅、私はあなたに息子を殺された母親です。私は目の前で息子が憲兵隊に連れ去られるのを見ました……後になって、息子が潞安陸軍病院に連れて行かれ、ナイフで生きたまま切り裂かれたと聞きました……」[23]と書いてあった。湯浅は自分の反省があまりにも軽薄だったことに気づいた。「戦犯管理所では中国政府は罪を恨む、人を恨まないという人類史上前例のない寛大な人道主義政策を堅持し、私たちが人間性を回復するのを助けてくれた。日本の軍国主義は私を人間から鬼に変えたが、中国人民は私を鬼から人間に変えてくれた」[24]と湯浅は思った。元日本兵にとって、「悪人」であることを認め、過去の深い罪を反省することは非常に困難で苦痛なことであり、捕虜の中には自殺を試みる者もいた。

中国国内のメディアでも、湯浅謙が自分の罪を悔い改める様子が断片的に報道されている。「戦後、湯浅謙は何度も中国の山西省を訪ねたが、五〇年後もなお、山西でその罪を語る勇気はなかった。彼は自分には許しを求める資格がなく、ただこの事実を人々に伝え続けるしかないと考えていた」[25]と。湯浅は幼少期から、父親のように一般の人々の病気を救う医者になることを志していたが、医科大学卒業後は日本の軍国主義によって、中国人を虐殺する魔鬼となった。最終的には、善良な中国人が彼を「鬼から人間」に変えた。その意味で、湯浅の戦争に対する認識は典型的である。彼の経験自体がその戦争の性質に十分な注釈を付けており、彼の人間の良心から来る反省も理解と敬意を得るべきである。

六　日本軍侵略の歴史を忘れず中日の平和と友好を

言及する価値があるのは、日本の右翼分子が「七三一部隊」が中国人民に対して犯した大罪を否認しているにもかかわらず、国内外で日本軍が生体解剖実験を行ったとする暴露資料やニュース報道が絶えず出ていることだ。例えば二〇〇六年には太平洋戦争に参加した日本の元兵士が勇敢に立ち上がり、日本軍が行った生体解剖の実態を暴露した。中新網東京電文によると、当時八四歳だった元日本海軍衛生兵の牧野明は、太平洋戦争末期に日本軍がフィリピンのミンダナオ島で捕虜に生体解剖を行ったと証言した。牧野は、「六一年間、彼は家族に当時の状況を正直に話すことができず、夢の中で生々しく再現される一幕一幕が今でも彼を苦しめている。彼は真実が隠されてしまうと、死んだ人々が安らかに眠ることはできないと感じ、自分の戦争体験を話し出し、その悲惨な歴史を世界に伝えることを決意した(26)」と言った。

中国北東部に駐留していた七三一部隊が行った生体解剖の事件は広く知られているが、華北での生体実験はあまり知られていない。また、日本軍がフィリピンでも生体解剖を行ったという証言は初めてのことだ。それは、日本軍が犯した罪行に新たな証拠を追加するものである。侵略の真実を暴露し、「罪の贖いの証言」をすることは、確かに賞賛され、貴重な行為だと言えよう。

二〇年以上前に湯浅謙と出会い、話を交わしたシーンは今でも鮮明に思い出される。彼は私に名刺を渡し、明らかに私との交流を望んでいたが、残念ながら当時の私の研究は日本の都市史で、「横浜開港研究」のテーマを扱っていたため、その後、彼と連絡を取ることはなかった。現在、私は長春師範大学で東北口述歴史研究を行っており、近代中日関係史のテーマも扱っている。思い返すと、二〇年前に口述歴史研究の分野に進出しなかったことは、今では後悔しているし、湯浅謙とさらなる交流を持つことができなかったことは大きな損失だと感じている。

私は東京の後楽寮に一年間住んでおり、その間に重要な問題について日記[27]をつけた。また湯浅謙との出会いの経験も簡単に記録した。湯浅は私に彼の家が東京都杉並区本天沼にあること、そして彼が度々匿名電話を受け取り、その多くが右翼分子からの嫌がらせや脅迫だったことを教えてくれた。日本国内には侵略戦争の非正義性に対する正しい判断や認識ができない人々が多く存在することがわかる。現在の中日関係が比較的に緊張していることを考えると、それは非常に心配である。

また、湯浅は自分の口述による本を出版した。その本のタイトルは『消せない記憶』で、他の人が代筆した（吉開那津子、日中出版、一九九三年）。湯浅は「日本軍の人道に対する犯罪は許されない、日本の集団的な残虐行為は許されない。しかし日本では戦争犯罪に対する認識はまだ浅く、一部の人々はそれが戦争であり、殺人は当然だと考えている。また人々がそれを否認しているが、そんなに多くの人を殺して覚えていないわけがない。これが最も危険である。戦争を理解せず、戦争を認識しないことは恐ろしいことだ[28]」と述べている。湯浅は、自分と日本の罪を暴露することは心の中で苦痛であるが、今後も「加害者の戦争体験を語る者」として努力を続けると述べている。「私の頭の中には常に消えない記憶と後悔しても取り返しのつかない犯罪の記憶が存在している。私は余生を使って罪と贖罪に耐えるつもりだ[29]」と。上記の湯浅氏による戦争体験の紹介から、日本の侵略戦争の残虐性、特に山西省および中国北方戦区で行われた日本軍による中国人への生体解剖の悪行が一面的に明らかにされている。

二〇一〇年、湯浅謙は九四歳の高齢で亡くなった。彼との会話を通じて、彼の心の奥底に中国人に対する深い後悔と悔い改めの意志を感じることができる。私は、湯浅の心の成長過程を十分に理解した後、中国人も彼が長年にわたって堅持してきた反戦平和思想と行動に理解と敬意を表すだろう。今年（二〇二三年）は中日平和友好条約締結四五周年であり、記念すべき年だと思う。私たちは、中日両国の間では、より多くの人々が日本軍の中国侵略の真実を了解し、東アジアの平和の大切さを理解することを期待している。その意味で、戦争犯罪を暴露し、中日友好に全力を尽くす尊敬すべき人々に感謝すべきだと思う。

注

1 印象では、李先生は中国大使館文化代表処の代表で、中日友好会館内で事務を行っていた。
2 三〜四種類の画集があり、すべて中国の画家の作品選集だった。これらの画集は一〇〇〇〜二〇〇〇円程度で、私は毎日約二〇冊を販売した。
3 「中帰連」は「中国帰還者連絡会」の略で、一九五〇年代に中国政府が釈放した日本の戦犯が帰国後に設立した組織である。主な活動は日本軍の暴行を暴露し、中日友好活動を推進することである。しかし会員の年齢が次第に高齢化するなどの理由で、組織の日常活動が続けられなくなり、二〇〇二年に東京で解散を宣言した。
4 本稿は、主に筆者が湯浅謙と出会った経験を記述し、彼から提供された回想資料や他の関連文献を参考にしている。
5 「中国帰還者連絡会の人たち」『週刊金曜日』、第三〇三号（二〇〇〇年二月二八日）。
6 中日戦争は中国では「抗日戦争」と呼ばれ、日本では「日中戦争」、または「一五年戦争」とも呼ばれる。つまり、一九三一年から一九四五年までの一五年間を経験したということだ。昔、中国ではこの戦争が八年間だと主張したが、現在では一四年間と改められ、日本の学界が言う一五年戦争に近づいている。
7 この部分の詳細は『山西日報』、二〇〇五年八月一八日号の記事を参照した。
8 『朝日新聞』、二〇〇三年九月一〇日。

9 『山西日報』、二〇〇五年八月一八日。
10 当時、日本軍部隊では性病が流行しており、軍部は計画的に朝鮮人の女性を従軍慰安婦にするよう強制した。
11 季刊『中帰連』、二〇〇四年三月三一日。
12 『一五年戦争と日本医学医療研究会会誌』第一巻第一号、一頁。
13 坪：日本の土地面積の単位。一坪は約三・三平方メートル。
14 『一五年戦争と日本医学医療研究会会誌』第一巻第一号、一頁。
15 『一五年戦争と日本医学医療研究会会誌』第一巻第一号、一頁。
16 新渡戸稲造『武士道』商務印書館、二〇〇五年、七六〜七七頁。
17 「健友会八・一二〇全職員平和学習集会」『朝日新聞』、二〇〇三年九月一〇日。
18 『ハルビン日報』、二〇〇五年六月二九日。
19 『一五年戦争と日本医学医療研究会会誌』第一巻第一号、三ページ。
20 エドウィン・ライシャワー『日本人』上海訳文出版社、一九八二年一〇月、一四八頁。
21 「山西残留運動」とは、日本人が敗戦後も中国の山西省に滞在し続けることを指す。帰国しても米軍の占領と支配下に置かれ未来が見えないため、残すことで中国国民党の中国統治を支援し、将来的に日本の力を保持することが可能だと考えられたということである。
22 中央アーカイブなど合編『河本大作と日本軍山西「残留」』中華書局、一九九五年、四六一頁。
23 「中国帰還者連絡会の人々」『週刊金曜日』第三〇三号。
24 『ハルビン日報』、二〇〇五年六月二九日。
25 『人民日報海外』、二〇〇五年七月二一日。
26 中国新聞網、二〇〇六年一一月二六日の報道による。
27 この日記は、黒い人工皮革の表紙の本に記録されており、日本語の作文能力を鍛えるため、内容の大部分は日本語で書かれている。

28 『ハルビン日報』、二〇〇五年六月二九日。

29 『朝日新聞』、二〇〇三年九月一〇日。

日本軍五一三部隊における口述証言の調査と研究
——「満洲国・新京」の軍政連携細菌戦研究開発体制

李素楨・田剛・森彪・渡辺美佐子

一　五一三部隊の隊員に対するインタビュー調査

近年、七三一細菌部隊と密接に関係している一〇〇部隊については、ほぼ解明されてきたが、この一〇〇部隊と関係ある五一三部隊については、まだ世に知られておらず、七〇数年間闇に隠されてきた。本研究は、生存され、証言可能な五一三部隊の隊員を調査し、インタビューを受けた方々から得た証言や回想録、それらに関連する日本軍の機密文書および政府の極秘文書を掘り起こしたものである。

本研究は、五一三部隊隊員の歴史体験の証言を切り口にして研究したものである。口述歴史については、「口述証言で歴史を研究するのは、その記憶が間違いではないか、信憑性はどのくらいあるか」という議論・指摘もあり得るが、それに対して説明しておく。

周知のように、日本敗戦直前、関東軍と「満洲国」の政府機関が計画的に文書を焼却したこと、戦後の混乱やソ連軍の接収、国共の内戦などで大量の文献が紛失した。細菌戦は国際法に違反したため、当時研究開発も秘密裏に行われていて、それに関する中核の研究活動と作業者らの中には、中国人の参加者がほとんどいなかった。ゆえに元日本軍兵士に口を開いてもらい、その証言を得ることは最も重要な研究方法の一つとなっている。つまり、「満洲国・新京」における細菌戦の研究は存命中の日本軍兵士の口述証言によらなければ研究ができないのである。

本研究の口述証言とは、一人の人に対して取材し証言を得るのではなく、一つの歴史事実に対して、数人に取材を行い、数人の証言を得ることである。そうすることによって一人の取材協力者による単一的証言の限界を克服し、数人の証言を比較することができる。つまり、多数の元日本軍兵士の証言から統計を取って、それらの証言の間に存在した共通性と関連性を見出し、論理的に繋がらせることによって、研究の客観性と信憑性を得ることができるのである。この「グループ」型口述証言こそが、「満洲国」時代の「新京」の細菌戦研究に対する貴重で唯一性のある資料だと言えよう。

さらに当時の関係ある歴史文献を発掘し、関東軍の機密文書を探し出し、元日本軍兵士らが提供した写真、記録、書信、日記などと照らし合わせ、相互の証拠をすり合わせ、分析することによって、口述証言を補完しようとするのである。

日本地図ではインタビューをした数と場所を示す（図1）。矢印は電話と手紙で約四〇〇件くらい、名前表記はインタビューに応じてくれた相手方を示す。その中で取材に応じてくれた九四～九八歳になる元五一三部隊の隊員五人及び家族一〇人くらい、それに関係ある元関東軍の憲兵らを加え、私たちのインタビューに応じてくれたのは計二〇人余りである。

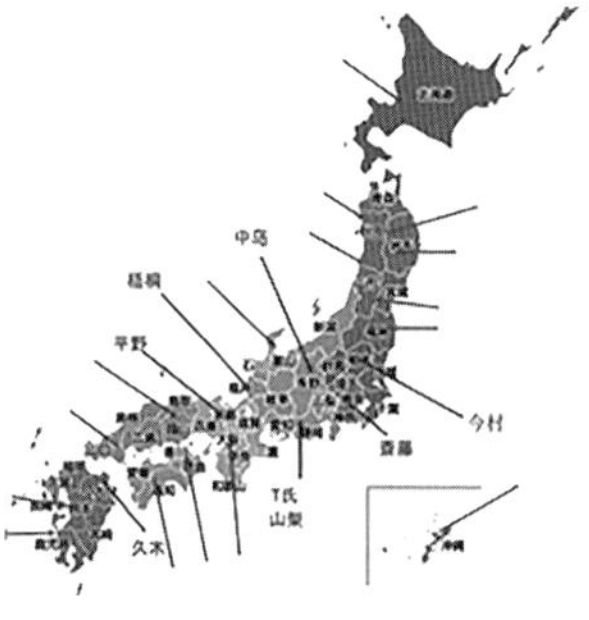

図1　インタビュー取材の範囲

二　五一三部隊の位置付けと一〇〇部隊の関係

五一三部隊とはどのような部隊だったか、七十数年以上封印されてきたが、私たちは少しずつ解明してきた。

福井県在住元関東軍獣医である九六歳の梧桐にインタビューした時に、次のような話をしてくれた。

「私たちが教わった一〇〇部隊での先生、あの小さい人で、生化学と生理（学）を教えてくれたのは、名前はごとうでも、牛島と書くのです。戦後、大学で教授をされているっていう噂は聞いているが……。一〇〇部隊というのは軍馬防疫で、人間で言ったら結核の病ですよ。結核のね、（薬を）開発する、検査する。伝染性です。……あの正式な名前は、「軍馬防疫所」です。それだから、学者のような人らが、沢山いたわけです」。梧桐は一九四四年一〇月入隊、一九四五年五月転属、「新京」軍獣医、五一三部隊二期生[1]。

長野県松本市に在住のM（匿名）は、『陸軍満洲獣医學校同窓会五一三部隊一、二期生合同同窓会記念文集』（二〇〇二年、四三頁）に次のように自筆文を書いている。

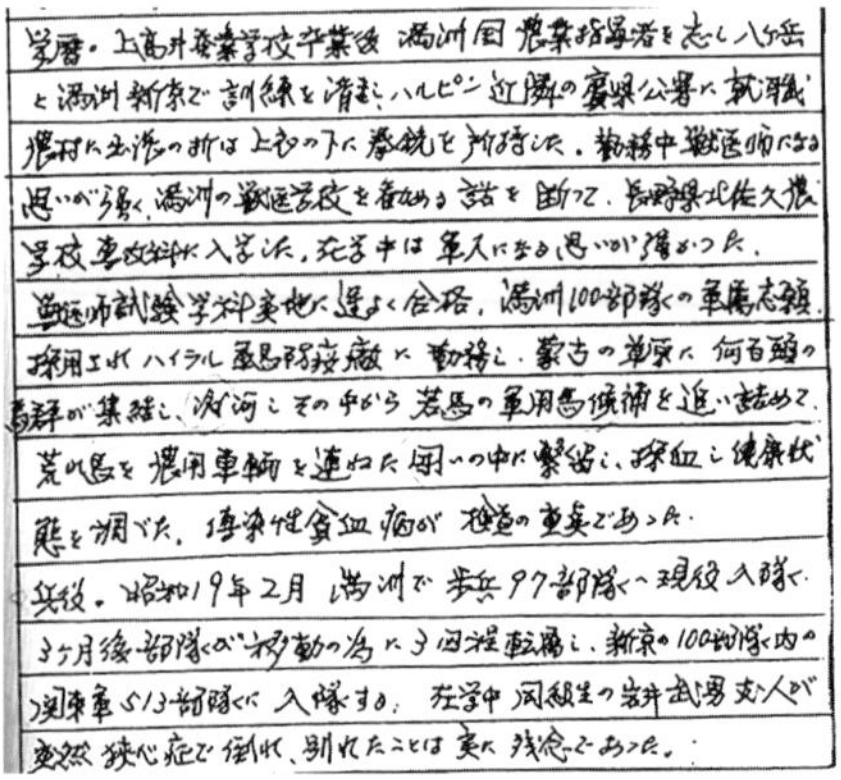
学歴・上高井農業学校卒業後 満洲国農業指導者を志し八ヶ岳
と満洲新京で訓練を積み、ハルピン近隣の農県公署に就職
農村に出張の折は上司の下に拳銃を所持した。勤務中獣医師になる
思いが強く、満洲の獣医学校を勧める話を断って、長野県北佐久農
学校専攻科に入学した。在学中は軍人になる思いが強かった。
獣医師試験学科実地に運よく合格。満洲100部隊の軍属志願
採用されハイラル軍馬防疫廠に勤務し、蒙古の草原に何百頭の
馬群が集結し、次々とその中から若馬の軍用馬候補を追い詰めて
荒れ馬を農用車輌を連ねた囲いの中に繋留し、採血し健康状
態を調べた。伝染性貧血病が検査の重点であった。
兵役。昭和19年2月満洲で歩兵97部隊へ現役入隊
3ヶ月後部隊が移動の為に3回程転属し、新京の100部隊内の
関東軍513部隊に入隊する。在学中同級生の岩井武男友人が
突然狭心症で倒れ、別れたことは実に残念であった。

Mの同窓会誌の文章（その1）

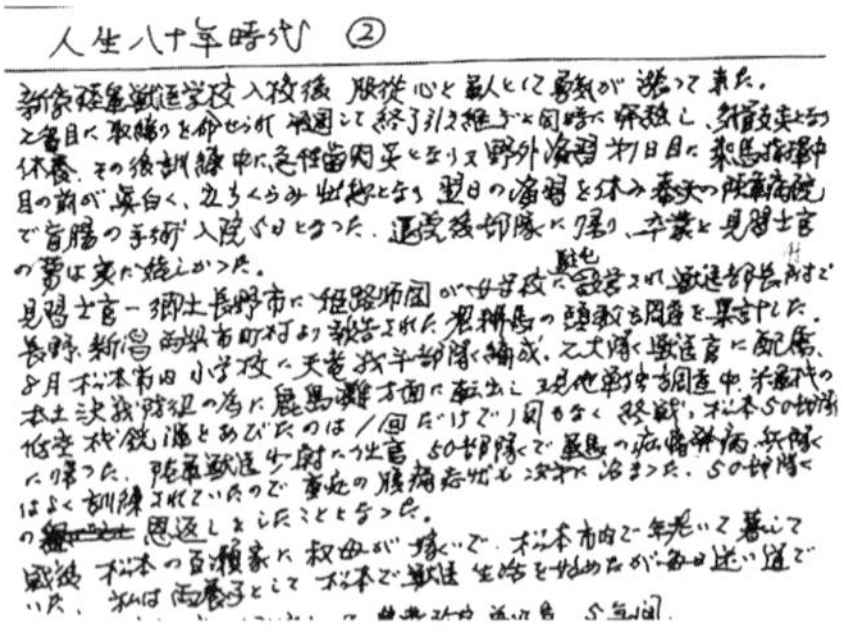
人生八十年時代 ②
新京陸軍獣医学校入校後 服従心と軍人として勇気が湧って来た。
[illegible]取締りを命ぜられ 無事にて終了引き継ぐと同時に発熱し、[illegible]
休養。その後訓練中に急性盲腸炎となり又野外演習初日目に乗馬演習中
目の前が真白く、立ちくらみ状態となり翌日の演習を休み奉天の陸軍病院
で盲腸の手術入院5日となった。退院後部隊に帰り、卒業と見習士官
の夢は実に嬉しかった。
見習士官—郷土長野市に姫路師団が女学校に駐屯されて獣医部長付で
長野、新潟両県市町村より徴発された軍用馬の頭数と内容を集計した。
[illegible]大隊獣医官に配属、
8月松本市内小学校に[illegible]部隊編成、[illegible]調査中、[illegible]の
本土決戦防衛の為に[illegible]方面に転出し[illegible]1回だけで1日もなく終戦。松本50部隊
[illegible]
に帰った。陸軍獣医少尉に任官。50部隊で[illegible]
はよく訓練されていたので[illegible]治まった。50部隊
の[illegible]恩返しをしたこととなった。
[illegible]松本市内で年老いて暮らして
[illegible]松本の[illegible]家に叔母が嫁いで[illegible]
いた。私は[illegible]として松本で獣医生活を始めたが[illegible]

Mの同窓会誌の文章（その2）

この文章から次の情報を得ることができる。①本人は八〇歳の時に自分の軍歴を記した。②長野県農学校に在学中、軍人になる気持ちを強く持っていた。③一〇〇部隊の軍属。獣医試験に合格し、満洲一〇〇部隊の軍属に志願して採用され、ハイラル軍馬防疫廠に勤務し、蒙古の草原にいる何百頭もの馬群の中から若馬の軍用馬候補を捕らえ、その野生馬を農用車輌を連ねた囲いの中に繋留して採血し健康状態を調べた。伝染性貧血病が検査の重点であった。④五一三部隊に入隊。昭和一九年二月満洲歩兵九七部隊に入隊。三カ月後に新京一〇〇部隊内の関東軍五一三部隊に移転。⑤その後、五一三部隊を半年で卒業し、郷里の長野市に設営された姫路師団の獣医部長付で長野、新潟両県各市町村より報告された農耕馬の頭数調査を集計した。⑥本土決戦防衛のために鹿島灘方面に転出し、現地で敗戦を迎えた。このMの文章と前述した梧桐の話を総合すると第一期生は五月の卒業後内地送還となり、原隊に復帰したのち、それぞれ本土決戦要員として再配備されたことが分かる。

京都府福知山市に在住の平野は、五十嵐幸男教官たちから軍陣獣医学等を教えられたことを語ってくれた。

図2は、平野が自ら手で書いた五一三部隊が一〇〇部隊に隣接していたことを示す略図である。

また彼は、提供してくれた教官五十嵐夫妻の写真の下に「私は一九四五年五月～八月まで満洲陸軍獣医学校（新京、五一三部隊）にて、軍陣獣医学の教育を受けました。二〇一九年五月六日」と記している。

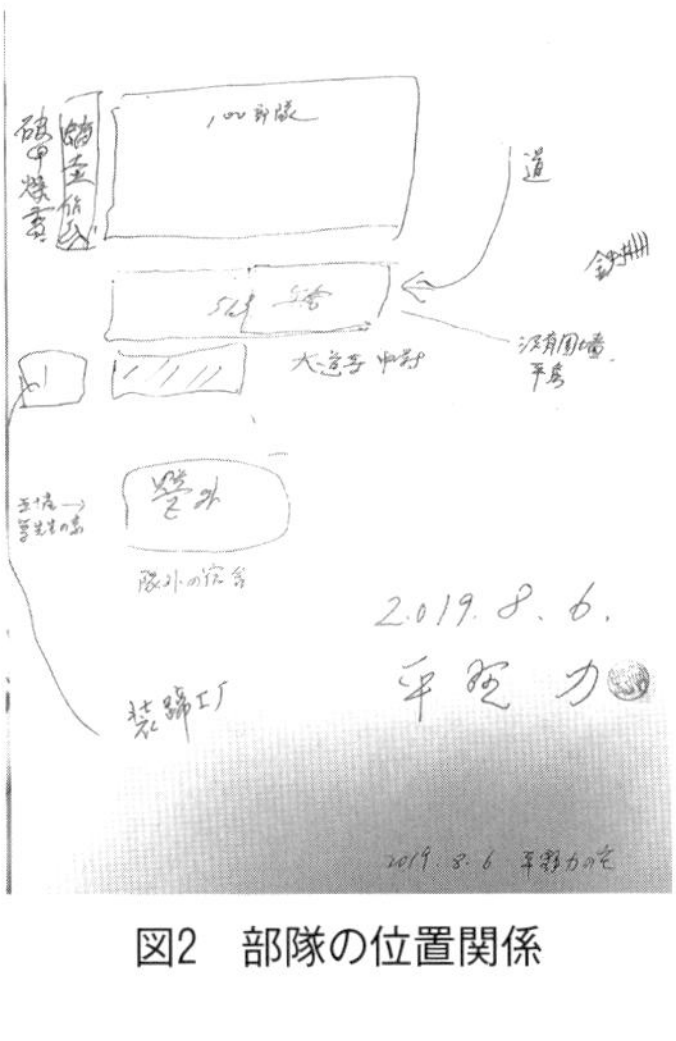

図2　部隊の位置関係

次のインタビュー内容は関東軍獣医五一三部隊の久木義一の口述記録である。

「一九四五年六月一日、俺たちは二期生として三五名が関東軍、支那派遣軍、朝鮮軍隷下の部隊から集められて、新京の孟家屯の獣医部幹部候補生教育隊五一三部隊へ入校となった。この部隊は関東軍軍馬防疫廠（一〇〇部隊）の隣接兵舎で教育を受けた。この第一〇〇部隊は関東軍軍馬防疫廠で部隊長は高橋隆篤中将。ハルビンの第七三一部隊と共に秘密のヴェールに包まれた特殊部隊である。生物、細菌兵器（炭疽、鼻疽、牛疫、牛肺疫、口蹄疫、狂犬病等）の研究、ワクチン製造をしていたことを後日知った」。

図3は久木義一の手書き文である。二〇一八年四月八日大分県別府の久木義一の自宅でインタビューした時に書かれたメモである。なお本人が出版した本『我が青春』（櫂歌書房、二〇一四年）（図4）にも同様のことを記している。

五一三部隊の隊員内山俊英は次のように戦友会誌に投稿した。「専門教育は関東軍直轄部隊の関東軍軍馬防疫廠、第一〇〇部隊の隣接教室で行われた。この一〇〇部隊は、ハルビン七三一部隊と共に秘密のヴェールに包まれた特殊部隊で、生物細菌兵器を主に研究製造していたことを後日聞かされた。炭疽、鼻疽、ペスト、テタニイ、コレラ菌等の培養もしていたと聞いたが、この部隊からも二～三の上級軍属教官が、五一三部隊へ派遣され、我々は細菌免疫学等の授業を受

図4　久木義一の著

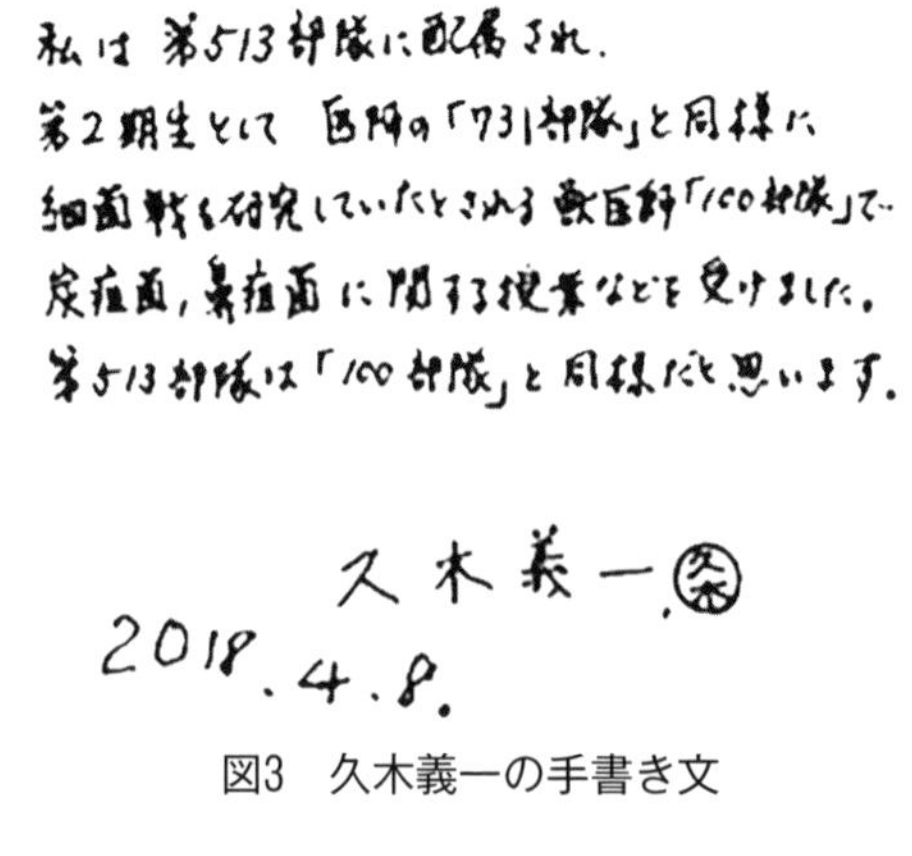
私は第513部隊に配属され、
第2期生として 医師の「731部隊」と同様に
細菌戦を研究していたとされる獣医師「100部隊」で
炭疽菌、鼻疽菌に関する授業などを受けました。
第513部隊は「100部隊」と同様だと思います。

久木義一㊞
2018.4.8.

図3　久木義一の手書き文

けたが、一〇〇部隊出入りの将校や軍属は所謂当令でいう、頭脳集団部隊であったようだ。そんなあんばいの部隊生活だったので、たまに教科の中に組まれた乗馬、剣道、ほふく前進等では、一汗も二汗もかかされた。猛家屯の日常内務生活の兵舎から、一〇〇部隊の獣医教室まで、毎日徒歩で往復する日々は、子供の頃の遠足気分で、どこまで歩いても、黄褐色化した土壌の道路が一直線に走っていて、日本内地には見られない大陸特有の自然の景観が心を癒してくれた。時々、トラックが走り去ると砂塵がもうもうと舞い上がり、我々行軍列の前方を遮った。又時に、五十嵐少佐（現日本獣医師会長）騎乗の乗馬が『春の海ひねもす、のたりのたり哉』の一句の様に、のんびり我々の隊列を通り過ぎて歩いて行った(2)」

この口述証言の中で五一三部隊の教官五十嵐幸男に触れているが、本人が他界していたので直接インタビューをすることはできなかった。幸い五十嵐は五一三部隊戦友会の会報に挨拶文を三編残している。

以下は、五十嵐幸男が日本獣医師会顧問、埼玉県獣医師会名誉会長の時に戦友会に出席した際のあいさつ文からの抜粋である。

「筆者の青春時代、『教育勅語』『軍人に賜りたる勅諭』によりマインドコントロールされ盡忠報國の至誠に生きた時代であり、迷うことなく獣医部依託生を経て、陸軍獣医部将校として戦争に参加した。陸軍獣医勤務は活兵器といわれた軍馬、犬、鳩、その他兵用動物の衛生管理や診療、防疫に従事し、有事に際し遺憾なくその戦力を発揮することが大綱であり、獣医部将校、幹部候補生、下士官候補者の教育はすべて東京世田谷区の陸軍獣医学校において実施してきた。ところが、戦争の拡大に伴い船舶事情逼迫し、関東軍、朝鮮軍、北支派遣軍隷下の一部幹部候補生教育を関東軍が担当することになり、一九四四年一二月一〇日、第一期生九二名が関東軍軍馬防疫廠（一〇〇部隊）の隣接兵舎である五一三部隊に入隊し、教育は専門教育と軍事教育ならびに一般教養（国語、数学、化学）とに大別され、午前学課、午後内科、外科病理、衛生、装蹄などの実習が課せられ、内外科実習は附属病馬廠において病理解剖、衛生実習は一〇〇部隊施設を利用した。第一期生は一九四五年五月一〇日卒業当日、関東軍総司令官山田大将のご臨席をいただき、一期生は当時内地防衛師団創設要員として内地に転任し、その後二期生は四五年六月一日三五名入校……」。

以上、これまで論じたことから、五一三部隊とは一〇〇部隊と連携していたこと、具体的には一〇〇部隊に所属する部隊員に対して、動物細菌戦のための教育を行う部隊であるという位置付けは間違いないであろう。

なお、防衛省防衛研究所資料館所蔵「中央部隊歴史全般―28」の一〇〇部隊と五一三部隊に関する記録が、以下のようにある。

一〇〇部隊は「関東軍軍馬防疫廠、徳第二五二〇七部隊、満第一〇〇部とも称された。昭和六年一一月一日関東軍臨時病馬収容所開設、庁舎は新京特別市寛城子。昭和一一年八月一日関東軍臨時病馬廠を関東軍軍馬防疫廠とす。爾後、新京において軍用動物の検疫、防疫、試験研究の業務及び獣医部下士官の教育業務に従事すると共に在支野戦軍馬防疫の指導に任じた[3]」。昭和一四年一〇月頃、新京特別市孟家屯新庁舎へ移転した。昭和一六年三月一日部隊秘匿名を満洲第一〇〇部隊と名付ける。

五一三部隊は「関東軍獣医下士官候補者隊、通称号満第五一三部隊、徳第一三九二五部隊。昭一五年五月新京市（孟家屯）において関東軍防疫廠（満洲第一〇〇部隊）の教育部として発足し、所属隊員は兼務の状況であった。昭一六年七月一六日臨時編成下令、分遣中の下士官候補は原隊復帰。幹部（一部の残留者を除く）は戦時命課により各隊に充用……昭一九年八月一日編成改正、幹部の教育実施にともない、所隊員を増強した。昭二〇年五月一日軍令陸甲第七五号編成改正発令により「関東軍獣医部幹部教育隊」と呼称[4]」。

一九四五年八月九日、ソ連軍は深夜一時頃、関東軍司令部所在地の新京（現在長春）に進撃、日ソ開戦となり、五一三部隊は、雨の中、進藤少佐の指揮により対戦車壕掘り作業を深夜まで続け、その後八月一五日天皇の終戦の放送を聴き「承詔必謹」、通化方面に転進することになるが、部隊の資料、書類などを焼却し、兵舎、実験室を破壊した。

しかし久木義一が語ったところによれば、「私たちは工兵じゃないから、兵舎などを完璧破壊できなかった」。写真の煙突は今も残って、細菌戦の罪悪を無言で語っている（写真1）。五一三部隊全員で八月一七日朝、陽鎮において武装解除を受けた。のちに、シベリアに抑留された。

三　「新京」での動物細菌兵器戦の研究開発の共同体制

研究開発の共同体制について先に結論を言えば、「満洲国」の首都「新京」は細菌戦争準備のため、動物細菌兵器の研究開発・生産の中心地になった。その特徴は、軍隊・官庁・研究所・大学・民間会社で緊密に連携した総動員体制をつくり上げたことである。「新京」での細菌研究開発の時期は、一九四一年を境目に、その前は研究・開発の準備の段階で、一九四一―四二年は発展の段階に入り、一九四三―四五年はピークの段階を迎え、その後崩壊へ突き進んだ、と考えられる。それぞれの段階に分けて述べるべきではあるが、紙面の制約上、準備・発展段階とピーク期の段階を説明する。

写真1　現存する一〇〇部隊の煙突

（1）準備・発展段階の共同研究開発体制

「新京」での細菌研究開発の時期は、一九四三年にピーク段階に入るが、その前の準備・発展段階の文書事例を挙げて考察しよう。

以下は、防衛省防衛研究所に保管されている文書である。

①軍用細菌研究の件（資料1）

「軍用細菌研究業務従事者命課の件㊙関参一発第一八七七號軍用細菌研究業務従事者命課の件報告
昭和一二年六月二十二日　関東軍司令官　植田謙吉
陸軍大臣　杉山元殿
関東軍軍馬防疫廠ニ於テ軍用細菌ニ関スル試験兼研究従事者別紙ノ通免命セルニ付報告ス」(5)

②軍用細菌研究員の派遣の件（資料2）

「官房職甲第九三一號、昭和十一年九月十六日
大蔵次官　川越丈雄
陸軍次官　梅津美治郎　殿
満洲国馬政局防疫技術官要員推薦方ノ件回答
神戸税関在勤　税関獣醫官　山田重治
陸満密第三六二號御照會有之候右ノ者満洲國馬政局防疫技術官ニ任用ノ件当省ニ於テハ差支無之候條可然御取計相煩度候」(6)
「満秘人、関参満第五六九號

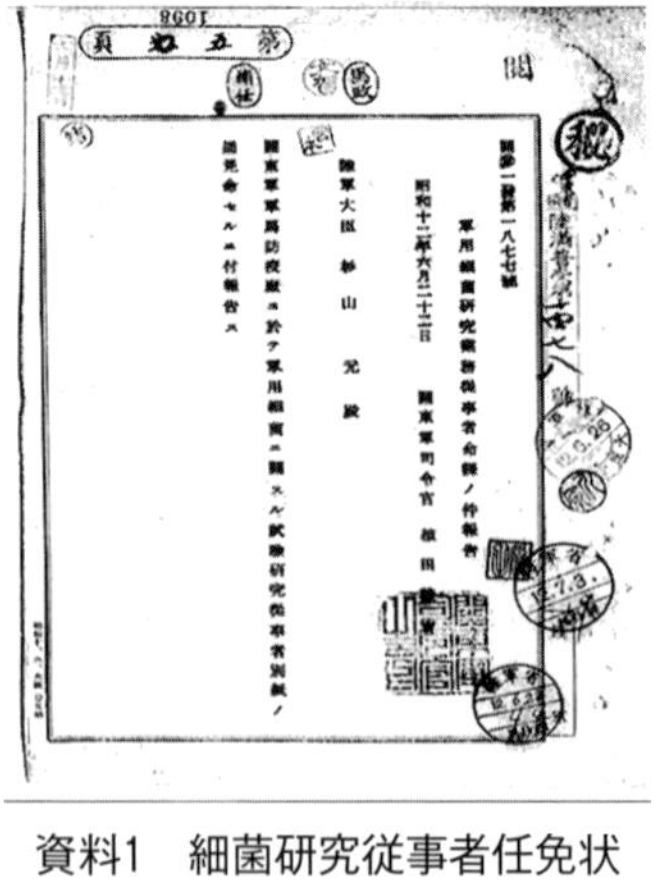
關參一發第一八七七號
軍用細菌研究業務從事者命課ノ件報告
昭和十二年六月二十二日　關東軍司令官　植田謙吉
陸軍大臣　杉山元殿
關東軍軍馬防疫廠ニ於テ軍用細菌ニ關スル試驗研究從事者別紙ノ通免命セルニ付報告ス

資料1　細菌研究従事者任免状

満洲國馬政技術官採用ニ関する件
昭和十一年九月二十五日　関東軍参謀長　板垣征四郎
陸軍次官　梅津美治郎　殿
八月二十一日附軍務三二電報ヲ以テ推薦ノ大蔵省税関獣醫官山田重治ヲ馬政局嘱託月手当三七〇圓ニテ採用致度ニ付交渉方配慮相煩度追而管制公布ト馬疫研究廠研究官ニ任用致ス可ニ付申添フ[7]」
「陸満密第三六二號　昭和十一年九月十四日
次官ヨリ大蔵次官宛照會
満洲國馬政局防疫技術官要員トシテ、貴省管下神戸税関勤務獣醫官山田重治ヲ左記條件ニ依リ、御推薦相成度、旨満洲國政府ヨリ関東軍司令部ヲ経テ申出有之シニ付、御詮議相煩シ度及御照會候
（イ）身分ハ技佐トス左記
（ロ）待遇ハ經歴ニ応シテ決定スルモ薦任五等六級（本棒二六五圓加棒一〇六圓）ヲ標準トス[8]」

言うまでもなく、これらの軍の極秘文書は板垣征四郎、梅津美治郎等が実施した細菌戦の文献上の証拠である。また、「軍馬防疫廠」、「馬疫研究廠」である一〇〇部隊は軍用細菌研究と製造を担当する部隊だと明らかに読みとれる。当時、細菌戦のため研究開発のスピードを上げ、高い給料によって研究人員を選抜、派遣などを実施したのである。

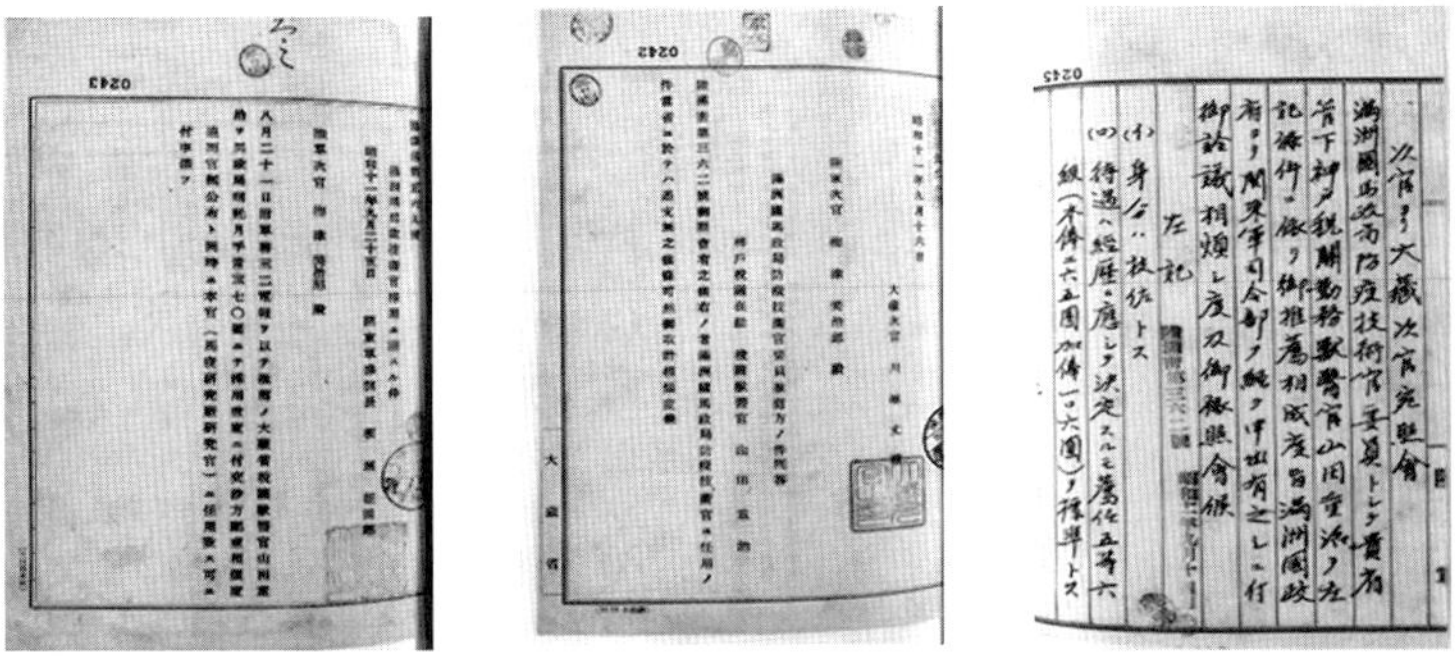

資料2　細菌研究員の派遣状等

山田重治は馬疫研究廠細菌課長として任命され、月給は三七〇圓（円）で、当時の上級職員の月給の一〇倍くらいに当たる。

③ 細菌実戦の訓練と連携

一九三九年、関東軍司令部特設憲兵隊科学偵諜班（通称司令部第四班）が新京寛城子に設立された。「無線探査」「指紋」「科学」「法医、細菌」「写真」「筆跡鑑定」の六分隊があった。その中の第四分隊である「法医、細菌」では、「任務は、法医学の修得と細菌戦に対処する研究および訓育であった（法医の内容を略―筆者注）。細菌については、満洲医科大学の橋本多計治教授に委嘱し、隊員たちに専門教科修得のため月間一週間程度の基礎訓練教育を実施した。また関東憲兵隊司令部付小笠原軍医大尉の一般化学および基礎学の教育を実施した。さらに、昭和一五年二月には、満洲医科大学に隊員全員を派遣、専門教育を受講させた。同年五月には、ハルビン郊外の平房にある関東軍防疫給水部（第七三一部隊、通称石井部隊）にも全員派遣し、基礎防疫学を修め、実戦に即した教育訓練を受けた。これらは軍人としての教育ばかりでなく、警察的鑑識並びに防諜に必要な防疫学を修得させたことになり、後の昭和一六年末に、満洲第七三一部隊とともに、関東軍の科学戦部隊として重きをなすにいたる。研究成果としては、細菌戦に対する防衛対策、毒物検知、細菌の実体研究、毛髪による鑑別法などにみるべきものがある」(9)。

ここで引用した文章では憲兵隊科学偵諜班が、「新京」からハルビンの七三一部隊に細菌戦の実戦訓練に行ったことが分かるが、逆に七三一部隊が「新京」に来たこともある。七三一部隊の篠田統たちによる『哈爾浜石井部隊における出張並調査報告書』（以下、「調査報告書」と略称）にそのことが記録されている。この「調査報告書」には、細菌兵器の大量生産と攻撃兵器開発を進めるという目的が記されている。篠田統らは一九三八年「九月五日七時、新京着。馬疫研究處訪問」、「今般ノ小官等ノ出張ニハ二様ノ目的アリキ。一ハ大量生産ヲ中心トシテ培地研究、他ハ攻撃武器トシテノ昆蟲研究ノ参考ニ資セムガ為ナリ」。この「調査報告書」は、合計五通の構成である。（1）「黒河、璦琿、孫呉方面出張報告」（五月八～一五日）、（2）「新京、公主嶺、奉天、撫順、熊岳城、大連方面出張報告」（九月四～一二日）、（3）「阿爾山、黒爾根方面出張報告」（七月一七～二七日）、（4）「密山、虎林方面昆虫調査報告」（六月三〇～七月一一日）、（5）「密山方面湿地帯通過特別演習ニ於ケル昆虫害調査報告[10]」。

この「調査報告書」の出張先が満洲の数多くの地域に及んでいることを見ると、七三一部隊と「新京」及び満洲各地の機関とが繋がり、軍・官・研の各機関との共同研究開発の様子がうかがえる。まるでクモの巣のように満洲各地の各機関がネットワークで繋がっているかのようであり、満洲地域全体で、人体細菌実験、動物細菌実験、植物細菌実験の共同研究開発を行っていたように考えられるのである。

（2）共同研究開発体制のピーク期

当時の国防戦略の方針及び各種の規程から判断すると、一九四三（昭和一八）年には細菌戦略研究の共同体制のピーク期に入った。そのことは、新たに細菌研究機関が設立されていったことを見ればさらに明確になる。具体的には、一〇〇部隊内に、これまでの第一科から第五科までの組織に加え、新たに第六科が新設され、また細菌資料室が設置されるとともに、実験機材が以前よりも整備されて、細菌兵器製造工場へと変貌したのである。さらに奉天獣疫研究所の馬鼻疽、炭疽の研究は、大陸科学院に移管された。一〇〇部隊は、大陸科学院の馬疫研究処に行って、そこの解剖場、培養室、冷蔵庫などを使用し、馬疫研究処の研究・培養する強毒菌は、細菌戦に活用するために一〇〇部隊に提供されていたのである。それに関する証拠として口述証言や極秘文書などを以下に並べて引用する。

① ピーク期の歴史的背景

ピーク期になった直接的歴史背景として、「科学技術審議会」に言及しなければならない。

この審議会が設立される発端は、以下の文書に示されている。一九四〇（昭和一五）年五月二七日「第一方針、高度国防国家の根幹たる科学技術の国家総力戦体制を確立し科学の画期的振興と技術の躍進的発達を図ると共に、その基礎たる国民の科学精神を以て大東亜共栄圏資源に基づく科学技術の日本的性格の完成を期す」。その方針の中に以下の文がある。「第二要領、緊迫せる国際情勢に即応し我国科学技術の総力戦体制を整備し、其の躍進的振興を図る為、左記方策を強力に実施す[11]」。

この方針に基づき、「科学技術審議会」は、一九四一（昭和一六）年五月二七日に設立され、審議会総裁は当時の内閣総理大臣東条英機であった。審議会委員は約二〇〇名で、陸軍中尉大島駿ら三七人、海軍の少将や大佐ら一三人、研究員、大学教授（主に医学、農学、工学）四一人、官庁役員六四人、三菱重工業株式会社らの民間会社社員三六人などで、この審議会委員の構成から、それは軍隊、官庁、研究所、大学、民間会社の連合共同研究の機関だという実態が分かる。即ち「官民科学技術の総力を結集して重要国策の決定に全面的に寄与せんとするもので、前例無き程の厖大な組織であり」、その末尾には「長期戦不敗」とも記され、総合戦力を急速に増強させようとするものであった[12]。

一九四三年から四五年にかけて戦局の挽回を目指して、決戦兵器開発の一つとして動物細菌兵器の開発が進められたのである。これに対応して、当時、満洲の「新京」で軍・官・学・研及び民政機関の共同研究開発体制を確立した。それらの例として主に以下のような機関がある。軍隊としては、一〇〇部隊・五一三部隊・関東軍憲兵科学偵諜班（憲兵四班と略称）。官庁研究機関としては、大陸科学院に所属する獣疫研究所・衛生技術廠・馬疫研究処など。大学としては、新京獣医大学、新京医学大学など。民政機関としては、公主嶺農業試験場などである。

②ピーク期における研究開発体制の特徴――緊急事の連携

まず以下に、関係する口述証言や極秘文書を紹介する。

五十嵐幸男　五一三部隊教官、軍陣獣医学。「戦争の拡大に伴い船舶事情逼迫し、関東軍、朝鮮軍、北支派遣軍隷下の一部幹部候補生教育を関東軍が担当することになり、一九四四年一二月一〇日、第一期生九二名が関東軍軍馬防疫廠（一〇〇部隊）の隣接兵舎である五一三部隊に入隊し、教育は専門教育と軍事教育ならびに一般教養（国語、数学、化学）とに大別され、午前学課、午後内科、外科、病理解剖、衛生、装蹄などの実習が課せられ、内外科実習は附属病馬廠において、病理解剖、衛生実習は一〇〇部隊施設を利用した(13)」

山梨一夫　一九四三年関東軍兵士、四四年関東軍憲兵隊司令部科学偵諜班（通称司令部第四班）科学偵諜憲兵。四五年八月捕虜、シベリア抑留五年、五九年帰国。以下、山梨一夫にインタビューした際の内容である。

山梨：私は昭和一九年の七月に新京の陸軍の憲兵学校に入りました。下士官になって、関東軍の憲兵隊司令部の科学偵諜班に配属されました。

問：科学偵諜班は一〇〇部隊と繋がっていたんですか？

山梨：仕事は繋がっていたけど、全然違う部隊、一〇〇部隊は馬疫研究所といわれたよ。

問：馬疫研究って、馬の健康を維持するための研究所ですか？

山梨：それは表向きの話であってね、本当の裏は敵のソ連軍の馬の群れへ、伝染病に罹った馬を放牧したりね。

馬は群集性があるから自分の仲間のところへ飛んでいくんだよね。それでその部隊を伝染病によって全滅させる。あるいは馬だけじゃない。牛もそうだし、犬もやったし、動物を使って敵の戦力を失わせるようにしたわけだよね。ソ連は川の上流から毒を流して、人間に対しても毒を流したんだよね。だから日本もその研究をやった。それでね。なぜ私が一〇〇部隊を知っているかというとね、私が行っていた寛城子の四班、略称です。正式な呼び名は科学偵諜班だけど、やっぱり防諜上、四班って言葉使ったわけだよね。（中略）それで、馬疫研究所は馬の疫病なんかを研究していたからね。馬の血を貰ったわけ、毎日大きなバケツに二杯ずつくらい、中国人の苦力さんが運んでいたわけ。うちの科学の研究所へね。それを私は見ているわけです。それをどうしたら一番有効かってことで、馬の血を蒸留して透明なエキスを取って、それを脱脂綿にしみ込ませて、犬に嗅がせると、人間でいうと性欲で夢中になるわけね、犬の本来の。人間はそれを抑制できるけど、犬はそれをセーブできないわけ。その研究の薬は出来たけど、それをどうやって犬に嗅がせるか、それを研究したわけだよね。それでね、昔の電球、薄いガラスのね、その中へ液を注入して、匍匐《ほふく》前進して犬に近づくわけ。警察犬に対してね。五〇メートルまで行ったら、犬は吠えるんだよね。それまでは気づかない。だから、そういうアンプル、薄いアンプルの中に馬の血の蒸留したのを手榴弾のように投げるわけ、五〇メートルだったら人間の手で届くからね。そうするとカチンと割れる音がして、臭液が発散する。犬は液の臭いに夢中になって、教え込まれた任務を忘れるわけ、畜生だよね。だもんだから、それを利用して、制犬剤─制犬剤っていうのは、犬を制する─これを作ったわけ。その制犬剤の中へ煮た馬肉を入れると肉も食べるわけ。もっと効力が増えるわけ。それを私らが拝命して科学偵諜班に行った時に科学の部屋で作ってて。その匂いってのは、軍服に染み込んじゃうほど強烈なものだったけどね。それは実験で、そう量産できなかった。ところが、いよいよ南方の戦線がもっと必要だとなって、一〇〇部隊で作って貰ったらどうだ、ということで一〇〇部隊で最後は仕上げて、南方に送ったんだよね。だから、制犬剤を作ったのは科学偵諜班の四班だけど、実際に応用化したのは一〇〇部隊。

問：つまりその薬剤を作ったのは関東軍憲兵隊司令部四班。だけど、量産化して南方に送ったのは一〇〇部隊ですね。どのようにして南方に送ったのですか。

山梨：飛行機。飛行機で陣地に送って行って、それから戦線に行ったわけだね。

問：一〇〇部隊は飛行機で運送していたんですね。どれくらいの量？

山梨：そりゃ、分かんないなあ。大量だよ。

資料3は山梨一夫直筆平面図[14]。なお二〇一八年四月一二日、静岡県に在住する桜井規順からも山梨一夫にインタビューをした内容を、筆者は手紙で知らせてもらった。内容は以下のようである（資料4）。

手紙に記録した内容には、①科学偵諜班と一〇〇部隊は細菌研究において関係がある。②造った細菌を馬糞に入れ、フィリピンの戦場で使用した。③その細菌製造の関係者は東京大学の卒業者一〇〇部隊の研究員野村大尉だ、と記載されている。

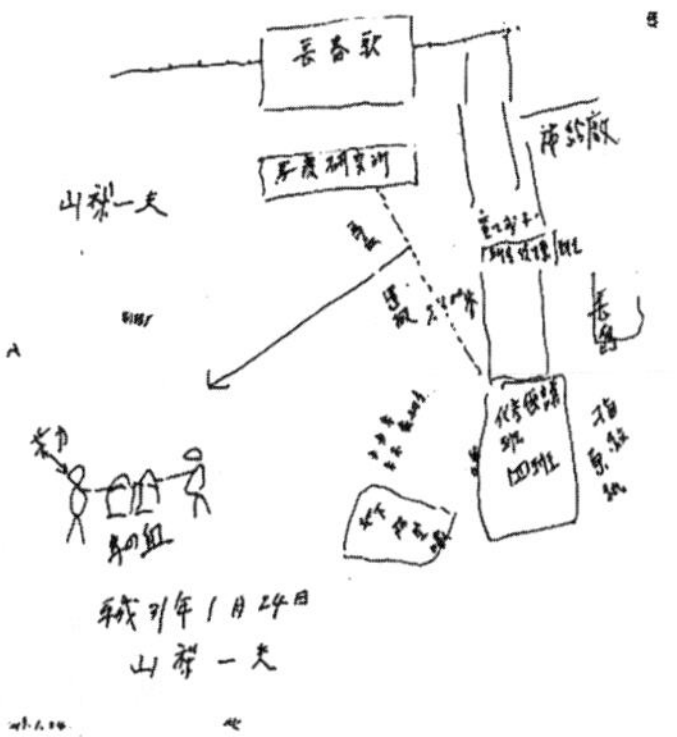

資料3　各機関の位置関係

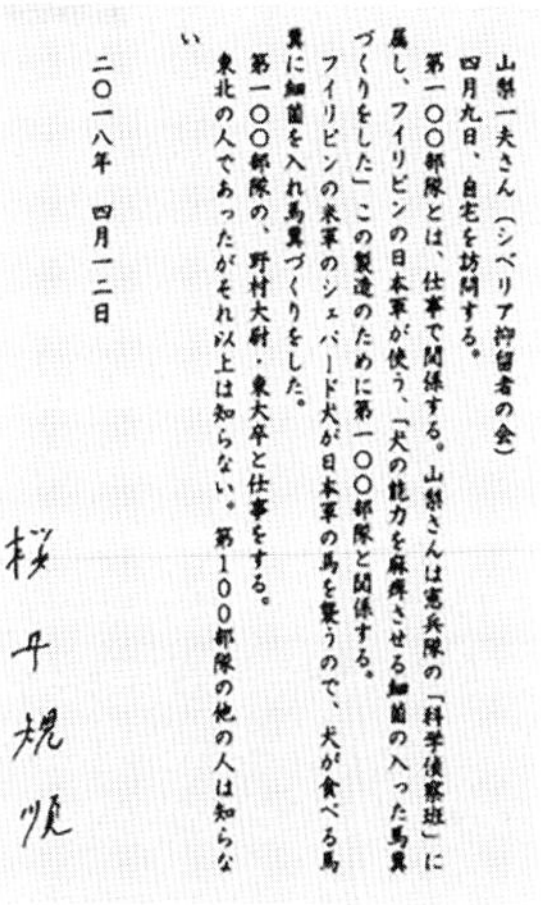

山梨一夫さん（シベリア抑留者の会）
四月九日、自宅を訪問する。
第一〇〇部隊とは、仕事で関係する。山梨さんは憲兵隊の「科学偵察班」に属し、フィリピンの日本軍が使う、「犬の能力を麻痺させる細菌の入った馬糞づくりをした」この製造のために第一〇〇部隊と関係する。
フィリピンの米軍のシェパード犬が日本軍の馬を襲うので、犬が食べる馬糞に細菌を入れ馬糞づくりをした。
第一〇〇部隊の、野村大尉・東大卒と仕事をする。
東北の人であったがそれ以上は知らない。第１００部隊の他の人は知らない
二〇一八年　四月一二日
桜井規順

資料4　桜井規順の手紙

福田　一九四三年、早稲田大学工学部三年生で「学徒出陣」し、満洲関東軍兵士、一九四四年関東軍憲兵隊司令部科学偵諜班（通称司令部第四班）科学偵諜憲兵となった。福田は大陸科学院に派遣され、軍犬を抑える薬剤の研究に従事した。彼の研究結果は当時の児玉公園（現在勝利公園）で、関東軍司令官を含む上級将校などを招いて演習として公開し、その場で三〇匹の軍犬は吠えることもなく、死んでいった。その功績によって、福田は関東軍司令官の奨励金をもらった[15]。関東軍憲兵四班に所属した福田は、大陸科学院では「委託研究員」だったと思われる。大陸科学院の委託研究受け入れについては、当時以下の委託規定があった。「研究事項ヲ詳記シ之ヲ大陸科學院長ニ差出スベシ（中略）大陸科學院ハ研究ノ結果ニ付其ノ報告書ヲ委託者ニ交付スベシ[16]」この規定を見れば、当時、大陸科学院は本院研究者以外、外来の専攻研究員も少なくない存在だった。筆者が、ある五一三部隊の隊員にインタビューした時、福田が現在唯一存命の動物細菌委託研究員である、と言っている。

なお「新京畜産獣医大学」は「康徳七年七月二三日、寛城子兵舎を関東軍より借り受け仮校舎として移転し、同時に付属寄宿舎に学生を収容す[17]」。大学であるにもかかわらず、兵舎をキャンパスにしていたが、この大学の創立の目的、「満洲国の基本産業たる畜産振興上重要なる獣医畜産技術員を養成すると共に畜産獣医の振興に関し「特別の使命」を有するが故に教職員の試験研究を奨励す」とあるのを見れば、「特別の使命」とは、動物細菌戦を遂行することであろう。従って兵舎を借りて建学したことに、何の抵抗もなかったに違いない。

三友一男　「昭和一八年に入って戦局は更に悪化した。（中略）そこで大本営参謀本部は、弱体化した関東軍に対して、北方防衛力強化の為、新兵器の開発を指令した。（中略）一〇〇部隊における業務も、新兵器の開発指令に対応し、従来の防疫業務に加え、積極的に細菌戦の準備をすすめることになり、これを担当する部署として、第六科が新しく作られた。ハバロフスク裁判で、高橋中将や平桜中尉が、六科の設置されたのは一八年の一二月であったと述べているが、実際にはそれ以前から準備が始まっていた。先ず、それまでほとんど使用されていなかった二部庁舎の地階が改造され、大型の孵卵機、蒸気滅菌機、直径一メートル以上もある円心分離機や大型の肉挽機等が次々と運び込まれ、細菌兵器製造工場へと変貌していった」[18]。

なお一〇〇部隊と七三一部隊が協力して細菌砲弾の発射実験及び一〇〇部隊細菌戦資料室の様子も三友一男は記録している。「七三一部隊と合同で、細菌砲弾の発射実験を安達で行ったこともあった。細菌戦資料室には、これらの演習の様子が、写真や地図、図解等をもって示されており、炸裂した砲弾の破片等も展示してあった。この部屋には、こうしたものの他に、万年筆型の注射器、細菌弾発射用小型拳銃、といったような謀略用細菌兵器等も展示されてあったが、それらよりも私が意外に思ったのは、満洲国に対するスパイ、謀略員、麻薬密輸者等の侵入ルートや、そのアジト、連絡先などが図式化されて掲示してあったことである。このことは、一〇〇部隊、就中井田技師が、細菌戦の研究に携わっているばかりでなく憲兵隊や特務機関とも深くかかわりを持っていることを物語っているものであった」[19]。

「被告高橋隆篤ノ訊問調書」（一九四九年一二月六日、ハバロフスク市）

「（問）貴方ハ一九四三年四月一九日付ノソ同盟最高ソヴエト常任委員會法令第一條ニ基キ貴方ニ刑事責任ヲ問ウ旨ノ決定ヲ告知セラレタ。告發ノ要旨ハ、貴方ニ告知濟ノ決定書ニ記載セラレテ居ル通リデアル。（答）ハイ、一九四三年四月一九日附ノソ同盟最高ソヴィエト常任委員會法令第一條ニ基イテ爲サレタ告發ニ對シ、私ハ全面的ニ有罪ト認メマス。事實私ハ、一九四一年ヨリ一九四五年八月、卽チ日本降伏ノ日迄、關東軍ノ獸醫部長トシテ在任中、關東軍ニヨル對ソ細菌戰及ビ對ソ謀略ノ準備ニ積極的ニ關與シマシタ。細菌戰準備ノ計畫ニ就イテハ、一九四一年九月ニ行ワレタ會議ノ席上當時ノ關東軍司令官梅津ヨリ直接之ヲ聞知シマシタ。關東軍ノ細菌戰及ビ謀略ノ準備ニ関シテ私ノ爲シタ仕事ハ、第一〇〇部隊ノ實践活動ヲ指導シテ、細菌兵器、就中、鼻疽、炭疽、牛疫、羊痘、モザイクノ如キ急性傳染病病原體ノ大量生産ニ關スル指令ヲ發シタ事デアリマス。私ハ、第一

○○部隊ガ細菌兵器ノ大量生産ニ關スル是等ノ任務ヲ如何ニ遂行シテ居ルカヲ監督シ、其ノ目的ヲ以テ毎月約一回自ラ第一○○部隊ニ赴キ、細菌戰用兵器ノ製造ニ関スル私ノ命令ノ遂行狀態ヲ查閱シマシタ。加之、私ハ是等ノ問題ニ關シ第一○○部隊長若松カラ口頭報告ヲ受ケテ居マシタ。細菌兵器增產ノ爲、關東軍司令部第二（諜報）部トノ打合セ並ビ私ノ指令ニ基キ、一九四三年十二月第一○○部隊第二部內ニ、細菌兵器ノ大量生產ヲ其ノ任務トスル第六課ガ編成サレマシタ……」[20]。

ピーク期において急遽、五一三部隊が編成され、一九四四年の第一期生、一九四五年の第二期生によって臨時編成された五一三部隊は、約一三〇名の兵員がいた。元の所属は満洲及び朝鮮などの他の一五〇部隊から獣医資格を持つ兵隊を選んで新京に集めたのである。

久木義一　「私の所属した東寧二一二部隊は戦友全員が台湾に転属させられたが、私だけ関東軍の要員として新京へ転属した」[21]。

永地進　「五一三部隊へは、羅南師から小林、保科君と私の三人で、北朝から吉林を通って新京に直行した」朝鮮半島の部隊員である[22]。

金井甚太郎　「昭和一七年初秋、同僚学徒が入隊する中、早生まれ就学徴兵検査年齢未満のため渡満二〇年三月一日、牡丹江山碓隊に現役入隊するまで牧場生活をする」。その後、牡丹江山碓隊から五一三部隊へ入隊した[23]。

渡部勝男　「私の原隊は北満黒河神武屯に駐屯する歩兵第一三二連隊である。昭和一九年一〇月下旬神武屯の駅に降りた時の印象は、今も鮮烈で凄い寒さであり、翌二〇年春、師団に動員が下り隷下の部隊は本土防衛のため移動、私だけが残満を命ぜられ涙をのんで同年兵と別れなければならなかった[24]」

大道寺哲太郎　「私はもともと輜重兵の将校であり、牡丹江の教育隊では輜重兵科幹部候補生の区隊長として朝から晩まで教育訓練に明け暮れていたのですが、突然、五一三部隊に転属となり、赴任して見ると獣医部幹部候補生の区隊長だということだった[25]」。

五一三部隊の隊員については「関東軍獣医下士官候補者隊略歴[26]」（以下、「略歴」と称する。資料5）という文書があるが、この「略歴」は私たちの口述調査とはいくつかの喰い違いがある。

その一は隊長の違い。「略歴」には、隊長は近藤當栄少佐として記録されているが、教官の五十嵐幸男が書いた「関東軍獣医部幹部教育隊」では前任の隊長は水野基次中佐であり、一期生二期生の入隊時は浅井正次中佐が部隊長であった、と記している。その二は、教育期間の違い。インタビューによる証言及び本人たちの直筆による「思い出文集」などによれば、一期生は一九年一二月から翌年五月までの六カ月間でしかないが、「略歴」には、一〇カ月と記録されている。このことは多くの証言を持った口述歴史の信憑性の高さを示している、とは言えないだろうか。また「略歴」には、獣医下士官候補者（第三、四区隊）は原隊復帰したが、一部分の幹部は戦時命課により各隊に充用したとされている。しかしこの第三、四区隊とされる獣医教育班については、年齢的なことや名簿その他の資料が不明であり、残念ながら口述証言者を見つけ出すことができなかった。

一九四一年太平洋戦争が勃発し、兵員と戦争物資の不足により、細菌戦の準備がさらに一層重要視され

教育区分等次のとおり

区隊別	区隊長	区隊員	教育期間
隊長	少佐 近藤当栄		
第一区隊	中尉 大道寺 哲太郎	幹候 約九〇	昭19より開始 一〇月
第二区隊	少尉 出浦 五六	准尉 曹長 約三〇	20 7より開催 三月
第三区隊	見士 高田 勝善	下候 約八〇	昭15より開始 一〇月
第四区隊	見士 仙田 幹二	下候 約八〇	昭15より開始 一〇月

資料5「略歴」部分

た。これは一九四四年、四五年の第一期生、第二期生をもって、五一三部隊が急遽、編成された理由であった。関東軍司令官山田乙三が、一九四九年一二月六日のハバロフスク軍事審問の中で次のように答えている。

山田乙三　「（問）具体的ニ如何ナル罪状ヲ認メルカ？

（答）私ハ關東軍司令官トシテ、細菌戦用兵器ノ最モ効果的ナル用法ノ研究並ビニ其ノ大量生産ニ開スル隷下第七三一、第一〇〇兩細菌戰部隊ノ業務ヲ直接ニ指導シマシタ[27]」。「細菌兵器ノ使用ニ任ズベキ特殊要員ノ養成ニ開シテハ、斯カル要員ガ事實第七三一、第一〇〇兩部隊ニ依ッテ養成サレタ事ヲ言ワネバナリマセン。養成サレタ要員ハ、ソノ都度以上ノ兩部隊ノ各支部及ビ関東軍各部隊ニ配属サレマシタ。戦時ニハ此等ノ要員ニ依リ、細菌兵器ノ實地使用ニ任ズベキ[28]」。

以上のように五一三部隊にかかわる多くの口述証言や極秘文書からわかるように、七三一部隊や一〇〇部隊、さらには満洲各地のいくつかの機関とつながり、軍・官・研の共同研究開発を行い、それらとともに実際の細菌戦につながっていったことが分かったのである。

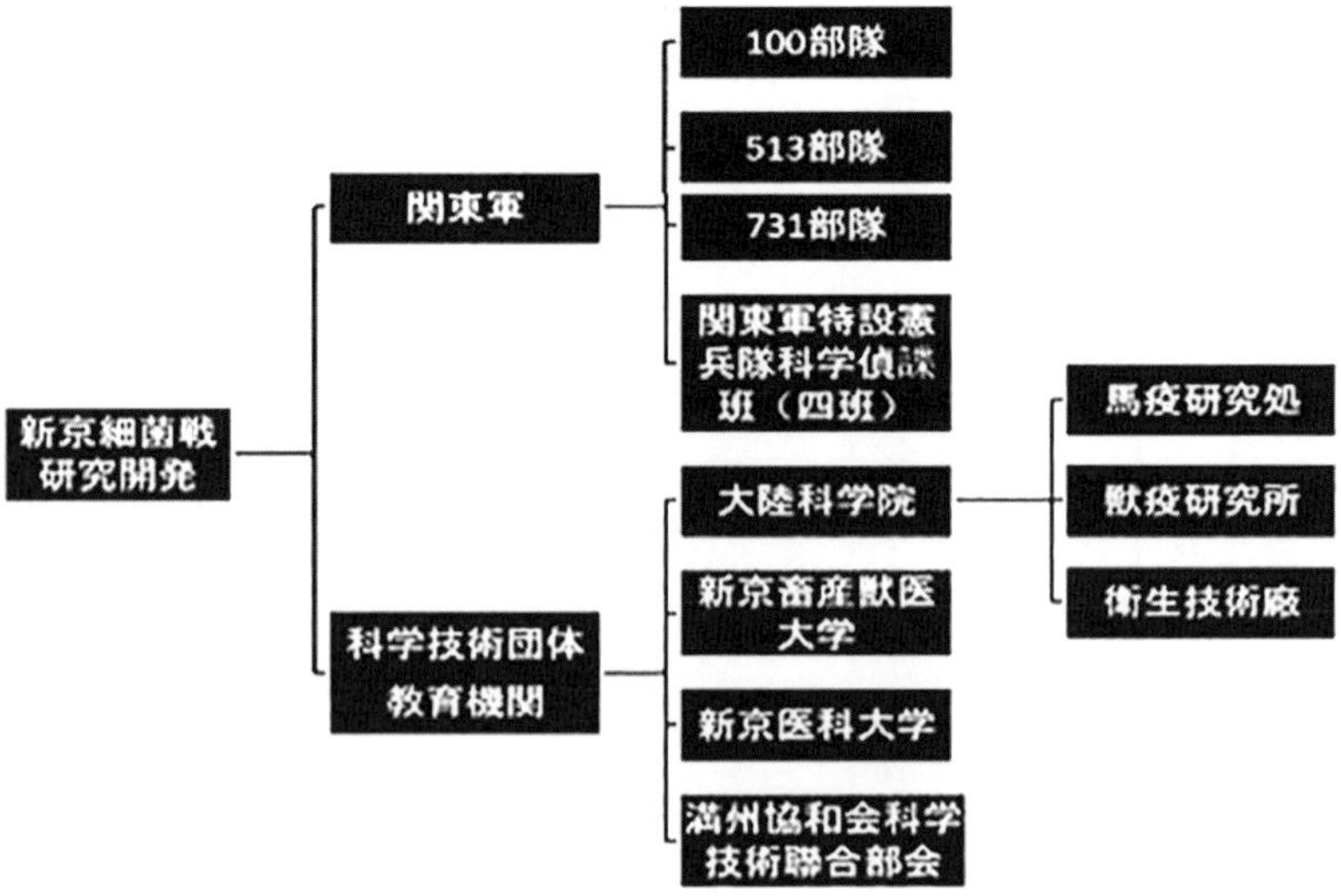

「新京」細菌戦研究開発ネットワーク

最後に表で「新京」細菌戦研究開発ネットワークを示しておきたい。

注

1　梧桐の自宅でインタビュー、二〇一九年八月八日。
2　内山俊英「孟家屯からの道―今、舞鶴へ」平野力編、五一三部隊戦友会文集『五一三会員　思い出集、海山越えて、母なる国にて』二〇〇一年、一一～一二頁。
3　「関東軍軍馬防疫廠略歴」防衛省防衛研究所蔵、資料番号：中央部隊歴史全般―28　昭和三八年三月。
4　「関東軍獣医下士官候補者隊略歴」日本防衛省防衛研究所蔵、資料番号：中央部隊歴史全般―28　昭和三八年三月。
5　「陸軍省陸満普大日記」五一二―一〇―八一、陸軍省関東軍司令部、昭和一二年六月二二日（一九三七年）、防衛省防衛研究所。
6　「官房職甲第九三二號、昭和十一年九月十六日」、防衛省防衛研究所所蔵。
7　「満秘人、関参満第五六九號」、防衛省防衛研究所所蔵。
8　「陸満密　第三六二號昭和一一年九月一四日」、防衛省防衛研究所所蔵。
9　森安精一『日本憲兵正史』全国憲友会連合会編纂委員会、一九七六年、七八四頁。
10　末永恵子「七三一部隊における昆虫学者篠田統の活動」『一五年戦争と日本の医学医療研究会会誌』第一七巻第二号、二〇一七年。
11　『極秘満洲科學技術要覧』康徳一〇年（一九四三）度版（限定版）、國務院總務廳企畫處第二部、科學審議委員會、四六八頁。

12 『極秘満洲科學技術要覧』康徳一〇年（一九四三）度版（限定版）、國務院總務廳企畫處第二部、科學審議委員會、四四九頁。
13 五十嵐幸男「関東軍獣医部幹部教育隊（通称五一三部隊）」『陸軍満洲獣医學校同窓会 五一三部隊一、二期生合同同窓会記念文集』二〇〇二年 一頁。
14 二〇一九年一月二四日、山梨一夫宅でのインタビュー記録より。
15 二〇一四年六月、福田宅でのインタビュー記録より。
16 『極秘満洲科學技術要覧』康徳一〇年（一九四三）度版（限定版）、国務院總務廳企劃處第二部、科学審議委員会、四〇七頁。
17 『極秘満洲科學技術要覧』康徳一〇年（一九四三）度版（限定版）、國務院總務廳企畫處第二部、科學審議委員會、四二頁。
18 三友一男『細菌戦の罪』泰流社、一九八九年、六八〜六九頁。
19 同右、七六〜七七頁。
20 「被告高橋隆篤ノ訊問調書」『公判記録七三一細菌戦部隊』不二出版株式会社、一九九三年（第二刷）、六六頁。
21 二〇一七年、別府の久木義一宅におけるインタビュー記録より。
22 永地進「五一三部隊の思い出」『陸軍満洲獣医學校同窓会 五一三部隊一、二期生合同同窓会記念文集』二〇〇二年、三〇頁。
23 金井甚太郎「陸軍満洲獣医學校卒業から終戦そして今日」『陸軍満洲獣医學校同窓会五一三部隊一、二期生合同同窓会記念文集』、二〇〇二年、五七頁。
24 『「第四回目の集い」を記念して思い出』五一三会（元関東軍獣医部幹候隊）一九八九年、一二頁。
25 同右、四頁。
26 「中央部隊全般」二八頁、防衛省防衛研究所所蔵。

27　「被告山田乙三ノ調書」『公判記録七三一細菌戦部隊』不二出版、一九九三年（第二刷）、五三頁。

28　同右、五八頁。

日本軍「慰安婦」の歴史の再構成

蘇智良
翻訳：周濤輝

はじめに

一九九一年八月一四日、韓国の金学順は自ら元「慰安婦」として名乗り出て、日本軍性奴隷制の暴行を証言した。あれから三一年が経った。日本軍「慰安婦」制度は性奴隷制であり、人道に対する罪として知られている。各国の歴史家や法律家はこの問題に力を尽くし、国際社会も日本軍「慰安婦」の存在に関してコンセンサスを持つに至った。しかしこの重大な歴史事実の真相を解明し、この第二次世界大戦の歴史問題を解決するためには国際社会全体の協力が不可欠である。世界史研究の視点から見れば、「慰安婦」問題は未だに第二次世界大戦史の研究の中で充分な注目を受けていない。本稿は日本軍「慰安婦」問題に関する諸研究をレビューし、いくつかの重大な問題点を提起したい。

一　これまでの日本軍「慰安婦」に関する研究

一九四八年一一月四日に行われた極東国際軍事裁判は、「慰安婦」に関して次のように言及している。「桂林を占領している間、日本軍は強姦と掠奪のようなあらゆる種類の残虐行為を犯した。工場を設立するという口実で、かれらは女工を募集した。こうして募集された婦女子に、日本軍隊のために醜業を強制した」[1]。しかし、時間不足と立証の困難性、加えて日本政府の隠蔽のため、「慰安婦」制度は単独の罪としては起訴、審判されなかった。

一九九一年以来、日本軍「慰安婦」の歴史研究は、非常に困難且つ曲折に満ちた道のりを歩いてきた。その原因は二つある。

一つは、敗戦した日本政府は大量の文書を隠滅したからである。

二つは、被害者たちにとって性的な侵害は、恥ずかしくて話せないからである。それに、大勢の被害者はもう亡くなっている。

困難は山のようにあるが、韓国、中国、台湾、フィリピン、東ティモール、インドネシア、オランダなどの元「慰安婦」たちは勇気を出して証言したおかげで、また日本を加えた各地の人権団体の努力、国際連合人権委員会等の国際組織の決議、歴史家と法律家の地道なフィールドワーク、歴史機密文書の収集と公表によって、日本軍「慰安婦」制度の実態を概ね再現することができたのである。

日本では、中央大学教授の吉見義明は多くの文書を探し、日本軍「慰安婦」に関する資料集を出版して、「慰安婦」研究を促進した[2]。西野瑠美子、松岡環は加害者側である元兵士の告白証言を集め分析した[3]。川田文子は「慰安婦」に関する調査を行った。その他、千田夏光、松井やより、金一勉、鈴木裕子、林博史、金富子、中原道子なども「慰安婦」問題の究明に尽力した。日本政府では、一九九三年、内閣官房長官河野洋平が慰安婦関係調査の結果発表に関する談話を発表した。この談話の中で日本軍の関与を認め、「おわびと反省」を表明した。しかし日本政府は一九九五年のアジア女性基金の設立によって、国家責任を回避しようと企てたのである。これはアジア各国の反発を招いた。二〇一五年一二月、日本と韓国の外相は「日韓間の慰安婦問題が最終的かつ不可

逆的に解決されることを確認する」と表明、慰安婦問題についての日韓合意となった。しかしこの合意については、韓国側から、日本政府の取組みがなお不十分だと指摘され、さまざまに反対する声が出された。加えて韓国の政権交替によって、合意は現在では放置して顧みられない状態になっている。韓国では、民間団体が政府の支持の下で、元「慰安婦」を探し訪ねて援助し、「ナヌムの家」という元「慰安婦」を救済する施設を建設した(4)。韓国民衆も一九九二年一月八日から水曜日ごとに、在大韓民国日本国大使館前で日本国政府に真相究明と公式謝罪および金銭的・法的賠償を要求するために集会を開き、以後三一年続いている。この集会は「日本軍『慰安婦』問題解決全国行動」と名づけられ、一般に「水曜デモ」「水曜集会」(朝鮮語：수요집회)と呼ばれている。二〇一一年一二月一四日午前、旧日本軍の従軍慰安婦だった韓国人女性を支援する市民団体「韓国挺身隊問題対策協議会」は、ソウルの日本大使館前で、水曜デモ一〇〇〇回を記念し、従軍慰安婦問題を象徴する少女像を設置し、集会をする道路を「平和道」と名付けた。その後、韓国は国内外に次々と慰安婦像を設置し、真相を歴史に残していくよう努めている(5)。

中国側もさまざまな努力をした。元「慰安婦」を探し訪ね、歴史事実を確認し、歴史文書(特に日本占領軍が残した文書、戦時の新聞等)を集め、それらを基に一二〇冊の『中央档案館蔵日本侵華戦犯筆供選編』を出版した(档案館とは公文書館のこと)(6)。その中で、元日本兵はアジア各国で婦女子を強制して、慰安所を設立したと供述している。中国吉林省は関東軍の文書資料を公表し(7)、その中には「慰安婦」に関する内容がかなりある。その他、『慰安婦研究』、『日本軍性奴隷』、『日本軍「慰安婦」制度の批判』、『トーチカの中の婦女――山西日本軍性奴隷調査次実書』、『「慰安婦」と性暴力』、『証拠：上海172処慰安所解密』、『南京日本軍慰安所実書』、『「慰安婦」制度研究』及び『Chinese Comfort Women: Testimonies from Imperial Japan's Sexual Slaves』も出版された(8)。

二　日本軍「慰安婦」の歴史のキーポイント

（1）時間と空間

日本軍「慰安婦」の歴史の開始時期と発生場所は一九三二年一月の上海だと言える。当時、日本上海海軍特別陸戦隊司令部は、一部邦人によって開設された風俗店を海軍指定慰安所として定めた。このような慰安所は「大一サロン」「三好館」「小松亭」と「永楽館」の四店を含んでいた。

東宝興路一二五弄（「横丁」の意味—筆者）にある「大一サロン」海軍慰安所の存続期間は、一九三二年一月から一九四五年八月までで、存続期間が世界で一番長い日本軍慰安所だと言われている。今は五棟の建物が残っている。(9) 一九三二年一月二八日、日本軍は第一次上海事変を引き起こした。衝突の拡大とともに、日本政府は上海派遣軍を編成し、上海に派遣した。その際、日本兵が戦時に婦女を強姦する事件が頻発し、中国をはじめ各国の厳しい糾弾を招いた。そのため日本軍上海派遣軍参謀副長岡村寧次は、日本婦女子を募集し、日本兵に性的なサービスを提供する場所を設置した。直接に取り仕切ったのは派遣軍高級参謀岡部直三郎である。岡部は同年三月一四日の日記に次のように書いている。

「この頃、兵が女探しに方々をうろつき、いかがわしき話を聞くこと多し。これは軍が平時状態になるたけ避け難きことであるので、寧ろ積極的施設をなすを可と認め、兵の性問題解決策にこの間種々配慮し、その実現に着手する」(10)。そして岡部は永見俊徳と「慰安婦」の必要性を議論し、永見俊徳が岡村寧次に提案書を提出した。岡村寧次は直ちに長崎県知事に電報を打った、女性を募集し、「慰安婦団」を設立し、上海占領地に送り、慰安所を設置するなどの内容であった(11)。一九三七年、日本が中国に対して全面的に侵略する一方、日本軍の指揮者たちも慰安所の設置を推進した。黒竜江から海南島まで、遼寧から雲南まで、日本軍は次々と占領地に慰安所を設置した。続いて吉林省、山西省、湖北省、広東省、湖南省、広西省を加えて総計二二省に慰安所が設置された。一九四一年一二月七日、太平洋戦争が勃発、慰安所は太平洋と東南アジアにある日本軍占領地にも作られ、沖縄、朝鮮半島、台湾、フィリピンにまでも慰安所が設置されたのである。

(2) 日本政府、日本軍の関与

日本兵に「慰安婦」を提供し、慰安所を設置することは戦時期、日本軍の基本的な制度となった。「戦争が最優先だ」というスローガンの下で、日本の外務省、法務省、内務省、警察機関、都道府県は積極的に陸軍省と海軍省に協力し、慰安所の設置、管理を許可するとともに、そのための優遇措置を整えていった。こうした点を見れば、日本政府と日本軍は、慰安所設立と極めて密接な関係があるばかりでなく、日本軍性奴隷制の「促進者」とも言える。

日本の内務省を例として挙げれば、内務省は日本籍、朝鮮籍の「慰安婦」を中国に輸出する許可証明を発行する一方、その慰安所の管理にも関与した。一九三八年の秋、武漢作戦が開始して間もなく、日本外交部機関と軍隊は武漢に慰安所を設置することを共に決定した。九月二八日、在上海総領事代理後藤味が外務大臣宇垣一成に発信した「漢口攻略後邦人進出に対する応急処理要綱」という文書で、次のように書いている。

「居留民以外の進出は復帰希望居留民の輸送に余裕を生したる後に於いて進出後、速やかに営業を開始し得るものより優先的にこれを認め、但軍隊慰安所開設のため進出するものはこれの限りにあらず[12]」。

これを見ると、日本政府は領事館を通じて慰安所の開設と管理に関与した。また、一九三九年二月三日、在武漢総領事花輪義敬が外務大臣有田八郎に発信した「漢口への渡航者管理」という文書の中では次のように書かれている。「二十軒の慰安所を『軍、憲兵隊、領事館』が認可していた[13]」。在上海総領事館は一九三〇年代中期から慰安所の調査を開始した。一九三八年四月一六日、在上海総領事館と日本陸海軍は南京で合同会議を行い、南京慰安所の管理について協議した。会議では「軍専属の酒保及特種慰安所を（陸海共）に於いて許可したる場合は領事館の事務処理に便たる為当該軍憲より随時其の業態、営業者の本籍、住所氏名、年齢、出生、死亡其の他身分上の異動を領事館に通報するものとす」という内容を定めている(14)。

紛れもなく、日本軍は「慰安婦」制度を実施する主体であり、トップダウンとボトムアップの両方で慰安所の開設に関与したのである。

一九三八年三月四日、日本軍本部は北支那方面軍と中支派遣軍の参謀長に「陸支密第七四五号」という秘密文書を発信した。その文書の内容は「慰安婦」を募集し、慰安所を設置することである。文書は「慰安婦」の募集は派遣軍による統制による、と書かれた一方、派遣軍が「慰安婦」を募集するのを担う人物の選定は「周到適切」にし、婦女子を募集する時に関係地方の憲兵と警察に緊密な連繫を維持することを定めた(15)。この文書は陸軍次官であった梅津美治郎の承認を受けた。紛れもなくこの文書は軍隊だけではなく、日本の警察機関も「慰安婦」制度の創設と実施に関与したことを明白に示している。また日本の陸軍省が政府の軍事面でのトップ機関として「慰安婦」制度の実施に主導的な役割を務めたことはこの文書で完全に明らかである。

一九四〇年九月一九日、陸軍省は教育指導の参考として印刷した「支那事変の経験より観たる軍紀振作対策」という文書の中に、日本軍の「掠奪、強姦、放火、俘虜惨殺」等の犯行に見られるように、「性的慰安所より受ける兵の精神的影響は最も率直深刻にして」、「慰安の諸施設に留意するを必要とす」とある(16)。日本政府と日本軍の指導者にとって、慰安所は兵士の士気の鼓舞、軍紀の維持、犯罪及び性病の予防等の効用を備えるものと考えられた(17)。この文書はさらに、日本政府と日本軍は計画的に慰安所の設置に関与、促進したことを示している。

一九四〇年に中国東北を視察した三木良英陸軍省医務局長の「視察所見」は次の通りであった。「在支部隊より一般に不良なり。精神的慰安、給養につき考慮を要す。部隊長の言によれば、原因不明の逃亡、暴行相次ぐは、精神的の落着きなきためなりといい、土肥原師団長は慰安団の派遣を要求しあり。国境守備隊には三年間完全に外出せるものなしという。恤兵部《じゅっぺいぶ》に督促するを要す（ルビは筆者）[18]」。一九四二年九月三日の課長会報で、倉本敬次郎恩賞課長は次のように述べている。「将校以下の慰安施設を次の通り作りたい。北支一〇〇、中支一四〇、南支四〇、南方一〇〇、南海一〇、樺太一〇、計四〇〇カ所[19]」。

一九三七年、日中戦争が全面的に勃発し、日本の上海派遣軍、中支那方面軍の指揮機関は直接に慰安所の開設を要求した。その時、中支那方面軍の司令官は松井石根であり、参謀長は塚田攻であった。「慰安所の設置」という命令は一九三七年一二月一一日までには命じられている。上海派遣軍参謀長飯沼守はこの日の日記に以下の通りに書いている。「慰安施設の件方面軍より書類来り実施を取り計ふ[20]」。これを見ればわかるように、南京を占領する前に、日本中支那方面軍は上海派遣軍に慰安所を設置する命令を出しているのである。その他にも、上海金山に第一〇軍と登録された軍もこの命令を受けている。第一〇軍参謀寺田雅雄は憲兵を指導して湖州の婦女を募集し、一二月一八日に娯楽機関を開設した。上海に迅速に慰安所を開設するために、上海派遣軍の参謀部は第二課の課長に慰安所設置の件を託した。一二月一九日、飯沼守[21]は「迅速に女郎屋を設ける件に就き長中佐に依頼す」と書いている[22]。

吉林省で発見された二件の歴史文書によれば、日本軍が「慰安婦」制度を実施するためには巨大な費用がかかった。その一件は満洲中央銀行の文書で、銀行資金課の「聴取要項」に示されている。時期は康徳一二（一九四五）年三月三〇日であり、内容は徐州に駐在している日本軍第七九九〇部隊の淮海省連絡部が、関東軍第四課の承認を経て、「慰安婦」の「仕入れ資金」として、満洲中央銀行鞍山経理司令部に二五万二〇〇〇円を送金するというものである。資金の「受領人」は「鞍山経理司令部」と書かれており、満洲中央銀行鞍山支行の「経理司令部」の経理書類と推定される。

その文書によれば、この資金は、「表面上公金」であるが、「実際受領人」は、「鞍山」在住の「米井ツル」（慰安婦宿の運営者であろう—筆者注）であり、「多額ノ送金ヲ受ケ居リ支店トテハ定期預金ニ振込□□制限ヲ為シ来リタルモ右制限ヲ免レントシテ軍公金ノ形ヲ取リシモノト推測□□」という内容が明白に書かれている。文書の最後に送金完了した三回の金額を付している。「昨年（一九四四年）十一月十七日　五〇千円、十二月十六日　一五〇千円、今年（一九四五年）一月二十四　八〇千円」であり、総計二八万円にのぼる。わずか四カ月の間に、第七九九〇部隊は「慰安所」を設置するために、莫大な金額をかけている。またこの文書によって、当時の日本軍が軍費を使って、「慰安婦」制度を実施することがある程度存在すると分かる。その資金は主に在華、在韓警察機関による「慰安婦」の募集と輸送、日本工兵による慰安所の建築及び軍医機関の設置、慰安所の警備等に使用された。[23]いわゆる「慰安婦購入金」は「慰安婦」に賃金として渡されたものではない。中国、韓国、朝鮮でのフィールドワークによれば、「慰安婦」に渡された金額どころか、その生命安否までも明らかではないのである。

史料から見ると、日本軍はそれぞれの部隊単位で慰安所を取り締まる軍職や機関を設置している。一般的には、軍の参謀本部、軍医部、管理部が合同で管理する。酒保部と兵站の下に慰安所を管理する機関を設置する例もあるが、その機関は「某科」また「慰安婦科」、「慰安婦股」と称する。例えば関東軍では、司令部参謀第三課が慰安所を管轄する。一方、上海に屯駐していた日本軍第七三三一部隊は「慰安所課」という部署を設置した。[24]武漢に駐在していた第一一軍の兵站も「慰安所課」を設置して、士官二人、下士官二人、兵士四人が「慰安婦」の管理と慰安所の運営を担当した。史料によると、「慰安婦」が民間人の運営する慰安所に到着した後、「慰安所課」は慰安所の運営者と一緒に「慰安婦」の写真、戸籍謄本、警察の発行した許可証などを点検する。[25]

(3) 慰安所の類型

慰安所の類型は、主に軍隊による運営、邦人による運営、朝鮮人による運営と傀儡政権の日本軍協力者による運営というさまざまなタイプがある。その中に日本軍が直接運営する慰安所が、日本国家による「慰安婦」制度の実施という「慰安婦」問題の本質を完全に表している。日本軍が直接運営する慰安所は上部機関から設置を命ぜられたものもあれば、現地の部隊が独自に設置したものもある。

一部の慰安所は、もともと遊女屋であった。それらは日本軍に徴用され、慰安という名称を使わないが、実際は慰安所と言ってもいい。

中国のケースでは、「慰安婦」のかなり多くの人たちが働かされた場所は正式の慰安所ではないケースが多い。日本軍の戦犯秋田松吉は以下の内容を告白した。一九四〇年二月から四一年五月まで、第四三大隊第三中隊山東省章丘県南曹範派遣隊の長山根次伍長は一五人の兵隊を率いて、南曹範に屯駐していた。彼は村公所を通じて、五人の中国婦女子を強制し、性奴隷として一年五カ月働かせた[26]。中国山西省で一〇〇人以上の「慰安婦」が働かされた場所は、日本軍のトーチカであった。

(4) 日本軍「慰安婦」制度実施の規模

日本軍「慰安婦」制度の規模は、推計と想像より遥かに大きいことが長い間の調査と研究を経て実証された。例えば上海では少なくとも、一七二カ所の慰安所が確認された。そして南京では七〇軒、海南島では九〇軒、武漢も一〇数軒の慰安所の存在が確認された。それはただ氷山の一角だといっても過言ではない。

浙江省金華市の档案館（公文書館）は「金華鳥林会会則及び名簿」という日本語文書を収蔵している。これは、一九四四年に書かれた朝鮮人同窓会名簿で、中国のスパイが入手したものである。この僅か二〇〇名の名簿に、日本軍が金華に慰安所を設置した豊富な情報が隠されている。文献研究とフィールドワークによって、名簿で一一軒の慰安所、慰安所経営者八名、慰安所管理人七名が確認される一方、「慰安婦」一二八名の存在が分かった。最も若い女性はたった一七歳であった。慰安所に関係する者は一四一名であり、「金華鳥林会」総人員の六七・一九%を占めた。(27) その恐るべき高い比率は日本軍の「慰安婦」制度の実態が如何に広範なものだったかを示している。

(5)「慰安婦」は強制か売買か？

「慰安婦」はいったい強制されたのか、またそれともみずから身を売ったのか？ 二〇〇七年三月五日、アメリカの下院は日本の「慰安婦」制度を批判する決議を可決した。これに対し当時日本の首相であった安倍晋三は、

「この決議案は客観的な事実に基づいていません」

「これは、決議があったからといって我々は別に謝罪するということはないということは、まず申し上げておかなければいけないと思います」

「御本人が進んでそういう道に進もうと思った方は恐らくおられなかったんだろうと、このように思います。また、間に入った業者が事実上強制をしていたというケースもあったということでございます」

「言わば、官憲が家に押し入っていって人を人さらいのごとく連れていくという、そういう強制性はなかったということではないかと、こういうことでございます」

と発言した。(28)

二〇一三年五月、大阪市長であった橋下徹は「一定の慰安婦みたいな制度が必要だったのも厳然たる事実だ」

と発表した。また彼は、日本のいわゆる性的なエネルギーをある意味合法的に解消できる場所を活用して、海兵隊（在日米軍）の猛者の性的エネルギーをコントロールできるとも主張した。

二〇一四年一月、NHK会長に就任したばかりの籾井勝人は「戦争をしているどこの国にもあった」と述べた[29]。

日本政府と日本軍は戦争を遂行するために「慰安婦」制度を大規模に実施し、大量の外国女性と植民地の女性が強制され「慰安婦」にされた。主に中国、朝鮮半島と東南アジアの婦女である。アジア各地に大量の資料と証言が残されている。証言からみると、これらの女性は強制または騙されて、「慰安婦」にされ、身体の自由を奪われ、口に出して言えないほどの苦しみを味わい、生きることは死ぬことよりひどい、と感じさせられた。

日本軍と八路軍は山西省の盂県、武郷等で対峙している時に、村にいる婦女子が日本軍のトーチカに攫われ、トーチカが日本軍の「合法的なレイプセンター」になった。今、その土地に日本軍のこの暴行を証言したいという気持ちを持っている被害者は一〇〇人以上いると長期の調査で分かっている。海南省の各地でも、日本軍はその土地の婦女を勝手に攫って、性奴隷として虐待した。例えば海南省の澄邁で、「美貌の婦女を発見したら、部隊に連れて来て『慰安婦』になることを強制した。ほとんどの日本軍中隊に『慰安所』を設置した。金江に駐在する兵隊の『慰安所』は今江楽善堂の隣の陳国宗の家に設置された。陳国宗とその家族は別のところに追い払われ、一階と二階総計数百平方メートルの空間が『慰安婦』の部屋にされた。その周囲は鉄条網で包まれて、専任の管理人もいる。中の『慰安婦』は逃げることが不可能であり、勝手に入ることもできなかった。石浮に駐在する兵隊の『慰安所』は石浮嶺に設置された。一二〇人の『慰安婦』がいて、鉄条網で包まれ、専任の管理人もいる」[30]。中国の婦女を勝手に攫って、強制連行することは中国の日本軍占領地ではごく普通なことだったのである。

一部の「慰安婦」は犯された後に殺され、日本兵たちに食われることもあったという。日本軍第五九師団第五四旅団第一一一大隊機関銃中隊下士官絵鳩毅は山東省索格庄で日本軍が女捕虜を強制し「慰安婦」にしたことを告白している。索格庄の駐在が長くなって、食べ物が不足した時、彼はその女性を殺害し、その肉を食べた。自分で食べたばかりだけではなく、今日は大隊本部から肉がきたからとごまかして、それを中隊の他の兵隊にも食べさせた[31]。

日本の憲兵も「慰安婦」の管理に関与した。慰安所に出入りする兵士を記録し、それを管理したのである。吉林省档案館（公文書館）で発見された二件の日本軍文書は一九三八年二月、中支那派遣軍憲兵隊司令官大木繁が参謀部に送った報告がある。その中に、南京、下関、句容、金壇、常州、丹陽、蕪湖と寧国の慰安所に関する状況を記録した報告書がある。寧国は不明なところがあるが、他の地域はすべて慰安所が設置された。蕪湖では、「慰安婦」が一月から八四人の増加、一〇九名の「慰安婦」のうち、日本人女性四八名、朝鮮人女性三六人、中国人女性二五人という実態が档案館の記録から分かる。鎮江の一〇九名の「慰安婦」は一万五〇〇〇名の兵士の相手をさせられた。一人の「慰安婦」が、一三七名の兵士に犯されたことになる。報告は以下の内容を明白に述べている。二月中旬の一〇日間、総計八九二九名の日本兵が鎮江の慰安所に入り、二月上旬より三一九五人もの兵士たちが増えた。そこに一人の「慰安婦」が一〇日間に八二人の日本兵の相手をさせられた。丹陽では、「慰安婦」は僅か六人しかいなかったので、その報告には「不足のため、慰安婦女を現地に募集」と書かれている[32]。大木繁の別の報告では以下のように書かれている。湖州の慰安所は中国人女性一一人、朝鮮人女性二九人がいた。桑名旅団が湖州に到着時に、日本軍の人数は少し減少したにもかかわらず、「特種慰安所」という施設を設置した。無錫も「近く二十名増加予定」と[33]。

三　「慰安婦」の歴史を如何に記憶するか

(1) 国際社会のコンセンサス

この三〇年、韓国、朝鮮、中国、台湾、フィリピン、東ティモール、オランダ、インドネシアなどの国々を含む世界中で、長く困難な調査が行なわれてきた。今、確認された「慰安婦」制度の被害者数は、韓国二三九人、北朝鮮二〇九人、中国約三〇〇人、台湾約五〇人の女性が確認されている。そのほかインドネシアではおおよそ一〇〇人、フィリピンも約一〇〇人、オランダと日本でも数多くの被害者が確認された。

中国大陸の「慰安婦」が確認された地域は、黒竜江、吉林、北京、河北、河南、山東、山西、安徽、江蘇、上海、浙江、湖北、湖南、広西、雲南、海南等の諸省である。広西茘浦の韋紹蘭は日本軍に馬嶺慰安所に連行され、妊娠させられた。家に戻って「日本児」羅善学が生まれた。二〇一〇年、韋紹蘭と息子は東京と大阪に行き、証人になった。

時間が長びくとともに、元「慰安婦」たちも徐々に亡くなった。今、中国でまだ一二人が生きている。(34) 台湾、韓国、フィリピン、インドネシアなどの国々でも生存している元「慰安婦」がいる。

国際社会は、日本軍「慰安婦」の存在に関するコンセンサスを持つようになった。一九九六年、国際連合人権委員会は「慰安婦」問題の単独調査を行い、報告を発表した。その年の四月一日、国際連合の法律家ラディカ・クマラスワミ（Radhika Coomaraswamy）は国際連合に「女性に対する暴力とその原因及び結果に関する報告書」を提出した。この報告書は日本政府に以下のことを行うように求めた。

1　第二次大戦中に日本帝国によって設置された慰安所制度が国際法上の義務違反であることを承認し、かつその違反の法的責任を受け入れること。

2　日本軍の性奴隷の被害者個々人に、人権及び基本的自由の重大な侵害の被害者として、「原状回復、賠償及びリハビリテーションの権利に関する差別防止少数者保護小委員会」の特別報告者が示した原則に従って、補償を支払うこと。被害者の多くは高齢であるため、この目的のために特別の行政審査会を早急に設置すること。

3　第二次大戦中の日本帝国軍の慰安所及びその他の関連する活動に関し、日本政府が保存するすべての文書と資料の完全公開を保証すること。

4　名乗り出た女性で、日本軍性奴隷の女性被害者であることが裏付けられた女性の個々人に、書面による公的謝罪を行うこと。

5　歴史的現実を反映するよう教育のカリキュラムを改訂して、この問題についての意識を高めること。

6　第二次大戦中に、「慰安婦」のリクルートや制度化に関与した者を出来る限り特定し、かつ処罰すること。(35)

同じように、国際労働機関、国際法律家委員会等の国際組織も日本政府が性奴隷制を実施したことを批判する報告書を提出した。国際法律家委員会は一九九三年に調査報告を発表し、謝罪、賠償、国際仲裁などの七つの勧告を提案した。二〇〇七年以来、アメリカ、カナダ、オランダ、欧州連合、フィリピン、韓国等の国会も日本の歴史責任の回避に対して批判する議案を可決した。

中国、韓国、カナダ、アメリカを含む、「慰安婦」に関する歴史を教科書に書き込む国々は増えていると見られる。「慰安婦」について、授業中に生徒たちに伝える日本の高校歴史教科書も一九九〇年代には少しあったが、現在ではほとんどなくなっている。

(2)　残酷な歴史を如何に記憶するか

金学順が自ら元「慰安婦」として名乗り出て日本軍性奴隷制の暴行を証言した八月一四日は、「慰安婦記念日」になっている。毎年の「八・一四」に、各国はさまざまなイベントを開き、「慰安婦」を記念している。各国の新聞、映画なども「慰安婦」に関するドキュメンタリーを制作した。例えば韓国の『鬼郷』、中国の『三十二』、『二十二』、『一軒慰安所の去ると残る』、台湾の『阿媽の秘密』、『蘆葦《あし》の歌』などがある。『二十二』のようなドキュメンタリーの上映は中国一般民衆に「慰安婦」問題を普及させた。

歴史博物館の設置も歴史を記憶する有効な手段である。二〇一七年、第一回日本軍「慰安婦」博物館会議が東京で開かれた。「慰安婦」博物館は韓国、中国、台湾、日本（「アクティブ・ミュージアム 女たちの戦争と平和資料館（wam）」）、フィリピン、オランダなどの国にある。中国では黒竜江「軍人会館」歴史陳列館（二〇〇九）、曇南省董家溝慰安所遺跡陳列館（二〇一〇）、南京利済巷慰安所遺跡陳列館（二〇一〇）、上海師範大学中国「慰安婦」歴史博物館（二〇一六）などがある。

（3）ユネスコ世界記録遺産申請を競う

ユネスコの世界遺産リストは、人類社会の人類が共有すべき「顕著な普遍的価値」を持つ物件を保護する絶好の方法と言える。二〇一四年、中国はユネスコに「南京大虐殺」と「慰安婦資料」という二つの項目の登録を申請した。しかし日本政府の反対で、「慰安婦資料」の申請が失敗した。ユネスコの意見は次のようである。「慰安婦」と関わる国は中国だけではなく、合同の方式で申請する方がいい。そして二〇一六年五月三一日、中国と韓国、朝鮮、台湾、フィリピン、インドネシア、日本、オランダなどの国の民間団体と合同で申請書を提出した。その合同項目の名前は「慰安婦の声」である。申請書の中に、総計二七四四件の「慰安婦」に関する歴史資料を含めている。それらの資料は破損、不健全などの欠点があるにも拘らず、歴史事実を反映できる資料である。

歴史学者は歴史をありのままに記録する責任がある。日本軍「慰安婦」制度は、大規模の人権侵害と戦争暴行であり、忘れるべきではない。

注

1 極東国際軍事裁判所編『東京裁判判決：極東国際軍事裁判所判決文』毎日新聞社、一九四八年、二六三頁。

2 吉見義明の主な著作は『従軍慰安婦資料集』（大月書店、一九九二年）、『従軍慰安婦』（岩波書店〔岩波新書〕、一九九五年）、『共同研究 日本軍慰安婦』（林博史と共著、大月書店、一九九五年）等である。

3 西野瑠美子は中国の海南省、雲南省、南京、上海などの地域でフィールドワークし、主な著作は『従軍慰安婦』（明石書店、一九九二年）、『従軍慰安婦と十五年戦争』（明石書店、一九九三年）、『女性国際戦犯法廷全記録』（共著、風出版社、二〇〇二年）、『戦場の〝慰安婦〟――拉孟全滅戦を生き延びた朴永心の軌跡』（明石書店、二〇〇三年）。松岡環は一〇〇人以上の元兵士の証言を集め、南京を中心として、日本軍強制連行、慰安所を設立した事実を報告した。主な著作は『南京戦（元兵士一〇二人の証言／被害者一二〇人の証言）』（社会評論社、二〇〇二年）、『南京戦・切りさかれた受難者の魂 被害者一二〇人の証言』（社会評論社、二〇〇三年）である。

4 ナヌムの家（나눔의집、英語名：House of Sharing）は、かつて日本軍の慰安婦であったと主張する韓国人女性数名のためとして、寄付金と補助金を集めて設立された施設であり、日本軍「慰安婦」歴史博物館でもある。一九九二年六月に結成された〈ナヌムの家〉建設推進委員会は、日本軍〝慰安婦〟ハルモニたちの生活の基盤を設けようという趣旨で仏教界など社会各界に募金運動を始めた。一九九二年一二月にソウルでナヌムの家を開所している。

5 慰安婦像を設置した国は、カナダ、アメリカ合衆国、中国、オーストラリア、ドイツなどである。フィリピンの慰安婦像は二〇一八年に撤去されたが、民間団体はもう一つの慰安婦像を設置した。『〈平和の少女像〉はなぜ座り続けるのか』（日本軍「慰安婦」問題Ｗｅｂサイト制作委員会編、世織書房、二〇一六年）を参照。

6 中央档案館主編『中央档案館蔵日本侵華戦犯筆供選編』中華書局、二〇一五〜一六年版。

7 吉林省文書資料館『鉄証如山 吉林省新発掘日本侵華档案研究』、第一冊、吉林出版集団、二〇一四年版。

8 蘇智良『慰安婦研究』(上海書店、一九九九年)、蘇智良『日本軍性奴隷』(人民出版社、二〇〇〇年)、陳麗菲『日本軍「慰安婦」制度批判』(中華書局、二〇〇七年)、張双兵『トーチカ中の婦女—山西日本軍性奴隷調査次実書』(江蘇人民出版社、二〇一一年)、蘇智良、陳麗菲『「慰安婦」と性暴力』(山東画報出版社、二〇一五年)、蘇智良、陳麗菲、姚霏『証拠:上海一七二処慰安所解密』(上海交通大学出版社、二〇一八年)、蘇智良、張建軍『南京日本軍慰安所実書』(南京出版社、二〇一八年)、蘇智良『「慰安婦」制度研究』(江蘇人民出版社、二〇二二年)、丘培培、蘇智良、陳麗菲、Chinese Comfort Women: Testimonies from Imperial Japan's Sexual Slaves (カナダUBC出版社、二〇一三年、オックスフォード大学出版社、二〇一四年、香港大学出版社、二〇一三年)。

9 「大一サロン」、最初は「大一」と呼び、在上海邦人用に建てられた和式「貸座敷」である。「貸座敷」とは和式の風俗店であり、お客様に食事を提供する他に、娼妓を置いて客を遊興させる家、遊女屋である。様々な国籍のお客様がいるけれども、実際は日本人が主体である。日本兵と邦人もいる。一九二〇年の『上海邦人名簿』には「大一」という名前で書かれている。最初は白川と呼ぶ邦人によって運営され、宝山路に設置されたが、後は東宝興路一二五弄(「弄」は「横丁」の意味で、中国語「弄堂」の省略である)に移した。

10 『日本陸海軍人名辞典』芙蓉書房、一九九九年、二三頁。岡部直三郎『岡部直三郎大将の日記』、一九三二年三月一四日、芙蓉書房、一九八二年版、二三頁。

11 前掲、蘇智良、陳麗菲、姚霏『証拠:上海一七二処慰安所解密』を参照。

12 吉見義明編『従軍慰安婦資料集』大月書店、一九九二年、一一六頁。

13 川田文子編『皇軍慰安所の女たち』筑摩書房、一九九三年、二二二頁。

14 吉見義明編『従軍慰安婦資料集』大月書店、一九九二年、一七九頁。

15 同右、一〇五頁。

16　同右、一六八頁。
17　同右、三七頁。
18　陸上自衛隊衛生学校蔵『陸軍省業務日誌』。
19　同右。
20　南京戦史編集委員会『南京戦史資料集』偕行社、一九八九年、二一一頁。
21　飯沼守は日本の陸軍軍人であり、最終階級が陸軍中将である。一九三七年八月、上海派遣軍参謀長となり日中戦争に出征した。上海から南京にいたる作戦指導の中心人物であった。
22　南京戦史編集委員会『南京戦史資料集』偕行社、一九八九年、二二〇頁。
23　麻生徹男『上海より上海へ』（石風社、一九九三年）、千田夏光『従軍慰安婦』（双葉社、一九七三年）、西野瑠美子『従軍慰安婦と十五年戦争』（明石書店、一九九三年）を参照。
24　吉見義明編『従軍慰安婦資料集』大月書店、一九九二年、二七一頁。
25　山田清吉『武漢兵站』図書出版社、一九七八年。
26　『秋田松吉一九五四年自叙』中国中央档案館収録。
27　『抄呈金華鶏林会会則及名簿』、昭和一九年四月、ファイル番号L００１‐００１‐６３６‐０２０、金華市檔案館所蔵。
28　韓国慰安婦問題対策協議会『拭えない歴史、日軍「慰安婦」』、中国語版『无版权頁』、六八頁。
29　『産経新聞』二〇一四年一月二七日。
30　朱永沢口述、雷丁華整理『金江、石浮「慰安所」見聞』、載符和積主編『鉄蹄下腥風血雨―日本軍侵瓊実録』続冊、海南出版社、一九九六年、九九頁。
31　「戦犯絵鳩毅告白：日本軍は「慰安婦」を強制、殺害、その肉を食べた」『人民日報』二〇一三年九月五日。
32　荘厳主編『鉄証如山：吉林省新発掘日本侵華档案研究』吉林出版集団会社、二〇一四年、一一六頁。

33 荘厳主编『鉄証如山：吉林省新発掘日本侵華档案研究』吉林出版集団会社、二〇一四年、一二二頁。

34 海南、湖南、山西にいる。

35 Ms. Radhika Coomaraswamy, "Report of the Special Rapporteur on violence women, its causes and consequences", in accordance with Commission on Human Rights resolution、1996, UN Doc. E/ CN. 4/1996/53。

移民による日本の中国侵略
――その歴史的呼称に注目して

潘海濤

はじめに

近代以降、日本が中国に対して行った移民政策は、中国東北部を占領し、さらに中国全土を日本の支配下に収める大陸拡張政策の一部として実施され、北南米への海外移住あるいは移民のように、戦前日本政府の国益拡大の手段として重視されていた。

中国東北部で実施された移民政策の侵略的性格は、戦前日本の大陸侵略に関する内外の研究において認められているが、戦後、日本には、その「開拓」的な功績を肯定し、侵略意図を否認する一部の意見もあり、中国にも日本の東北移民の侵略的性格を曖昧にして「開拓団」という称呼をそのまま使用する認識もある。冷戦後、中日両国間の歴史認識問題に関する矛盾・対立は中日関係の重大な障害となってきた。近代日本の東北移民による中国侵略問題に対する認識の違いも、その肝心な問題の一つである。本稿は、日本と中国に所蔵されている日本の中国侵略の歴史資料、特に近年新しく発見された旧日本軍関係史料に基づいて、日本が中国に対して移民侵略を実施した移民計画の構想、内容と実施過程の変化、中国移民侵略の特徴及び日本の中国移民侵略に関する研究視点の変化などの問題に対して整理分析を行い、「日本人移民」から「開拓団」への称呼変化という視点から近代日本が中国に対して移民侵略を実施した政策と行動を分析し、それが日本の中国侵略拡張との関連及び本質的な特徴を明らかにすることを試みた。日本の中国移民侵略における「移民団」から「開拓団」への変化に関する歴史称呼の研究を通じてできた結論としては、ポスト植民地主義の「文脈」と文化帝国主義の言語支配の下では、日本の対外侵略の歴史に対して批判的な判断を下すことは不可能であり、日本の中国侵略の本質を真に見極めることもできない、と筆者は考えている。

近代日本の中国東北移民活動は、日本および欧米列強の対中軍事侵略、領土分割、経済略奪と同じ性質を持つ植民地侵略行為であり、それが中国および中日関係に重大な損害をもたらしただけでなく、戦後の中日関係の正常な発展にもマイナスな影響を与えてきた。

一　アーカイブ史料から見た日本の中国移民

近代日本の中国移民侵略行動は大きく三つの段階があり、その内容と規模はその前後に大きな変化があっただけでなく、名称・呼称・宣伝でも明らかな段階的変化があった。これらの外的な形式の変化は、日本の中国侵略の罪悪を隠蔽する目的を実現できないばかりか、かえってその侵略的本質をいっそう暴露している。近年発掘されつつある新たな史料は、それをさらに裏付ける証拠として内外に注目されている。

近年、近代以降の日本の中国移民侵略に関する史料が次々と発掘され整理されている。特に二〇一四年以降、次々と発掘・整理・出版された吉林省档案館（公文書館）所蔵の一九四五年以前の日本関東憲兵隊司令部が隠蔽し処分した秘密文書は二六七巻にも及ぶ。その中に日本の中国東北移民関係の資料が大量に発見されている。これに関連して、中国国内で公刊されている歴史文献資料や国内外の各民間施設および個人に保管されていた日本の中国東北移民の史料も次々と発見され公開されており、史料の収集と発掘は、今後もまだまだ続くであろう。

日本は、中国の東北地方に対する移民侵略が早く、二〇世紀初頭から実施された。日露戦争を通じ、日本軍が旅順と大連を占領した後、日本の初代「関東州」都督福島安正は中国東北部への移民侵略を企て始めた。一九〇六年、満鉄初代総裁の後藤新平は、一〇年間で五〇万人の日本人を満洲に移住させる計画を打ち出した。満洲軍参謀総長だった児玉源太郎も「満洲移民」の必要性を積極的に説いた(1)。

一九一四年、日本は大連に初の「日本人移民モデル村」として「愛川村」を建設し始めた。一九一五年に日本から転入した移民は一九世帯四八人となっていた。その後、日本は「関東州」と「満鉄」付属地内に次々と日本人の移住実験拠点を設け、「満鉄」鉄道守備隊の除隊兵士を農業に従事させた。しかしながら、この間中国地方当局の抵抗を受けて、日本から中国東北部への移民は規模が小さく、大連や「満鉄」付属地の範囲内に限られており、効果はあまり出ていなかった。

一九三一年の「九・一八事変（満洲事変）」後、中国東北全域が日本軍の手に陥落すると、日本は中国東北部への移民侵略計画を公然と本格的に推し進めるようになった。

一九三二年一月、関東軍は「満蒙法治及び経済政策諮問会議」を開き、中国東北部全域への移住を実施することを確認した。一九三二年二月、日本関東軍は『移民方策案』、『日本移民案要綱』、『屯田兵制移民案要綱』など移民侵略の政策方針を制定し、中国東北地区に対する移民侵略計画を具体的に実施し始めた。日本の拓務省も加藤完治らが作成した『満蒙植民地事業計画書』をもとに『満州移住計画案』を作成した。

一九三二年八月二二日、関東軍特務部第三委員会は「満洲国農業開発及び移民要綱案」を制定し、政府主導で現地の状況に応じて日本人の移民政策を「漸進的」に実施する方針を明確に打ち出した（「極秘　満洲国農業開発及び移民要綱案」吉林省公文書館所蔵資料）。三三年四月、関東軍は正式に「日本人移民実施要綱案」を承認した(2)。

一九三二年から三六年までの間に、日本は断続的に五回の「実験移民」を行い、樺川、イラン（依蘭）、綏稜、密山などに二七八五世帯の日本人移民を入植させた。移民募集の対象は日本の「在郷軍人」が中心で、軍隊の形に編成され、武器が支給されることから「武装移民」と呼ばれていた。

日本は中国東北部への大規模な移民のために、さまざまな形で中国東北部の土地を略奪し続け、没収した国有地、官有地および「逆産地」（犯罪人など国の敵と見なされた者の所有地）、「地主不明の土地」をそのまま移民の用地としたほか、中国の農民から土地を強制的に「買収」した。

関東軍通化憲兵隊が作成した一九四三年三月の「思想対策月報」には、第二次五カ年「開拓」計画による移民の実施状況が記されている。日本人が土地代金を全額支払わずに安価に買い取ったため、「政策の不備により、満洲人の生活基盤が奪われたとして、現地の農民の強い不満を招いた」と認めた(3)。

「関憲高第四十一号　土地買取満期に伴う満洲人地主の反対策動状況に関する通牒」にも次のように報告していた。「公主嶺で大規模な土地買取が実施される過程で、軍事用地と称して在来農民の土地を強奪し、地主の強い反対を招いたため、この計画の実施を一時中止せざるを得なかった(4)」。

一九三三年に日本初の武装移民が樺川県永豊鎮に移住したため、同鎮の九九世帯、四〇〇余の中国人農民がすべて追い出され、現地のすべての土地が略奪された。ある統計によると、一九四一年までに、日本の植民地支配者は移民用地の名目で中国東北地方で奪った農地が二千万ヘクタール以上に上り、当時日本国土の総農地面積の三、四倍にも達していた(5)。

日本人移民には「開拓」の名だけで、「開拓」の実はない。いわゆる「開拓地」の大部分は中国人から奪った耕作地であり、それ以上の「開拓」の必要性がないだけでなく、これらの土地が日本人に強制的に占有された後も、日本人「開拓民」が耕作するのではなく、中国の農民に貸したり雇ったりして耕作していた。日本人移民は事実上、現地の支配階級や領主となり、日本軍国主義による中国人民の植民地支配の道具となった。

したがって日本の中国東北地方への移民政策は、「日本国の発展に資するほか、満人の利益を不法に侵害し、日本人の優越感を駆り立てる」ことで中国人の反感を招き、「反日思想」を醸成する結果となった。「九・一八事変」後、東北各地では「土龍山事件」のように義勇軍、救国軍、自衛軍、鉄血軍、抗日連合軍など、日本帝国主義の侵略に抵抗する民衆闘争が巻き起こっていた。

一九三四年三月に「土龍山事件」が勃発し、現地の中国民衆は奮起して農民の土地を強奪する日本人の侵略行為に抵抗した。集まった一万四〇〇〇人余の中国農民は、日本軍指揮官飯塚朝吾大佐をはじめ日本軍と「満洲国」軍四十余人を殺害し、日本人移民の入植地計画変更が余儀なくされたことにより事件が収まった。関東軍憲兵隊は「満洲国内の日満民族矛盾などに対する民情調査」の報告の中に、事件の発端は日本人の「入植」が現地民衆の生存権を深刻に脅かすことに加え、日本人の「集団的」な現地民衆に対する蔑視、虐待かつ暴行などにより、対立を先鋭化させ、最終的に事件の発生を招いたと指摘している。この報告書には、日本人移民と現地民衆との間に発生した摩擦、紛争、さらには暴行の多くは、日本人移民の不法行為が発端となっていることを認めている[6]。

一九三六年に広田弘毅内閣が発足し、軍部を中核とする軍国主義ファシズム政権が樹立した。広田内閣は中国東北地方への移民侵略を「七大国策」の一つとし、「満洲農業移民百万世帯移住計画案」を制定し、二〇年以内に中国東北に一〇〇万世帯五〇〇万人の移民を移住させる膨大な移民侵略計画を提出した。この計画は一九四五年に日本が敗戦・降伏するまで二期しか進められなかった。少なくとも一九三二年一〇月から四五年五月までに日本から中国東北部に移住した移民の総数は一〇万六〇〇〇世帯、三二万二〇〇〇人に達した[7]。

一九三七年以降、日本による中国東北地方への移民侵略は「国策移民」の段階に入った。移民の募集が従来の

「在郷軍人」中心から一般農民中心へと変化しただけでなく、入植後の日本移民に対する指導思想も変化し、移民を利用して東北地方を植民地として支配し、中国東北地方を侵略戦争拡大のための後方基地とし、さらには日本国土の一部とするように策定していた。

「百万世帯移民計画」の主な目標は、日本人移民を東北抗日連合軍のゲリラ地区と長い中ソ国境地帯へ配備することである。一九三八年以降、日本は中国東北部に「満蒙開拓青少年義勇軍」を派遣し、「満洲国防充実の第二線」と中国人民鎮圧のための重要な警備力を充実させた。これによって、日本人移民の役割は「狭義の国防機能」から「広義の国防機能」に変わった。つまり日本の移民侵略政策の性格が大きく変わったのである。(8)

移民支配を通じて、日本の中国東北部に対する植民地侵略・拡張の軍事的色彩は「五族協和」建設という平和の虚像に取り繕われ、移民集団は平時に日本関東軍の軍事支配の職能を部分的に代行し、戦争が緊迫すると直接日本侵略軍の予備隊と別動隊になった。

関連する歴史資料によると、日本が移民政策を通じて中国東北地区に対して行った植民地支配の形態は、台湾、朝鮮半島及びその他の日本占領地域で実施した植民地支配形態と明らかに異なる。中国東北地方では、日本は日本人、朝鮮人、「白系ロシア人（旧帝国ロシアの移住者）」などの移民集団を植民地支配の必要によって計画的に配置し、現地在来の中国住民を分割・統制し、民族間の対立と摩擦を作り出し、各民族間の相互牽制と相互制約という支配形態を作り出した。「五族協和」の看板の下に、日本人移民集団を含む日本人が中心的な指導的地位を占め、現地の経済社会を権力支配する「ピラミッド状」の植民地支配構造を形成した。

二〇一五年、吉林省档案館で発掘・整理され公表された「関東憲兵司令部郵便検閲月報関連文書ファイル」には多くの日本人移民侵略関連資料がある。この一三巻で構成された旧日本軍秘密文書は、日本敗戦の際に焼却処分され、後に一部が一九五〇年代に発見され整理したものである。このいったん焼却され、かつ長時間にわたり地中に埋められていた文書は、損傷が大きかったものの、技術的処理をへて、その内容を判読することが可能となった。その中に中国東北地方における日本人移民関係史料が多数発見され、これまでの日本人移民侵略研究に新たな史料を提供するとともに、新しい研究課題も提起された。

その中で注目される史料は日本人移民の思想の変化というもので、日本人移民侵略のもう一つの側面を浮き彫りにした。多くの日本人移民や朝鮮人移民などは、日本政府の欺瞞宣伝に煽られ、「大陸や満洲という新しい天地」に新しい人生を開拓しようと「意気揚々」としていたが、厳しい現実を前に挫折を味わい、日本政府にだまされたことに気づいて失望したり、逃避したり、抵抗したりするなど、思想や行動の変化を呈していたのである。

「希望を持って胸が熱くなり、憧れの満洲にたどり着いた。私たち移民団は目的地に着いて数日後に真実を知り、夢が破れたような気がした」。

「故郷を離れる時、役所の人たちの言葉に大きな希望を抱いた。しかし、ここに来て満洲のことを知ってみると、それまでの希望は見事に裏切られた」。

「中隊長は私たちの将来など気にしていない。ここでいくらかは耕作することができるが、国のためにもここに長くいると死ぬのを待つことになる」。

「移民団本部の決算書を見ると、一昨年と昨年の二年間の利益は三六元、つまり一人当たりの年間利益は一八元でした。移民団の利益はこのように少ないが、内地の広報機関は、年間一八〇〇元の利益があると宣伝している。これが移民の実情だ」(9)。

多くの日本人移民に関する史料から判明したのは、一九三九年頃から、日本人の移民集団において内紛や脱走が多発したという情報は日本植民地当局の注目の対象となっていた。各地の憲兵隊が収集した情報報告をよく読めば、こういう現象の発生する背景として、異なる時期に移住してきた移民団の間に分裂や対立があり、初期に中国に移住した移民集団自身の思想変化と行動様式の変化などが取り上げられているが、それ以上に日本植民地支配当局の中国移民侵略計画の実施過程においては、日本政府と中国東北地域にある日本植民地支配機関との間に大きな矛盾が有り、日本政府と現地の支配当局との間に、移民政策に関する高い関連性とともに深い断裂性が存在することが分かる。

二　歴史的な呼称の変化と現実の歴史認識の相違

日本による中国に対する移民侵略は、日本の中国侵略とともに長い期間にわたり実施され、かつ段階的な変化を呈していたことが、これまでの研究によって明らかになってきた。中でも日本人移民に対する称呼は「移民」から「開拓団」へと変化したことは、日本の中国移民侵略の本質的変化と密接な関連性があることを示している。これは日本の中国移民侵略に関する史料内容ばかりか、日本の中国侵略の歴史に関する研究成果からも、その痕跡が見出すことができる。

日本は中国東北地域に移民を送り込んだ初期段階では、日本人移住民に対して「移民」という呼称を使っていた。また、「武装移民」「分村移民」「分郷移民」など公式に具体的な呼称もある。一九三六年に「百万世帯移民計画」が日本の七大「国策」になったことによって、日本は移民を通じて中国東北地区の民族構造を変えて、中国東北を徹底的に日本の植民地にしようとする企みがすでに明らかになった。

一九三七年、日本の植民地支配当局は、新京市（長春）に関東軍参謀長、総務庁長官および「満洲国」の大臣によって構成された「拓殖委員会」を設置し、それを日本の中国東北移民政策を指導する諮問機関として、移民計画の起草や中国東北移民に関わる企画と提案などに参与させることにした。また、移民事業の関連機関も調整され、拓政司は開拓総局に昇格され、各地に開拓庁、開拓課、干拓処、干拓課、訓練所などが設置された[10]。こういうことから見れば、日本植民地支配当局の移民事業に関する認識はすでに変化しはじめていた。

一九三九年一月、日本の植民地当局は「新京」で移民問題に関する懇談会を開いた。会議には日本人移民団の代表者が移民政策実施の実態に合わせて、移民に関する名称を改めるべきだ、と提案した。これを受け、二月九日、「満洲国」拓殖委員会は「満洲国」総務長官の星野直樹に、日本から中国東北地方への移民事業に関する事項の名称変更を求める稟議書を提出した。約二週間後の二月二二日、「満洲国」開拓総局長を務める結城清太郎は「浜江省」など各級の植民支配機関に通達を出し、「移民」を「開拓民」や「開拓農民」に、「移民団」を「開拓団」に、「移民地」「移住地」を「開拓地」に、「移民政策」を「開拓政策」にと公式に称呼を変更するよう求めた。これに伴い、「満洲国」中央機関から各地の政府機関に発した通牒にも、「満洲移民の諸々の名称について、公式であるか非公式であるかを問わない限り、左記の新しい名称を用いること」が要求された[11]。

一九三九年一二月、日本は『満州開拓政策要綱』を公布し、日本から中国東北地方への日本人移民をすべて「開拓民」と改称し、「開拓団」は日本および「満洲国」の日本移民団に対する公式名称となった[12]。

ここで特に注目しなければならないのは、日本政府は「移民」政策を「開拓」政策に修正し、七大「国策」の一つに確定したことは、日本が全面的に中国侵略戦争を起こした際に発生したものであり、国内外の世論の圧力に対応する単なる一時的な措置ではなく、アジアに対する侵略拡張戦略の調整という重大な政治的判断である。新しい「満蒙開拓」という政策範囲と内容は、これまで行われてきた局地的で限定的な移民政策をはるかに超えている。日本の「開拓団」は日本の海外植民地拡大という国家的使命を担って、新しい国家戦略的選択肢となっていた。

日本の中国に対する移民政策は軍事的および経済的侵略という性格を有するだけでなく、日本が中国東北地域に対して植民地支配を遂行するための重要な手段と制度でもあった。日本が中国東北地方への移民政策を推進し拡大していくに従い、日本の植民地支配当局は単なる「移民」に満足せず、新たに移民の方式手段を借りて、全面的に中国東北部を日本の植民地と海外展開の「新天地」に変えようとしたのだ。日本が進めてきた移民政策は、「移民団」から「開拓団」への脱皮を通じて、「満鉄」の経済拡張、関東軍の軍事占領、そして「満洲国」の傀儡政治と並行して植民地支配体制の重要な構成要素へと変貌していった。

日本は中国東北地方への移民侵略を実施し、当初は「移民」という呼称を使っていたが、その間には「試験移民」、「武装移民」などの別の呼称もあった。一九三六年に日本政府は「百万世帯移民計画」を提出して日本の七大「国策」の一つにした後、日本は移民を通じて中国東北地区の民族構造を変えて、東北を徹底的に日本の植民地にしようとする企みが明らかになった。三九年、日本植民地支配当局は日本人移民の呼称を変えさせ、「移民団」を「開拓団」に改称した。こういう事実から読み取れるのは、日本政府は意図的に海外移民に関する概念をあいまいにすることによって、中国東北地方への移民侵略の本質をごまかし、中国人の日本侵略に対する抵抗感を緩和する一方、日本民衆にその植民地拡張戦略を支持し、積極的に参与するように煽り、国際世論をごまかして日本の植民地支配に対する国際社会の圧力を軽減しようとする目的もあった。

また日本政府の中国東北地方への植民地支配政策の転換は、日本の植民地支配が長期的な「国土開発」の方向に転換しはじめたことも意味し、日本の「満洲国」支配が間接的な植民地支配から直接的な社会経済政策指導へと転換したことを示したものであった。したがって、「移民団」の「開拓団」への称呼変更は、日本の対中国侵略拡張という本質的性格を覆い隠そうとする企てだけでなく、一種の対中国侵略戦略と植民地支配政策の変化でもあった。

物事の表面にはいつも偶然性が働いているように見えるが、その偶然性は常に内部に隠れた法則に支配されているのであって、いかにその法則を発見するかを、つねに考えなければならない[13]。移民に関する称呼変更は、日本の対中国移民侵略が一見して、表面的には偶然性を持つ海外新天地発見という「開拓」行動であるが、その内部には日本の対外侵略拡張という必然的なものがあることを指摘しなければならない。

「開拓団」は、敗戦前の日本から中国東北地方への日本人移民団の正式名称として、今も日本の政府関係者や研究者の間に使われてきたが、中国など各国の学界においても時々「考えもせずに」そのまま使用されている。前述のように、この「開拓団」という名称の使用は日本の中国東北に対する移民侵略の真相と本質を覆い隠すものであり、そのままで使用することは一種の歴史修正主義行為でもある。したがって、私たちはこれまでの日本植民地支配研究において選別せずに日本語の固有名称をそのまま引用することを問題視し、是正すべきだと主張しなければならない。歴史上の名称用語を取り扱う際のこうした「便宜的な作法」は、日本の中国侵略史の研究が、ポスト植民地主義の文脈と西洋的言語体系の罠に陥る恐れがある。西洋的言語体系支配という学問的枠組の下で、ポスト植民地主義の「文脈」にのっとった研究は、最終的に日本帝国主義が行った中国侵略の本質を明確に見分けることができなくなり、実質上、日本のアジアと中国を侵略する歴史的戦争責任を隠蔽する結果となるに違いない。

「開拓団」という言葉は、日本軍国主義が中国東北地方に移民侵略を実施する中でつくり上げた歴史的名称である。日本が、武力を背景にして中国東北地方に入植させた日本人移民集団を「開拓団」と称し、日本人移民の略奪行為を荒れ地開墾と称し、それを「満蒙新天地」「無主地」の開発と見なして、いわゆる「大東亜王道楽土」を建設する経済的開発行為として美化しようとすることは、明らかに歴史的事実に反するものである。したがって、従来の海外侵略を「海外進出」と称し、「虐殺」を「殺傷」と称するように、「開拓団」という言葉の使用と流布は、日本政府と一部日本人の歴史研究者が歴史の真相を覆い隠す作法であることは言うまでもない。

三 「便宜的な作法」と歴史研究の言語支配という問題

日本人の海外移民、特に中国東北地方に対する移民問題に関して、その関連研究は、日本の対中国移民侵略活働を実施しはじめた時からすでに現れており、日本が敗戦するまで、関係する「研究」は基本的に日本の対中国移民侵略に協力するための宣伝と「認証」作業であり、学問的研究成果はほとんど現れていなかった。戦後、日本の学者は戦争を反省し、日本の近代以来の国家「挫折」の教訓を総括する必要から、近代以来の日本の対外関係史、特に中日関係史に対して全方位的な研究を行った。進歩的な歴史観に基づいた研究成果が現れ、日本の対外植民地拡大の歴史的事実も徐々に明らかになってきた。中でも代表的な史学研究成果である『日本帝国主義下の満州移民』（満洲移民史研究会編、龍渓書舎、一九七六年）、『日本知識人の植民地認識』（浅田喬二、校倉書房、一九八五年）などの著書には、日本の中国東北地方への移民侵略の具体的な実施状況と「開拓団」派遣の顚末を詳細に描写している。

二〇世紀八〇年代以降、日本の政治の右傾化と保守化が日に日に進行し、学術研究と歴史認識の分野でも歴史修正主義の傾向が現れはじめ、日本の対外植民地侵略の歴史に関する研究に立場の分化と観点の対立が現れた。一部の研究者には、日本人移民、「開拓団」が中国東北地方の経済社会に対して開発促進の役割を果たしていたと言ったり、日本の植民地政策の中には、一定の良い点もあると考えている。このような近代日本の対中移民侵略に関する誤った観点は、一九九〇年代に日本政治全体の右傾化が顕著になった後、日本の侵略の歴史を否定する右翼史観の台頭とともに広がっていった。一九九五年、自民党関係者によって『大東亜戦争の総括』（歴史検討委員会編、展転社、一九九五年）という本が編纂され、「満洲は中国の領土ではない」、「日本は自衛のためにアジアに出兵した」、「南京大虐殺は虚構だ」など、戦前日本の対外侵略戦争の責任はないと歪んだ歴史観を強く前面に出している。

対照的に日本の多くの進歩的学者は、依然として日本の中国に対する植民地支配や移民行動が侵略行為だと指摘しつつあり、日本人の入植活動は中国の社会経済に重大なマイナスの影響をもたらし、日本が中国に対して行った植民地拡張侵略政策は、自ら敗戦亡国の帰結をもたらした主要な要素である、と比較的に理性的で客観的な学術観点を堅持している。

二〇〇六年から〇九年にかけて行われた『中日共同歴史研究』プログラムなどのように中日両国の歴史研究者の共同努力に伴い、近代日本の対中国移民侵略の歴史の全貌が徐々に解明されつつある。しかし注目すべきは、日本の学界における日本人移民問題に対する研究の多くは、いわゆる「満蒙問題の研究」と関連して行われているが、その中には当時の日本の対外植民地侵略拡大を援護するためにその歴史的、理論的根拠を探す思惑があり、近代日本の中国に対する移民侵略問題に関する研究はもはや学術的な性格が失われている。

昨今、日本の右翼勢力と一部の保守的政治家たちが、近代日本の対外侵略歴史に関する誤った歴史認識を捨てておらず、歴史修正主義の逆流が日本で流行している情勢の下で、多くの中国人以外の学者は日本人移民が近代日本の中国侵略において演じた役割を軽視したり、正しい認識が欠けていることは憂慮すべき傾向だと指摘しなければならない。

二〇一〇年以降、中国国内に日本侵略に関する史料の発掘整理と成果の公開に伴い、近代日本の海外侵略の歴史と中日関係史研究は新たな時期に入ったと言える。

二〇一四年、世界反ファシズム戦争および中国人民抗戦勝利七〇周年を前に、吉林省档案書館は日本の中国侵略の歴史に関する最新のアーカイブ史料を初めて外部に公開し、国内外から高い注目を集めている。旧日本軍の関東憲兵隊遺構に埋められていた極秘文書をめぐって、吉林大学などの研究機関と協力して日本の中国東北侵略の歴史文書の整理と研究を進めはじめてきた。二〇一四年度から吉林省公文書館所蔵旧日本軍関東憲兵隊郵便検閲月報が公刊された。この中国語と日本語のほかに、英語やロシア語など数種類の文字で編纂された『動かぬ証拠が山の如く—吉林省档案館所蔵関東憲兵隊郵便検閲月報特集』という資料集は一三巻余りにも上っている。[14] 吉林省档案館が発掘・整理して公表した資料集は、その独特な性質と特徴から、日本が大陸侵略・拡張の本質と野心を自ら示す歴史的証拠となり、日本の植民地侵略の虚偽性と破壊性を十分に暴露し、日本の中国侵略・反ソおよび中国東北地方の植民地支配の実態を詳細に示している。

これらの日本侵略史料は、量的にも過去に整理・公表された日本侵略歴史関係史料を上回るだけでなく、その内容や史料の性質においても現存する多くの史料と大きく異なっている。その中には日本が移民政策を通じて中国人の土地を強奪し、中国の農民を追い出し、生活の源を奪っていたことを示す資料もあれば、日本植民地支配者が日本人移民を利用して中国大陸への侵略を行った制度的、政策的な関連資料もたくさんある。日本が実施していた中国移民侵略と関連して見れば、この資料集によって、当時の日本政府の移民政策の実施状況、移民侵略と植民地支配の関連及びその変化の特徴などが、多くの文書史料から発見されたのである。

二〇一四年に、吉林大学の研究者は、日本人移民侵略に関して研究を進め、新たに発掘された旧日本軍中国侵略文書資料に基づいて、「日本人開拓団は日本植民地拡張団だ」という独自な観点を提出し、日本の対中国移民侵略研究に一石を投じた。[15] この論文で、筆者らは戦前と戦時中に日本軍国主義が中国東北地方に対して実施した大規模な移民侵略に関する研究を通じて、日本がその戦略的意図と侵略行為をごまかすために、中国東北地方に入植させた日本人移民団を「開拓団」と改称した本質を明らかにし、日本の中国東北地方への移民活動は日本の中国侵略の「国策」の一つであり、日本が中国に対して植民地支配を実行する重要な手段だ、と指摘している。

歴史呼称の変化と歴史認識の違いという問題を提起する背景には、歴史研究における言語支配体系と国益の奪い合いがある。長い間、日本の近現代史、中日関係史、特に日本の中国侵略史に関する研究においては、歴史的事件、国の制度の名称、集団（団体）に関する呼称などが、しばしば日本語で書かれた歴史文献資料においては漢字で表現されているため、日本語の書類はもちろん、多くの中国文の文献には日本語の語彙と表現が翻訳されずに、そのまま使われてきた。このような「便宜的な作法」は、近代以降日本語の漢字の中国語への「逆輸入」の大量発生と相補的な関係があり、その機能的役割や評価もさまざまである。しかし、無視できない問題としては、近代的新語だけではなく、多くの専門的言葉や文字表現などが日本語から中国語へと逆流している背景には、文化帝国主義とポスト植民地主義の言語的支配と、日本の対外侵略をごまかす大きな政治的目的が潜んでいることが指摘されなければならない。

主に宗主国と植民地間の文化的発言権と言語支配関係に注目したポスト植民地主義理論は、帝国主義や植民地主義が主に経済資源、政治と軍事の影響力、国家主権と領土などに対する侵略し、統制し、干渉する目的であるのに対して、ポスト植民地主義は文化、知識と文化支配権に対する統制と影響をより強調している。アメリカの学者フレドリック・ジェムソン（Fredric Jameson）はこう説明している。「第一の世界」の国は文化輸出の主導権を握っており、自らのイデオロギーを優位的立場に立ち、かつ普遍的価値と見なして、文化メディアを通じて自らの価値観やイデオロギーを文化体系全体に入植し、「第三の世界」の国に強制的に植え付けることができると主張している。一方、周縁的な地位にある「第三の世界」の諸国は、その自らの文化は受身でしか受け入れられず、彼らの文化の伝統は壊滅の脅威にさらされ、母国語の権威は喪失し、文化の価値は低減して、イデオロギーも絶えず異文化に浸透され、性格は変えられてゆく窮地に置かれている[16]。

中国の漢字は古代から日本に伝わって以降、日本語の文字の主体となっているため、日本の歴史文献には漢字や漢字表現を中心とした資料が数多く見られる。これらの歴史文献資料を中国語に翻訳して使用する過程で、文面通りに文義が通じていたり、文字も近いことから、かなり多くの固有名詞や名称などがそのまま翻訳せず使用され、一部は慣習的に「新漢語」や「新漢字」という形で現代中国語として使われることもある。言うまでもなく、これは現代中国語の漢字の進化・発展に対して一定の積極的な役割を果たした。しかしながら、別の場合もある。一部の歴史的名詞や名称は非常に強い時代的特徴と政治的意味を持つことから、もしも「考えもせずに」そのまま使用してしまえば、中日両国間に大きな外交的政治的紛争を招きかねないだけでなく、中日両国の民衆の間に誤解や対立を作り、文化的溝を作る恐れがあると言わざるを得ない。例えば「大陸進出」「従軍慰安婦」「開拓団」などという特定の意味を有する言葉は、安易に取り扱うことによって、そのもたらす結果と影響はつねに言語・文字の領域に留まらない事例はしばしばある。

ある意味では、このような外国語の歴史的名称用語の「便宜的な作法」は歴史研究や文化交流にある種の便宜を提供し、中日文化・経済技術交流には比較的良い「共通のプラットフォーム」を提供することが可能であるが、しかし先述のように何らかの分析も思考もせず、さらに言葉の翻訳も加えずにそのまま漢字の形、または言葉の意味を使用することは、多くの場合に民族と国の文化の利益に不利な結果をもたらし、当時およびその後の歴史認識や両国関係に重大な影響を与えると言っても過言ではない。

無意識の「便宜的な作法」によって、歴史事実の真相を隠蔽するやり方は、歴史研究をポスト植民地主義の文脈と西洋の言語支配体系の罠に陥れ、政治文化、イデオロギーなどの分野において帝国主義とポスト植民地主義の言語覇権に支配され、われわれの主体性と固有の価値に関する判断能力を失うことになる。中日間に「歴史認識」問題をめぐる論争および日本の右翼勢力の誤った歴史観と行動を批判する過程においては、多くの場合、われわれは受動的な局面に置かれているが、その原因の一つは日本の右翼勢力が故意に歴史概念を混同し、歴史の真相を抹殺し、理非曲直を転倒する言葉の罠に陥っていることにあると言わざるを得ない。こういう論戦においてわれわれが使っている言語的「武器」の多くは外国製であったり、日本製であったりし、分析の枠組みと規則規範もほとんど相手側が布設した「文脈」のものであり、その中に組み入れられているわれわれの勝ち抜く可能性はほとんどない。いかにして文化とイデオロギーの分野で現代帝国主義あるいはポスト植民地主義の「隠蔽的な文化的指導権」のコントロールを受け、その思想・文化上の従属者になることを防ぐか否かは、現代中国が自国文化の構築と公衆教育、特に日本の中国侵略の歴史を研究することに当たって、いかに堅固な防御陣地を構築し、われわれ自身の言語体系と言語文化主導権を確立するかにかかっている[17]。

一方このような行為と現象は、客観的にも日本が中国を侵略した戦争責任から逃れる口実と可能性を提供している。ポスト植民地主義の言語支配下、日本の中国侵略が中国にもたらしたもう一つの結果は、その形のない影響と長期的危害によって文化意識における誤った歴史認識と価値観の歪みである。ついには日本の右翼勢力の植民地侵略に対する粉飾と忌避、さらに否定する行為を曖昧にし、賛同するようにする恐れがある。ある意味では、これも多くの日本人が当時の日本の対外侵略・拡張の歴史とその本質を正しく認識できず、右翼勢力の誤った歴史認識の氾濫を助長する重要な原因の一つである。

日本の中国に対する移民侵略に関する歴史研究においては、「満蒙」「移民」「開拓団」など、戦前日本の対外侵略拡張期に使われていた公式用語は、時に引用記号を付けずにそのまま使用することは、意図的に日本の中国に対する植民地侵略拡張の本質を曖昧にして覆い隠す恐れがあるほかに、関連研究を誤った方向に導き、単純な人口移動研究に陥って、外来移民が中国東北地域の経済と社会に対する影響などの問題に単純化し、さらに近代以来の日本の対外侵略拡張の時代的特徴に対して誤った判断を下す可能性もある。そのため、既存の本質的な認知に影響する虚像を打破する必要がある。本質はある程度の虚像を持っている。虚像とは、本質自体が自身の中で表現されていることである[18]。中国東北地方に対する日本の移民侵略研究における本質と虚像の関係を論証することは、ある意味で日本の対外侵略拡張の本質的特徴を、より全面的、客観的に、深く認識することにも役立つことになる。

日本は対外侵略・拡張の過程において、つねにあいまいな言語表現、誇張した言葉を使用し、その政治的戦略的意図と侵略行為を極力ごまかしていた。「従軍慰安婦」の真相と本質は、日本の対外侵略を行っている過程で日本が大量の日本、朝鮮、中国の女性に日本軍への性的サービスを提供させ、蹂躙・抑圧して「性奴隷」としたものである。現代の日本でよく使われている「慰安」という言葉とは内容と範囲などの点で、本質的な相違性がある。この名称の使用は、客観的に日本が反人類的戦争犯罪を犯した問題の実質を覆い隠している面もある。

「開拓団」という言葉の濫用は、日本が中国東北地方に移民侵略を実施する過程でつくり上げた歴史名称である。長い間、日本のみならず世界の他の国、ひいては中国の学界も、日本が中国東北地方に対する移民侵略の歴史を説明するためにこの歴史名称を使用し続けている。「開拓」という言葉自体はいい意味があって、荒れ地を開拓するとか、新しい分野を開拓するとかという積極的な意味があるが、前述のように日本は中国東北地方に侵入した日本人移民集団を「開拓団」と称し、日本の移民侵略行為を「荒れ地」を開墾し、「満蒙」の「無主地」を開発し、「大東亜王道楽土」を建設するための経済的開発行為として美化しようとするものである。間違いなく、この言葉の使用と流布は、歴史の真相を覆い隠す役割は果たしていた。こういう現状を是正することはわれわれ歴史研究者の歴史的な使命でもある。

結び

日本が中国東北部に対して行った移民侵略は、日本帝国主義が中国東北部を占領し、さらにその大陸拡張政策を実現するための重要な部分である。日本が中国東北部に対して行った移民侵略は、当時日本の七大「国策」の一つと言われており、日本の対外侵略拡大における重要な役割を果たしていた。しかし、近年、国内外の日本の移民による中国侵略の歴史研究においては、称呼概念の混乱、史実証拠の欠損、本質認識の曖昧さなど、多くの問題と欠陥が依然として存在している。事実上、これらの問題は戦後日本の右翼勢力が対外侵略・拡張の歴史を否認し、戦前日本が犯した戦争犯罪を否認し、歴史教科書を改ざんし、歴史的結論を覆すなどの活動に利用できる余地を残した。したがって、日本の中国侵略の歴史事実を改めて整理し、誤れる歴史認識を正し、歴史を本来の姿に戻すことは、すべての良識ある歴史研究者の当然の責務である。

近代日本の中国に対する移民侵略に関しては、日本と中国においてその性格評価の相違が従来から存在していることと同じように、日本人移民団に関しても異なる名称で呼ばれてきた。これは、この歴史事実が中日両国民衆の記憶において違う印象が残っていることを反映している。同時に、これは近代日本の中国侵略に関する戦後の歴史回顧と研究においても、歴史認識の相違性と曖昧さが存在していることと関連性がある、と指摘しなければならない。

ポスト植民地主義の「文脈」と文化帝国主義の言語支配の下では、日本の対外侵略拡張の歴史に対して批判的な判断を下すことは不可能であり、日本の対中侵略の本質を真に見極めることもできない。

中日両国間の歴史認識問題に関する対立や、中日共同歴史研究活動などにおける対立と分岐などから、歴史と現実とのつながり、中日関係の重層性と深刻な葛藤が読み取れる。

注

1 南満洲鉄道株式会社編『南満州鉄道株式会社10年史』、（満洲日日新聞社、一九一九年版）一一一頁。
2 房俐編『档案・吉林省档案館巻』下巻（吉林出版集団、二〇一三年一二月）一一六頁。
3 荘厳編『動かぬ証拠が山の如く―吉林省新発見した日本の中国侵略档案研究』（吉林出版集団、二〇一四年四月）五一〇〜五一三頁。
4 同右、五一八〜五三三頁。
5 喜多一雄『満州開拓論』（明文堂、一九四四年二月）三七六、三六四頁。王勝今『偽満期中国東北地区移民研究』（中国社会科学出版社、二〇〇五年一〇月）八八頁から引用した。
6 荘厳編『動かぬ証拠が山の如く―吉林省新発見した日本の中国侵略档案研究』（吉林出版集団、二〇一四年四月）五五三〜五五六頁。
7 姜念東、伊文成、解学詩、呂元明、張輔麟『偽満州国史』（吉林人民出版社、一九八〇年一〇月）三三二〜三五五頁。
8 同右、三四三〜三四六頁。
9 尹懐編『動かぬ証拠が山の如く―日本中国侵略歴史档案郵便検閲月報特集』第一巻（吉林出版集団、二〇一四年七月）九一頁。同第二巻、一三七〜一三八頁。
10 吉林省档案館編『東北における日本移民档案』（吉林巻）、（広西師範大学出版社、二〇〇四年）一〜一〇頁。
11 黒竜江省档案館編『東北における日本移民档案』（黒竜江巻）（広西師範大学出版社、二〇〇四年）六〜一一頁。
12 姜念東、伊文成、解学詩、呂元明、張輔麟『偽満州国史』（吉林人民出版社、一九八〇年一〇月）三四二頁。
13 『マルクスエンゲルス選集』第四巻（人民出版社）二四三頁。黎樹編『マルクス・エンゲルス・レーニン・スターリンの歴史科学論』（人民出版社、一九八〇年）二八六頁から引用した。
14 荘厳編『動かぬ証拠が山の如く―吉林省新発見した日本の中国侵略档案研究』（吉林出版集団、二〇一四年四月。尹懐編『動かぬ証拠が山の如く―吉林省档案館所蔵日本の中国侵略郵便検閲月報特集』第一〜二巻（吉林出版集団、二〇一四年七月）

15 沈海涛、衣保中、王勝今「日本の中国東北部移民侵略の侵略本質について」『吉林大学社会科学学報』二〇一四年三期。

16 王岳川「ポスト植民地主義の歴史的文脈と現代的問題」http://www.aisixiang.com/data/6923.html

17 王岳川「ポスト植民地主義の歴史的文脈と現代的問題」http://www.aisixiang.com/data/6923.html

18 レーニン『ヘーゲル〈論理学〉の要約』一九六五年版（人民出版社）五七頁

「軍事郵便」が語る陸軍兵士の戦時意識

片山兵衛

はじめに

私はかつて海軍兵学校卒業という経歴を持つ高等学校時代の恩師（一九二九年生れ）と話をした時、子どもの頃、ご自分が何歳ぐらいまで生きられると思っていましたかという、やや不躾な質問をしたことがある。その答えは、「だいたい二〇歳までで、その後の時代を生きるという意識はなかった」というものだった。

またインパール作戦に参加した元兵士の方（一九一九年生れ）からは、「終戦を知った時に初めて周囲の草木に色があるのを実感した」との言葉を聞き、ともに異様な衝撃を受けたことを思い出す。

こうした感慨は、恐らく戦争の時代に生まれた少年や、極限状態にあった兵士に共通する意識と身体感覚であったろう。

いずれも生身の心身に刻まれた記憶であり、口調・身振りなどとともに強烈な迫力を持つが、口述者の死によって永久に消滅する。戦後八〇年に迫り、その世代への聞き取りはほぼ限界を迎えている。

この現状を補える間接的な語りの素材として、軍事郵便や日記が挙げられる。それは、さまざまな制約と留意点を抱えながら、直近の日常が語られる、という強みがあるからである。多数の従軍記や回顧録にも優れたものは少なくないが、即時性において軍事郵便・日記は優位にあり、その「鮮度の高さ」には一定の価値がある。

ところで近年、兵士の精神疾患面での実態（清水寛『日本帝国陸軍と精神障害兵士』不二出版、二〇〇六）や健康問題（吉田裕『日本軍兵士』中央公論社、二〇一七）に着目した研究が発表され、心身に視点をおく新たな兵士像が提示されている。

こうした先行研究をふまえ、欲望や懊悩を抱えた個人の内面に目を向けることも、より幅のある兵士像の理解に寄与するのではないか、との観点に立ち表題を設定した。

ここでは一応、軍事郵便に拠るが、関連資料なども参照しながら分析を進めていきたい。

一　兵士の知的水準

初めに兵士の学習能力について触れておこう。陸軍草創期の指導的立場にあり、李朝末期の閔妃暗殺に関与したとされる三浦梧楼（一八四六〜一九二六）に以下の懐旧談がある。

「その頃（明治二〇年―片山注）の民間の壮丁は今とは違うて、教育が不十分である。（中略）兵営内はほとんど小学校を見たようである。文字から教えてかからねばならぬ。天皇陛下ということを教えるにさえ、いろいろの説明がいるという時代である」（『観樹将軍回顧録』中央公論社、一九八八）。

同時期の実情は地方でも似通っていて、例えば神奈川県では、「（明治一七、八年当時）父兄の姓名すら弁ぜざるもの殆ど十が二、三に居りしも今日に至っては右等の類は（仮名）」（『神奈川県公報』第七三号　明治二〇年一〇月五日）という報告がある。

また、その少し後に同県愛甲郡出身の兵士（明治一五年生れ）は、「後に兵隊になった時、わたくしの隊に自分の名が書けない人が二人いたが、（自分は）読み書きも数字もできたのでよかったと思った（カッコ内は片山注）」

と語っている（愛川町教育委員会『愛川町郷土誌』、一九八二）。

その後、明治末期に至って就学率が上がり、基本的な書写や計算能力の定着を見た。昭和一〇年代には軍事郵便の活性化の要因として、「国民一般の文化水準の向上に伴ひ、出征兵士の通信力は日露戦争当時の一〇倍以上に上」ったことがあり、そのため「野戦局員や軍用郵便所員は連日連夜不眠不休の活動を続け」るほどになったとされている（「軍事郵便について」昭和一三年二月『偕行社記事』七六一号所収）。

それでも昭和初期の陸軍には、「兵卒の中には精神年齢の五、六歳のものも時にはあります（以下略）」（内山雄二郎『戦場心理学』偕行社、一九三〇）とみえていて、動員の母数の増加に伴い、知的に劣位にある兵士の存在も析出されていった。

兵士に求められた学力に関しては昭和五年一〇月に文部省が調査を実施していて、その出題例が参考になる（憲兵司令部『思想彙報』第一八号）。

この調査は壮丁の知識と思想性を探る目的で、東京市ほか三市一八町九七村の八五六一人を対象に行われた。試験問題は社会的な関心を呼び、神奈川県青年団連合会雑誌『武相の若草』七八号（昭和六年二月）でも紹介されている。出題は全四〇問、三者択一で短時間での解答が可能である。問題例は誌面の都合で省くが、時事・地理・歴史関係が主で、一読すると、およそ現在の中学校卒業程度という印象である。山形県のある兵士（昭和一四年徴兵検査）は壮丁検査当日に行われた試験について、「試験問題は割合に簡単で、時間前に全部できた」（小林清四郎『弱虫兵の従軍記』私家版、一九九七）としている。つまり兵士には義務教育修了ほどの知識があればよく、特段の教養は要求されていなかったことになる。

識字率をみると日本軍兵士は相対的には高く、敗戦直後の中国・開灤炭鉱接収に当ったアメリカ兵二一人のうち、通信文が書けた者は三〜四名、中国国民党軍でも連隊中、読み書きができる兵士は数人、手紙を書ける者はほとんどいない、という状況であったという（森本賢吉『憲兵物語』光人社、二〇〇三）。

二　軍事郵便と検閲

軍の全兵士が郵便を書いたかというと、実際には筆まめの人も筆不精の人もあり、かなり不揃いであった。その点、軍からは郷里や知人への手紙を書くよう指導が行われ、『初年兵読本』（読み物と講談社、一九四一）では教育期間中、月に一～二回は家庭への手紙を書くことが奨励されていた。また、「班長はときどき内務班に来て、家族に手紙を書くよう命じた」（富沢繁『新兵サンよもやま物語』光人社、一九八二）と述べる事例がある。

ところで陸軍の戦闘行動の最小単位は中隊（戦時の歩兵で二五〇人ほど）で、入隊後の教練や演習はこの集団が基礎となった。生活の単位はさらに分割された内務班であり、一室二〇人ほどが集団生活を送る、いわば「家庭」としての性格を持っていたが、五味川純平『人間の条件』や野間宏『真空地帯』などが描く凄惨な私的制裁の温床にもなっていた。

兵士たちが書く手紙は検閲され、軍機に関わる情報や国内の戦意維持に支障のある表現は不許可とされたため、必然的に自身は元気で従軍生活も順調である旨の文面を書くことが常態化した。

検閲はかなり徹底していた。内務省の特別高等警察（いわゆる特高）側による情報収集はよく知られ、出征兵士の中に社会主義や反戦運動思想が拡散することを警戒し、外部から軍隊内への情報提供手段として郵便が利用されることにも監視の目を向けていた。とりわけ「思要」（思想要注意人物）としてマークされていた兵士への郵便や小包みなどは開披され、本人の兵営不在時に所持品が検査されるなどしていた（憲兵司令部『思想彙報』第七号、昭和四年一一月）。こうした「要注意」者郵便に関する情報は月単位で発刊される『特高月報』誌で紹介されていた。

その昭和五年三月号では、特高は日本友帝同盟という反政府組織が発行した「兵士に対する宣伝運動の方法に就いて」という文書を入手し、同盟側が検閲の厳しさを述べる記事を掲載している。同盟側は、特高の監視について、「特定の兵卒に送付する場合、外包等によることは絶対に不可能」であるとした。その理由は、「小包は中隊事務室で開封することなしには兵卒には渡されぬし、又例えば普通郵便に依るとしても、これも同様の方法が採られる場合が多い」(内務省警保局保安課『特高月報』、同年同月号)としている。

通常、私たちが多く目にする軍事郵便は「検閲」の印が捺され、ゴム印枠には検閲者である下士官の階級や姓名(印鑑の場合も)があり、検閲者は一定の期間で交代していた。

三　兵士の内面性

ある個人の精神の遍歴を定点観測するには、まとまった分量の手掛かりが必要になる。幸い、その条件を満たすものに『一日一信　戦地から妻への一、六〇〇通の葉書』(全四巻、大空社、一九九六〜七)がある。筆者は青木一(一九一一年大阪生れ)という陸軍兵士である。彼は小学校教員在職中の昭和一五年二月に歩兵第一三七連隊要員として中国・広東方面に出征、転戦した。この間、ほぼ毎日葉書を書き続け、それらは召集解除(二一年四月)までの足かけ六年で一六一六通に達し、その誠実さと意思の強さとを物語っている。送られた葉書は内地の妻が落手順に番号を付して保存し、編集作業を経て本人存命中に出版された。

一方、彼は内地から手紙(慰問文を含む)を二四回、慰問袋を一一回ほど受領している。平均すると、少なくとも手紙は二〜三カ月に一度届いていたことになる。職業柄、教え子からのものもあり、そのつど嬉しく思うと同時に成長ぶりに感慨を深めている。しかし現実問題として増えていく手紙や児童作品の扱いには当惑していた。常に私物を整理し、移動時には不要物を処分する必要があったからである。平時の軍装は三〇キログラムほどになるため、涙を呑んで焼却していた。

本書は大量の身辺記事であると同時に、異国の観察や自己の省察にかなりの紙幅を割いており、質においても群を抜いている。その点、私信に仮託した日記に近い性格である。日記は貴重な資料であるが、持ち帰りが難しかったため、その点でも本書は参考になる。

本稿では特に彼の内面の描写をもとに考察するが、内面性とはいえ、それは環境や任務の危険性・人間関係など外部の諸条件によって千変万化する。その内容に明確な区分は持ち込めないが、いくつかの枠を設けて概観することにしたい。記載に当っての文末の数字は通し番号を示し、以下のような配列になっている（カッコ内は葉書枚数）。

昭和15年	1～ 326（326）
16年	327～ 682（356）
17年	683～1030（348）
18年	1031～1383（353）
19年	1384～1609（226）
20年	1610～1616（　7）
21年	記載番号なし（　3）

精神状態

一般に入営から帰国までは一生の内でも類を見ない激動の日々が続き、必然的に兵士の精神を強く規制・拘束した。ほとんどの兵士にとり、出征は初の渡航体験であり、中には異国への関心を持つ者もあったが、大陸や半島に進駐する場合、多くは難所の玄界灘を渡る必要があり、不慣れな航海を経て着岸すると全員が狂気のように喜ぶのだった（六）。出征当初は一種の興奮状態にあり、手紙の文面にもそうした熱量が感じられる。

極端に張りつめて揺れ動く心理は些細なことにも左右される。彼の場合は、台湾寄港時の濃霧が先行きへの漠然とした不安を予感させた（七）。

大陸到着後に現地の苦力が日の丸の標識を付けている姿を目にすると、皇国民としての矜持が芽生え（一二）、旧知の兵士との邂逅で心強さを覚えている。異郷において祖国、中でも同郷人に巡り会うことは大きな安堵につながっていた（二〇）。

内地の訓練期間も含めた兵営生活では、早速自己を抹殺して集団への馴化を余儀なくされる。それを象徴するものが軍服で、これが私心を滅却していくと書く（四二）。軍服を意味する英語は「ユニフォーム」であるが、兵士は文字通り「単一化」（ユニ）された「形式」（フォーム）を体現する存在となる。

二カ月ほどの間、暑さで食が進まずやせていたところ、ようやく体重が回復した（四九）と記す。精神状態には体調が大きく作用する。作用するというよりむしろ直結している。自らの不調については、葉書では家族への配慮から控えめな表現になるが、水や食事の分量はともかく、その劣悪な質は兵士の体調を急激に悪化させた。気分の悪さや胃痙攣・便秘・下痢・歯痛・水虫・風邪・肩こりなどの記事は再三に及ぶ。中でも一か月にわたる下痢（九〇八）、歯科手術（九六〇～一〇五五　約三カ月）とマラリヤでの離脱（一二二六～一二三〇　五日間）などは前後の不調も含め、心身を消耗させるものになった。

入浴についての記載は五年間で二〇回ほど、他は流水で身体を拭く程度であった。一〇カ月ぶりの風呂（八七三）という実態があり、散髪も七回程度の記載があるのみである。実際はこれよりも多いと思われるが、こうした日常は兵士の精神を荒廃させる要因になった。

さらに、在営期の閉鎖的な空間と時間の連続は、彼らを単純化させた。もともと泣虫の少年だった彼は、成長につれて涙とは無縁になっていたが、軍隊生活で再び涙もろくなったと書き（六七）、地金が露われはじめたことに気づく。確かに彼はよく泣いていて、手紙に見えるだけでも年に七回ほどを確認できる。その理由はさまざまだが、教え子の素朴な手紙や中国人親子の姿に接した時などに目立つ。皇軍兵士として日章旗や軍歌などにむせび、戦友の死に流す涙もあるが、多くは人間的な情愛に触れた場面である。彼の場合、定期的に泣くことが緊張からの開放につながり、葉書を書くという行為や可能な限りの読書も同様の心理的安全弁になっていたふしがある。

さて、入営二カ月を迎える頃にはそれまでの日常性や常識などがそぎ落とされ、自分は別人のようになったと語り（九九）、ひとかどの「皇軍兵士」意識を自覚する。

やがて一年がたったある日、物忘れがひどくなっていることに驚く。物の置き忘れ以上に知友の名が出てこず、さらには言葉や思想の枯渇に焦りを抱くようになる（三九〇）。かつて大学（大東文化学院）で漢学を修めて教壇に立ち、言語表現には自信があったものの、この間の知性の摩耗に愕然とする。ひたすら続く強制と粗暴な怒号のもと、情緒や創造性は精神の後景に追いやられていく。「誰も彼も申し合わせたように単純化し、動物的な衝動のままに動く」（三四〇）のである。そして応召から丸二年のその日、自身が「馴れ切って」「要領を知る兵隊」になっている（五四五）事実に暗澹とする。

軍隊にとって、兵士の精神状態への配慮は軍紀を維持する上でもゆるがせにできない課題であった。その一つに慰問活動があった。慰問団の訪問は比較的に安定した駐屯地などでしばしば開かれた。空白期間を除き、慰問映画（二二回）、慰問団の演芸（二〇回）、隊内の演芸会・運動会（一四回）などが開かれ、こうした娯楽機会で兵士たちの慰撫が図られていた。

初めの頃の慰問演芸会は気分の高揚期ということもあって隊内は盛り上がり、有名な歌手や俳優・力士たちは熱狂的な歓迎を受けた。一方、各府県などからの慰問団は素人芸ながら、かえって兵士の好感を呼んでいた。しかし慰問団も興行の連続と戦地の緊張から疲労していく。マンネリ化した出し物や不手際、あるいは上演中の何気ない一言などが兵士を刺激した。そんな時に彼らは非難の怒声を上げ（四〇四）、自分たちはないがしろにされているという、余裕を欠く被害者心理を爆発させるようになった。双方にとって無理のないことであるが、とりわけ兵士の側には戦争の長期化につれてやり場のない憤懣が心の底に澱んでいった。

それは兵士たちが常に傷病の苦痛や戦闘による死と内地家族の将来など、先を見通せない不安を背負っていたからであった。

実際の戦闘中の恐怖については、ある時、約四キロメートルほどの間、緊張の余り軍帽の重さを少しも感じず全身を目と耳にしていた（五一一）といい、また敵弾の中、泥まみれで水田を一キロメートルも全力で駆け抜けた時には、自らが標的になっている（五三九）恐怖を覚えたという。

こうした異常な緊張を和らげる物に煙草があり、軍もその効能を理解していた（前掲『戦争心理学』）。彼の部隊では毎日一箱ずつの支給があり（八五六）、兵士たちはほぼ一様に愛煙家となり、補給が滞ると手製の物で代用する（一五八〇）ことがあった。煙草の成分が尖った神経を鎮静化させ、一時的にせよ気分転換には有効だったのである。また煙草は地元民や子どもを使役するような場合のチップとしても機能していた（二六〇）。つまり軍隊において煙草は単なる嗜好品ではなく貴重な必需品であり慰問袋でも人気があった。

厳しい生活の中で、より苛酷な状態に置かれていたのは初年兵であった。多くの従軍記には悲惨な一日が終わり、消灯ラッパとともに寝床に入る時に束の間の安らぎを得られたという記述が見られる。

就寝時の夢は、「郷愁を癒し、身体の疲労を回復させる妙薬」（二一二）であり、現実から逃避できる場が夢に見る郷里や父母なのであった。彼は歯科治療での入院時、隣の若い兵士が寝言で「お母ちゃん」と三度繰り返すのを耳にして（九九五）、温かい共感の裡に夜を過ごした。彼はまた両親のほか妻子や教員時代の夢もしばしば見ており、耐え難い現実を楽しく穏やかな日々の追憶で忘れようとする心理が働いていた。

また、軍馬や軍用犬も含め兵士にとって無償の愛情を注げる生き物の存在は大きな救いであり、多くの隊で犬を飼っていた（四六六）。彼らは隊の飼い犬が子犬を産んだことに大喜びし（四二〇）、戦死した愛犬家の兵士の葬儀の際、犬が遺体の周囲を鳴き叫びながら走り回るのを見て号泣したという（一〇四三）。兵舎の周囲に草花を植えるという心情（四二二）なども同じであり、こうしたささやかな時間が、ともすると荒廃し、崩れがちな心身のバランスをかろうじて支えていたのである。

軍事郵便では見ることはないが、自殺について触れておこう。限界を超えた不安や絶望は人格の崩壊をもたらす。それが生存への希望を断ち切った時、自殺を選ぶ兵士は少なくなかった。これを問題視した陸軍は大きな関心を払い、「最近に於ける軍人軍属の自殺に就いて」と題した憲兵司令部による論文を発表した（『偕行社特報』第三九号、昭和一三年一〇月）。これによれば日本軍兵士の自殺率が世界で一番高く、中でも初年兵での多さを指摘している。その大きな動機に私的制裁を挙げているが、具体的な処方箋は不十分で、当然ながら軍隊制度の持つ非人間性への言及は見られない。

対人意識

軍隊は階級制度を基盤に動く組織である。陸軍では最下級の二等兵から軍歴が始まり、対人相互の関係性は彼我の階級差や誰が上官かといった巡りあわせで大きく左右された。年齢や学歴とは無関係の階級こそが人間関係の指標となり、それがもたらす悲喜や哀歓は兵士の数だけあったといえる。

階級とは次元が異なるが、同じ陸軍でも物資運搬を任務とする輜重兵《しちょうへい》は歩兵などからは格下の「荷物運び」と言われ（曽根一夫『元兵士が語る　戦史にない戦争の話』恒友出版、一九九八）、補充兵が現役兵から見下されるといった風潮もあり、微妙な上下意識が存在した。

階級の絶対性のもと、閉鎖的な内務班内で鬱積の標的になったのは初年兵たちであるが、軍事郵便には彼らの悲劇は見られない。内地の家族や次に続く青年たちを動揺させることを避け、強固な結束と理解ある上官のもとにあることを伝える内容がほとんどである。

また中国人捕虜の殺害・拷問、女性への暴行・略奪・放火などの極端な記事が見られないのも同様である。彼の手紙には文脈から推して捕虜殺害を連想させる部分はあり「すべては一瞬のことだった」(五五〇)、「それがまた厳粛なる事実」(八三七)とだけ記した所などは婉曲ながらそれを示している。

また軍隊は極めて多様な職種からの出身者で構成され、さながら社会の縮図をなしていた。現代の私たちと同じく、兵士もお互いの出身地や職業を話題にすることがあり、そこに接点があれば相互理解が進み、良好な関係性につながることがあった。

仕事柄、現場での応用がきく大工・左官・石工などの職人階層は兵舎の営繕などに重宝され、僧侶出身者は現地での葬儀で本領を発揮していた(一二七九)。

軍人には、かなり多数の国民学校教員がいた。ところが彼らは一様に原職に対する卑下や劣等感を持つのが通例であったといい(一二八五)、周囲の目もそれを増幅していた。軽蔑気味に「先生」と呼びかけたり(一二四一)、教師をからかう歌を聞えよがしに放吟したり(六二二)もした。そんな時、教師側から毅然とした態度や覇気を示す者は少なく、彼自身も鬱屈した心境になったという。

この時代、教師は社会的には相応の敬意を受け、児童にとっては絶対的な存在であった。しかし彼らも一旦入営すれば、小学校卒業生と変わらぬ序列に組み込まれ、加えてそれに劣る行動しかとれない場合、それまでの尊敬が軽蔑に逆転したことは十分想像できる。ほかの高学歴者たちにも共通する心境であったと思われるが、とりわけ軍隊教育の主体であった教師は、旧職を口にするにはかなりの屈託があった。さらに昭和一四年まで、師範学校卒業の小学校教員には現役期間短縮の優遇措置があったことも、周囲の妬みと屈折した視線を受ける理由になっていた。

ただし元教員たちにも職業的な救いはあった。行軍中に思いがけず教え子と出会い、その挨拶を受ける機会があり、仮に教え子の階級が自分より上位であっても、「先生」と呼ばれたことに素直に喜びを覚えている（九三・三二四・四三八）。その瞬間だけは温かい師弟の絆が冷徹な階級を忘れさせてくれた。さらに多様な職業出身者との交流は、ともすると限られた範囲に偏っていた人間理解を豊かなものにした（三一一・四三七・四五四）。

ここで当時の部落出身者などへの差別の意識が軍隊ではどうだったのか、について触れておこう。もともと兵役は国民全体の義務として課され、その点での負担の平等性があり、兵員の絶対数確保という観点からも差別なく徴集と教育を行なう原則があった。

その一方で大正末年から本格化した水平社の解放運動の高まりをうけ、その過激化を恐れた官憲側は運動を特高の監視対象に置きつつ、軍隊で差別が問題化しないよう神経をとがらせている。つまり軍隊内の差別が、部落出身壮丁の兵役忌避につながり、ひいては徴兵制度を揺るがす火種になることを警戒しているのである。

しかし昭和元年の福岡連隊差別糾弾事件や、翌年秋の陸軍大演習で北原泰作二等兵による軍隊内の差別撤廃を求める天皇直訴事件が起きたにも関わらず、以後も改善が見られなかったことは、昭和九年の現役の陸軍中将による『万朝報』紙への差別投稿（『特高月報』同年一二月）で浮き彫りになった。この案件は中将が謝罪文を発表し、軍でも再発防止策を公にすることで一応の決着を見た。その対応とは裏腹に兵士による差別的言動は頻発し、出征前の酒席などでの暴言も繰り返されるといった事例が『特高月報』にしばしば報告されている。軍事郵便でこの件に触れる記事はまずないが、ともすると倫理性や公徳心を失いがちな隊内では、書かれなかった差別は相当数あったと思われる。アイヌや障害者を含め、軍隊における差別問題は今後究明すべき課題にしたい。

次に、兵士が現地人に向けるまなざしについて見てみよう。

一九世紀中盤のアヘン戦争以後、中国では列強の侵食という苦難の時代が続いていた。当時の日本人にとっては日清戦争での勝利がアジア周辺国への優越意識を胚胎させ、中国人蔑視は強いものがあった。子どもの遊び歌でも露骨な差別意識が見られるほどで、これが戦地であればなおさらであった。

軍隊の駐屯地が存在することは、周辺の中国人や集落にさまざまな影響を与えていた。略奪や暴行・放火といった事件がよく知られているが、別の関係性も見られた。

食料などの現地調達や兵営内の物資運搬や道路建設・水汲みなどの力仕事は地元民への臨時収入の道になり、周辺地区や八路軍の内情を提供するという密偵の働きも期待できた。また日本軍が駐留することで集落が匪賊の襲撃を免れるという安心感も手伝い（一五一九）、地域によっては軍と民が相互に依存しあう関係にある場合も見られた。

当時の日本人は、中国人を支那人と呼ぶのが通例で、軍事郵便はこの表現が多用され、土民と書くこともある。肉体労働などに従事する現地人を苦力《クーリー》と称したが、二人称として使う場合は「你」を使っていた。この言葉は現代中国語で「あなた」を意味するが、当時は「慕わしい」が「あわれむべき」対象の表現として使われ（二四）、「おまえ」に似たニュアンスだったようである。苦力たちを固有名詞で呼ぶこともあったが、和風の名前を勝手に付けることがあり、三人称では「チャンコロ」という差別表現が使われていた。雑役に従事する地元民の暮らしぶりを見て、彼は敗戦国にはなりたくないものだ、という感懐を持つ。また「土匪の災害から遠ざか」れるのは「日本軍のお蔭」とし、「気の毒な無辜の民」とも書いている（一五一九）。

これは多くの兵士の共通認識で一見同情的ではあるが、戦争を当然視することを前提にし、戦争の当否という本質的な批判を持てなかった時代の限界をよく現わしている。

このことは、階級制度の末端にある兵士が上からの差別を受けつつ、更にその下の存在を差別する連鎖にあることも示し、周知のように兵士たちは被害者であると同時に加害者であったのと同じ構造を持っていた。

さらに日本軍に協力した現地人から、仮に日本軍が撤退すれば売国奴として悲惨な境遇になることを恐れる言葉が出た（三一六）。このような現地住民の分断は戦争の帰趨に関わらず、中国社会に大きな傷跡を残すことになった。

なお、兵士と現地の子どもとの関係も興味を引く。概ね兵士は子どもたちを可愛がっている（五六八ほか）が、恐らく彼のような補充兵役の兵士にとっては同年齢のわが子と（四九三）、それより若い現役兵には弟妹と重ね合せる心情が働いていたはずである。国民政府統治期の戦時教育を考察する場合、戦時下とはいえ描かれた子どもたちの精彩に満ちた姿は参考になる。紙幅の都合上、本稿では深入りできないが、教育史や児童史研究の好素材であることを付言しておきたい。

皇軍兵意識

皇軍という言い方が、新聞やラジオ報道での統一的呼称として一本化したのは昭和一二年の日中戦争頃からとされる（寺田近雄『日本軍隊用語集』立風書房、一九九二）。天皇の軍という表現は軍隊の神聖化を強化する意図の産物であり、この掛け声の下に軍隊教育が行われ、行動様式の画一化が進められた。これに対する兵士個々の理解と受け止めはどのような程度だったろうか。

かつて彼は、職業人として皇民精神に徹した教師の道を歩み、入営後は忠実な皇軍兵士として過ごした。これは職種を別にしても当時の多くの男性のたどる生き方であった。しかし大陸進駐直後の軒昂たる戦闘意欲は微妙に変容していく。

兵営では朝夕の点呼の際に皇居を遥拝し、軍人勅諭（約二八〇〇字）を奉誦することが重要な日課であった。これが連日の繰り返しの中で形式化していることに気付き（四一五）、営内の騒音や雑音に残念な思いを持つに至る（七二二）。そして世上使われる「万世一系」や「八紘一宇」という言葉がぞんざいに飛び交うことを指摘する。

その頃、歴史の常識とされていたものに「三種の神器」があるが、それをよく知らない兵士があり（七二四）、「八紘一宇」という概念が真意と離れ、浮薄な使われ方をしている（七八三）ことに疑問を持つ。しかし、ある時に彼自身も「八紘一宇」の説明を求められて当惑し、回答に窮している（一〇三八）。元教師でありながら正確な理解には疑問符がついていた。当時、神聖視された形而上的な観念は濫用されることで、むしろ形骸化し空洞化していたのである。

昭和一七年六月の広東省内での作戦行動中に、ある兵士が彼に「重慶は見えますか」と尋ねてきたことがあった（八二三）。重慶は四川省にあり、実際の距離（約二〇〇〇キロメートル）を考えれば、聞かれた本人が呆れるのも無理はなかった。軍機の保持とはいえ、兵士たちに与えられていた情報は乏しく、それがいかに貧弱な水準であったかを示す好例である。そもそも末端には作戦計画や進路・期間などの詳細は多く知らされず、命令への服従だけが求められていた。

昭和一九年四月、彼は広東省のある学校（啓蒙義塾と称する初等学校）の孔子祭に招かれたことがあった。席上、彼は一同を前に、今、中国は米英と戦争中で、それは孔子の道を再興するための戦いであると語った（一四九六）。これは彼自身の見方で、戦争の大義についてさまざまな解釈があったことを示している。博識の彼にしてこうした発言をしていたことは、他の兵士の実情を推し量ると、統一的な戦争理解からはかけ離れていたことが窺える。

ここで経年にともなう彼自身の皇軍兵意識の推移の面から、単語の使用例をもとに類推してみよう。

一六〇〇通を超える葉書には膨大な単語が登場する。このうち（A）皇国・皇軍など「皇」字で始まる単語と、（B）八紘一宇・天壌無窮・御稜威など皇国思想を象徴する単語及び天皇の呼称を（C）天皇（陛下）・大元帥陛下などに分け、それぞれどのくらいの頻度で記載されているかを年代順に整理したものが表である（一通に複数回ある場合は一例として計算）。

昭和二〇年分は、全七通と母数が少ないため検討から外すと、初期二年間の葉書の九通に一回はあった皇軍関係単語の表出頻度は減少していく傾向があり、彼の皇軍意識の低下を感じさせる。もちろん言語表現の多寡が内面性の度合いに完全に合致するとは言い難いが、一応の目安にはなりそうである。

天皇への敬意を示す「皇」字は、接頭語として使うことで恐らく検閲を通りやすく、兵士には使い勝手のよい文字であったと思われる。さらに出征当初における戦意と皇国兵士としての強い使命感や高揚感が頻繁に書かせていた事情が考えられる。しかし（C）はかなり少なく、「天皇」を強く意識した表記も多くはない印象である。

これら熱を帯びた表現の出現率は、昭和一八年から大きく低減していく。その根底には、戦況の長期化がもたらす初心の喪失と、戦争への疑念や不満の心理が働いていたことが想像できる。

年代（昭和）	15年	16年	17年	18年	19年	20年
A	20	19	12	6	3	3
B	11	17	15	7	2	0
C	6	6	6	5	1	1
合　　計	37	42	33	18	6	4
葉書の枚数	326	356	342	353	226	7
A～C出現率（%）	11.3	11.8	9.6	5.1	2.7	57.1

ちょうどその頃、昭和一八年二月の慰問映画会で皇居を写したニュースが流された。日本人であれば襟を正す場面である。その時、兵営で雇う中国人少年たちも同席していたが騒がしく、青木は怒りで思わず殴打してしまう（一〇七四）。体罰とは無縁の教師であった彼が手を挙げたのは、非礼への立腹であるが、それ以上に抑制のきかない苛立ちの結果であることに気付いたのだった。この出来事はささくれた苦い記憶となって残ることになった。

世代間意識

辛く苦しい初年兵時代も一年を終える頃に大きく転換する。この時点ですでに多くは一等兵に昇進し、新規の初年兵がその下に配属される。こうして立場が一転して「恒例の」私的制裁が順送りされる。郵便全体を見る限り彼は教員当時、児童に体罰を振るったことはなく、営内での暴力ともほぼ無縁であった。

彼は、初年兵たちがもっぱら機械的に返事をするだけで、内容を理解していない実情を知り、彼らをたしなめたことがあった。さらに新兵は何事にも要領が悪いうえ、ゆとりの無さから焦りで失敗を繰り返していると書いている（八一六）。現場の教育係（上等兵）も新兵指導の難しさを訴え、口先だけでは駄目で実行の必要を感じるという（七六二）。

不慣れな新兵へのもどかしさは当然であるが、誰しも軍隊生活への即応は難しく、自らも歩んだ道である。もともと不可能を強要する論理に無理があることは理解しながら、彼もその不条理な世界に住む一員にならざるを得なかった。

兵士たちはさまざまな会話をするが、話がはずむうち、話題が教育に及ぶことがあった。彼は持論として自由主義教育の弊害について熱弁を振るうことがあった。大正期に盛んになった自由教育はそれまでの画一的・干渉的な教育方法に対し、児童・生徒の個性や内発性を重視するものであった。明治四四年生まれの彼は、その洗礼を受けて育った世代である。しかし昭和七年からの教員経験から、皇国民教育に傾斜していく時勢の中、偏りすぎた自由教育を「過去の教育の汚毒」として批判している（五七二）。しかし兵士の中にはそれに心酔する向きもあり、新兵教育には微妙な温度差が生じていた。

しかしそれとは異なる感覚上の違和感もあった。新兵たちの言葉遣いである。それは、新兵が間伸びしたような話し方をするのに嫌悪を覚え、言葉の教育の必要性（一二一三）を痛感したことに起因する。この指摘の二日後、ある新兵の書いた葉書の文章に疑問を覚えて注意したところ反論され、気まずい空気になった（一二一五）。原因は新兵が書いた母親への文面での敬語の使い方に腹立たしさを感じたことである。ところがその新兵は不本意そうな態度に終始したため、なるべく感情を抑えて諭した。そして、意味さえ通れば可とする安易さへの不快を告げたのである。その時、彼は三二歳で新兵とは一〇歳ほどの開きがあり、言葉に対する感性と親への孝養を重視する彼にしてみれば、不愉快な表現と態度であったのである。結局、新兵は不承不承、指示に従いはしたが面白くない感情が残った。

今日でも、高齢層が特に若年層との感覚の差を痛感するのはまず言葉遣いからであり、旧軍においても事情は同じであった。

逆に年上の兵士たちとの意識の懸隔を覚える時もある。上級者の中には得々として恩給や叙勲を話題にする人物があり、彼はそうした打算に大いに幻滅している（一二四〇）。往々にして兵士は勲章を貰うとさらに欲しくなるという心性があり（六二九）、そうした俗物性にも失望している。上級者の中には帰国への期待から、ともすると俗世間的な言動に終始する向きの多いことを疑問視し、あの乃木希典が恩給を辞退したのに、と内心の反発を隠していない。

郷土意識

異国の戦場に立つ兵士たちを支えるものは物心両面で多くあるが、故郷や家族への思いに勝るものはなく、その架け橋として郵便は絶大な意義を持っていた。それは単なる情報の交換を超える、一種の信仰にも昇華したものであった。戦地の兵士は懐中に携帯し、内地の家族は神棚に置くなどして護符の扱いをするほどの重みがあった。

歴史的に軍事郵便の原初の姿は、古典作品にも見出すことができる。例えばヘロドトス『歴史』(第六巻)や、カエサル『ガリア戦記』(第五章)、古代中国の班固『漢書』(李陵・蘇武列伝)などにも、紀元前の時代から伝令・通信の存在を窺わせる描写がある。紙の発明以前の段階であるため伝達の精度には限界があるが、軍勢を歓喜させるなどの効果があったという。近代においては普仏戦争(一八七〇~七一)の際、捕虜になったフランス兵が自軍に軍事郵便があったならば敗北しなかったであろう、との言葉を残している(一一二〇六)。

昭和一一年九月から一〇月にかけて、神奈川県在満部隊後援会という組織が、「満洲国」ハルビン方面の第一師団部隊の現地慰問(同県出身将兵対象)を行った。その懇談の中で、将兵たちは「夢寐の間にも故郷は忘れない」様子であり、耳目を楽しませる物が皆無の環境下、慰問袋と、仲間を目の当たりに見るような手紙が最大の楽しみで活力になるという回答があった(『武相の若草』第一四九号、昭和一二年一月号)。

大阪出身の彼の部隊(歩兵第一三七連隊)も同様に広東省出征中、近畿周辺地区の慰問団の訪問を受けている。大阪・三重・愛知(各二回)以下、京都・奈良・滋賀・静岡(各一回)の慰問である。席上、旧知の人に会い、あるいは間接的な知人の名前が出ることもあった。耳慣れた方言でのやりとりは懐旧の情を一層深めていた。

すでにふれた兵士慰問の一つに隊内演芸会があったが、披露される郷土民謡などは「県人会」的な郷土意識発露の好機になっていた。また兵営の洗濯場などで、多少の時間があれば、兵士間でそれとなく故郷の話になった。その名所旧跡や名物など、共通の話題が強く親近感を培っていた（二五）ことも十分うなずける。従軍記などには、春秋の季節の日付から故郷の祭りを思い起こし、また古新聞などで郷土力士の活躍に一喜一憂する様子が窺われる。

元来、明治期の師団編成には言葉（特に方言に配慮）の通用性を念頭に置いた事情も考えられるが、その後の「郷土部隊」構想には、それ以上に同郷意識を土台にした一体感の醸成が、精強な結束に結びつくという確信があったものと思われる。

内地の花や畑仕事を含めて季節の移り変わりなど、小さなことでも故郷の話は大きな関心事だった（一〇〇）のである。中でも農家からの出征兵の記録に、現地の農作物や農具について記す例は少なくない。その時間は兵士としてではなく、同じ庶民の目で共感的に見ているのである。彼も将来の日中親善の手段として効率的な農法や農具を大陸へ導入・協力する必要性に触れている（四三九）。また思いがけず、焼き魚（一八八）やナフタリン（一〇五六）などの匂い、リンゴ（三〇八）、スイカ（四九六）の味などでも強烈に郷愁を覚えることもあった。

兵士たちは「風のたより」や噂でそれとなく国内の配給制や品不足などの窮状を耳にしていた（四六〇）が、自分たちの危険な任務を見れば優遇されて当然という気持ちもあった。その後、新聞や雑誌で軍の食事が相当恵まれている事実を知り、後ろめたさを感じることになったのであるが（七一五）。

噂の代表的なものは内地帰還の話である。ごく僅かな情報さえ、内地へ帰れるのではないかという淡い期待に形を変えた。これは激しい戦闘中ではなく、その合間や作戦終了時などに、誰とはなしにその願望から生じたもののようである（富樫金次郎『支那事変従軍回顧録』私家版、一九七〇）。

その懐かしい故郷を象徴するものは、恐らくそこに住む母親の面影であったろう。「戦地にいる兵士たちは、最愛の妻よりも母親により以上の親しさを覚えるのが常で」「母を慕」い、そして「母に魂のふるさとを見出す」のである（一〇五〇）。従って慰問映画で流れた子守唄に涙し（四四四）、中でも若い兵士の中には故郷を思って泣いている者もあった（『中国の農民は何を語ったか』汲古書院、二〇一二）という。

懐かしい郷里や家族から離れて戦わざるを得なかった歳月、とりわけ負傷や病に倒れ、絶望のうちに死を待つ兵士が心に描く古里はどのような形を結んでいたのだろうか。

おわりに

以上、主に軍事郵便をもとに、ある兵士の意識を考察した。兵士の意識とはいえ陸・海数百万を超える人びとの内面は無限大に拡散し、それらを一括りに語り、普遍性を見出すことは難しい。厳重な検閲という制度も足かせになり、その本音に迫るには限りがある。

しかし、日記にも酷似した本資料は、連続する日常体験や豊かな思索の集積を持っている。行間からは微妙な、時には激しい心情の揺らぎが垣間見え、「一兵士の」という限定つきではあるが、その内面の一端に迫ることはできるように思う。

総じて兵士の心理は、「はじめに」でも触れたように、青年期以降の人生に明るい青写真を描けず、共感に立つ世界観や人間観が許されなかった、いわば時間的・空間的閉鎖性がもたらす不安と、政治的帰結としての戦争がもたらす恐怖であったと思われる。

この試論で引用した事例の他にも、本資料には中国人苦力や婦女子、現地の教育・民俗をはじめ、実体験に即した貴重な証言が多く残されている。歴史的に苦力たちが記録を残すことはまず考えられず、その生活や勤務実態などを語る部分は貴重な資料になると思われる。

最後に現在、旧日本軍兵士と接した少年たちの中には存命の方がいる可能性はあり、聞き取り調査が急がれる。優れた先行研究も参照しながら、本資料の分析と併せて軍や兵士をめぐる語りの考察を今後の課題として筆を擱く。

第三章　日中文化研究編

帝国のまなざし

――満洲映画における旅の視点とプレイスメイキング

李雨菲

はじめに

一九三七年に制作された旅行映画『内鮮満周遊の旅』（満鉄映画製作所 一九三七）は、満洲の地図で幕を開ける。地図上では、満洲がクルーズ船や鉄道で日本や朝鮮半島とつながっている。旅行会社の外では、二人の日本の女性がこの巨大なポスターに引き寄せられ、旅行ガイドブックを見ている。満洲の風景、ランドマーク、建物、インフラなどの写真が、彼女たちの目を素早く通過していく。

日本帝国主義の支配下にあった中国東北植民地時代、旅行は日本人が満洲に対する想像の重要な部分を構成していた。満洲はロシアや朝鮮半島に接し、日本とは海を隔てて向かい合う位置にあり、東アジアの中心に位置する満洲は、重要な地政学的意義を持つだけでなく、異国情緒と神秘的な文化が混ざり合い、日本人の大陸への夢を背負っていた。「満洲国」は設計図として構想されて以来、野心、理想主義、ユートピア・ビジョンによって育まれた想像上の夢の世界であった。一九三〇年代の日本を代表する建築家・都市デザイナーである佐野利器（一八八〇～一九五六）は、日本建築家協会会長として「わが満洲国」というスローガンを建築家仲間に提案している（佐野 一九三三）。「わが満洲国」は、当時日本で最大の都市計画の試みの一つであり前例のない規模のプロジェクトであった。

建築家たちはこの夢想的な景観を極東近代化の中心として計画したが、政治的なプランナーたちはメディアを文化構築に使って、この地域を広く世界に宣伝した。「満洲国」の形成には、物理的な計画や建設に加えて、統一されたナショナル・アイデンティティの形成を目的としたソフトな文化イメージの構造も組み込まれていた。一九三〇年代、満洲の事実上の支配者であった日本の官僚たちは、イデオロギーの浸透によって、この満洲の地に国の思想や文化的価値観を実現することを考えた。「満洲国」の国務院総務庁弘報処長であった武藤富男（一九〇四〜九八）は、満洲に関する芸術文化作品を動員することによって、この文化的植民地化の効果を内側から高める必要性を強調した（武藤 一九八八）。

「満洲国」のプロパガンダは、多くの種類のメディアを網羅し、日常生活のあらゆる側面に浸透する帝国建設計画全体の鍵となった。「満洲国」のソフト・カルチャーの構築を検討する際、今日の都市・地理研究者にとって特に興味深いのは、二つのタイプのプロパガンダであり、それらのローカルな表現には著しい類似性が見られる。一つは満洲の旅の文化、もう一つは満洲の映画である。

満洲の約半世紀にわたる植民地史は、日本の海外観光旅行の台頭と共に進んでいった。それに対応した観光地づくりは、その植民地開発過程の近代的なインフラのあり方に基づくものであった。鉄道網の整備により、外部からの観光客がこの地域を往来することができた。また、日本の植民機関は芸術家、文学者、マスメディアの人々に対して、満洲旅行の公式招待状を送り、当時の満洲を旅行ブームの目的地にした。同時に、一九三〇年代から四〇年代にかけて、特別な旅行記録映画が制作され、満洲の地域的なプレイスメイキングとイメージメイキングが映像作品として再加工された。

南満洲鉄道株式会社、満洲映画協会及びその他「満洲国」関連機関によって制作された地方宣伝映画は、一連の動的な映像を通じて満洲の景観、都市、習慣や日常生活を紹介することを試みた。満洲の映画制作と上映は、純粋な芸術創作または商業製品ではない。それらはむしろ国家政策を支援し、教育と文化の使命を達成するために生産されたものである。これらの映像作品の目的は、「新満洲帝国国家政策の鏡」となり、「王道楽土」と「五族協和」のスローガンを広めることであった。

本稿は、映画が帝国主義プロパガンダの一環として、満洲に創り出された視覚的な幻想や、映画が媒体として観客を帝国の視線に導く過程を研究している。帝国建設者の求めるもの、一般観光客の期待、異文化への好奇心が、それぞれの視点から映画によって形成された。映像から提供される歴史情報により、植民地プロパガンダの位置づけの下、満洲の景観を描き出すことができた。都市基盤の発展、現代生活の形成、外国の異文化の導入など、すべてが魅力的なイメージに描かれ、想像上の国である「満洲国」を粉飾するために使用されたのである。

一　満洲の旅行文化と映画宣伝の背景

日露戦争（一九〇四〜〇五）以降、ロシアの東清鉄道と日本の南満洲鉄道が満洲に敷設され、日露などの帝国主義勢力が満洲に根付こうとした。日露両国はそれぞれ管轄する鉄道沿いに新しい駅や定住地を設置し、半植民地的な「鉄道付属地」を建設し、彼らの東北地方における植民願望や政治的野心を実現しようとした。

インフラと都市ネットワークの整備に伴い、文化の伝播は徐々に発展していった。南満洲鉄道株式会社（SWR）は、満洲における日本帝国の植民地機構であり、通称「満鉄」である。いわば「建設会社」の役割を担い、インフラ整備からソフト文明の構築まで、満洲の政治・経済・文化のあらゆる面で、植民地支配下の「新しい姿」「新しい秩序」を確立した。

一九〇九年に『南満洲鉄道案内』という書籍が出版されて以来、南満洲鉄道（満鉄）はさまざまな旅行ガイドブックを出版し、宣伝活動に重要な役割を果たした。これらのガイドブックは鉄道だけでなく、満洲地方の風習を選択的に紹介し、満洲の都市が形成されていく様子を明示している。現代の観光ガイドブックとは異なり、一九三〇年代以前に発行された一部の満洲旅行ガイドブックには独自の地域分類方法があった。その分類に基づく旧式の旅行ガイドブックは、満洲の観光地を地域別に分類するのではなく、鉄道路線に基づいていくつかの章に分けられ、各章には主要な駅とその周辺の景勝地や宿泊施設がリストアップされていた（小牟田 二〇一五）。したがって鉄道旅行は満洲で観光するための前提条件の一つとなった。

一九三二年以降、「満洲国」交通部とその傘下の観光協会は、大連、奉天（現・瀋陽）、新京（現・長春）、ハルビンなどの主要都市ごとに新たな旅行ガイドを作成し、都市の風景を撮影した絵葉書を広く配布して、満洲の都市の旅行宣伝を強化した。これらの年月を通じて、彼らの観光宣伝手法は体系的なアプローチに従っていた。各都市の断片的な観光スポットを抽出し、それを洗練された映像表現で補完し、鉄道の糸でつなぎ合わせることで、信頼性のある楽しい場所のイメージを演出するようになった。

同時に、南満洲鉄道（満鉄）は、多くの日本の作家や芸術家に「満洲国」への旅行の招待状を送り、満洲帝国へのプロパガンダのアイデアを、イメージやテキストを通じて一般大衆の文化生活に浸透させた。

しかしながら本当に旅をした人々は、しばしば磨き上げられた窓の外に現れるよりも厳しい現実に直面した。例えばイギリスのジャーナリストであるピーター・フレミングが一九三三年に満洲への旅行の中で経験したようなものである（Fleming 1956）。公式ルートに盲目的に従うと、その地域の平和と繁栄を感じることができるかもしれないが、少し脇道にそれるだけで、権力の荒々しさや「満洲国」建国に至る準備不足、地元の満洲人たちが日常的に抱える苦闘や抵抗など、予期せぬ光景が見られたのである。

その代わりに、映画という媒体は徐々に権力者の注目を集め、「意図的な編集」を通じて同様の文化観光を地域に広める手段となった。つまり、写真のようなリアルな物語理想主義を通じて、望ましい景色を結びつけ、現実の暗い側面は省かれている。満洲国協和会発行の英文特集号『Concordia & Culture in Manchoukuo』(Chang 1938)には、その意図が正確に詳述されている。

「これらの映画は、世界に本当の満洲国を紹介するための最良の手段である。世界中の多くの人々は、新しい国が何ものであるかについて断片的な情報しか持っていなかったが、同社が制作する映画を通じて、満洲国の人々が今楽しんでいる幸福と繁栄が描写されている」(Chang 1938、英語からの翻訳)。映画は、当時比較的新しく、一般の人々が視聴できる形態であり、二〇世紀初頭の満洲では最初期の輸入文化メディアの一つとして現れた。

一九二六年、南満洲鉄道広報課映画班は、満洲の人間の活動や自然景観、さらには日本関東軍による植民活動を撮影し始めた。日本の傀儡国家である「満洲国」が成立した後、南満洲鉄道広報課映画班は南満洲鉄道映画製作所に拡大され、最終的には一九三七年に満鉄と「満洲国」政府が合弁で設立した満洲映画協会(「満映」と略称される)の基盤となった(胡昶・古泉 一九九〇)。

「満洲国」時代初期、満鉄が制作した映画の主要ジャンルはドキュメンタリーであった。主な目的は、民衆に日本の満洲での行動、発見および成果について情報提供することであった。満鉄は国策に従って映画制作ラインを拡大するにつれ、特色あるドキュメンタリー映画が制作の中心になっていった。満映設立後、満鉄のドキュメンタリー映画の伝統は、満映の制作物の中で「文化映画/啓民映画」のカテゴリーに受け継がれていった。

提供されている特集ドキュメンタリーや「文化映画」の中には、観光を明確なテーマとした作品が多くあり、映画による旅のガイドとしての『内鮮満周遊の旅─満洲篇』(満鉄 一九三七)、「満洲国」の観光スポットを宣伝する概観作品の『満洲帝国大観』（満鉄 制作年不明）、そしてリットン調査団が満洲各地を巡る調査を記録した作品の『満洲におけるリットン調査団』（満鉄 一九三二）や『日満綴方使節』（芥川光蔵監督、満鉄 一九四〇）がある。しかし、旅行映像の範囲を「プライスメイキング」・プロパガンダの範囲に広げると、映画の対象範囲には、『夏のハルビン』（満鉄 一九三七）、『北戴河』（満鉄 一九三七）、『秘境熱河』（芥川光蔵監督、満鉄 一九三六）のような個別の観光テーマを特集したものも含まれている。旅行テーマに分類された上記の例に加えて、「満洲国」都の利点や近代化を描いたドキュメンタリーも、『楽土新満洲』（満鉄 一九三五）、『躍進国都』（満鉄 一九三七）のように、「満洲国」の都市を宣伝するものとして機能した。

広大な満洲の地理を描く映像は、豊富な自然資源、急速に発展する都市景観、エキゾチックな伝統文化、そして教育を受けることを待ち望む楽天的な人や文盲の現地人など、機会の豊かな遠隔地への観光と移住を促進するために作られた。これらの場所に関連する事物を映し出すことが、特に観光映画の場合、多くの満洲映画の主題の焦点であった。映画は、現実と創作が交じり合う満洲の環境に根ざした仮想ツアーに観客を連れて行った。これらの映像風景は、「満洲国」の宣伝政策の文脈で重要であり、日本および外国の観客がスクリーンを通じて満洲を見る際に形成された帝国的な視線のさまざまな光景を形作ったのである。

二　帝国建設者の視線：都市巡りと建設

二〇世紀初頭の満洲における近代化された大都市を描いた映像は、国策に基づく国家プロパガンダの重要な一環を占め、先進的で新しい国家を象徴している。インフラネットワークに沿って位置し、新しく建設された半植民地的な地区が、広い並木道、円形の広場、折衷主義的な建築、記念碑的な建物などの特徴を持って、先住民の居住地に並んで現れた。そうした旅行映画は、満洲の都市計画や建築建設の成果を紹介し、一般の観光客が大都市を体験することを促すだけでなく、帝国建設の主要なグループである日本人プロフェッショナルの関心をも引きつけることを目的としていた。

『内鮮満周遊の旅―満洲篇』では、神戸を出発した客船が大連港に到着したシーンから始まる。歓迎の人々が到着ロビーの上層廊下に立ち、橋を渡る観光客に手を振っている。旅行者や出迎えた人々はロビーを出て、現代的でおしゃれな大連の都市生活を体験することを期待している。その後、列車「亜細亜号」で、彼らはより北方の満洲内陸部に向かい、他の主要都市である瀋陽、長春、ハルビンなどの都市を訪れていく。

彼らは南から北へと満洲の都市観光の主要な拠点である目的地を巡っていく。大連は一九〇五年以来、日本の南満洲最初の植民地となり、日本人移民の最も多い満洲の都市である。奉天は満洲族の発祥地の古都であり、満洲の伝統と歴史を代表している。新京は日本の建築家による現代的な計画から形成された「満洲国」の新首都として成長した。ハルビンはロシア帝国によって建設された北満洲の中心であり、ヨーロッパ風の異国情緒を感じさせるロマンチックな都市である。

大連港に到着した客船「熱河丸」
『内鮮満周遊の旅―満洲篇』（1937）より

大連は港町として、かつては海路からの訪問者にとって最初の到着地であり、日本支配下の最初の領土であった。この歴史的な重要性から、一九二〇年代から三〇年代にかけて日本の国際観光客にとって好まれる旅行先だった。

大連の最初の建設は、一八九九年にロシアとドイツの計画者によって丹念に造り上げられた。日本の計画は、ロシア・ヨーロッパの先例に従って、鉄道駅を中心とした主要な大通りと広場を特徴とする。『満洲帝国大観』の中で、大連の大広場の空中写真は、新しい都市のレイアウトに西洋化されたエキゾチックなスタイルが好まれていることを示している。ロシアのプランナーによって提案されたように、一〇本の通りが大広場から放射状に伸びており、都市の中心を空間構造上で強調し、斜めの大通りに沿って都市格子状に伸びている。広場周辺の建物は、欧州新古典主義のエッセンスを取り入れている。

同じ映画には、日本のプランナーによってレイアウトされた奉天（現・瀋陽）の浪速広場の全方位ビジョンや、鳥瞰図で描かれた新京の類似した都市センターのシーンも登場する。

「満洲国」の建築建設は、傀儡国家の短い期間で進行した。そのためその建設は満洲映画の一貫したテーマとなっている。ほぼゼロから建てられた首都新京は、このテーマを宣伝するための優れた映像対象になった。『躍進国都』のオープニングシーンでは、カメラは足場を昇る。骨組みの間の隙間を通して、平野から大同街をはじめ新しい街が立ち上がっていくのを映し出している。

新京は、一九世紀のパリの都市再生と二〇世紀初頭のガーデンシティ（田園都市）運動の影響を受けて計画された。壮大な首都を計画する実験的な手法は、前述の映画に登場する大同街のシーンで明らかである。大通りは非常に広く、車や通行人がほとんどいないため、日常のスケールから外れた印象を与える。

ドキュメンタリー映画である『楽土新満洲』や『躍進国都』は、新京の建設をテーマに取り上げている。カメラは市内の個々の建物や場所を捉えているが、未舗装で砂利敷きの建設現場から多くが撮影されているため、断片的でつながりのない映像となっている。実際、新京は長期的な開発を目指しており、「満洲国」が終わるまでその全体像は完全には実現されることはなかった。

都市を中心とした視覚表現は、帝国政府のトップダウンの都市計画を表現することを目的としており、このような映画の観客である「満洲国」の未来の建設者たちにもチャンスと挑戦に満ちた満洲の風景を提示することも意図されている。上空からの航空撮影と全景移動という二つの視点は、都市の壮大なスケールを誇張し、密集した通りのグリッドを展示し、領土支配を強調するために最も頻繁に使用されている。これらの「神の目」のカメラは、一般の歩行者の視点を超えた高さに観客を連れて行く。通常、この撮影は多階建て建物の屋上や飛行機による場合が多く、植民地の建設と成果を示している。建設中の地域はレンズから排除されている。なぜなら現実の都市景観の細部はまだ磨かれていないからである。そして映画による都市の宣伝は、選択的なシーンの展示と慎重に選ばれたカメラアングルによって、この不完全さを隠していたのである。

三　帝国民衆の視線：中流階級の休暇の望ましい目的地

銀幕で描かれる「満洲国」の景色は、壮大な大都市に留まらず、地方の宣伝でも、一般の人々は歩行者の視点から現代都市の日常生活と憧れの余暇の場所に引きつけられる。満洲では、異なる民族が住む地域が、それぞれ異なった強い地域的スタイルを持っている。大規模な都市開発の全景撮影とは異なり、満洲映画は、さまざまな都市の街区の生活的な撮影視点を通じて、一般の観客をターゲットにした満洲の繁栄を映像で作り上げた。

日本式の商店街の景観は、満洲の旅行映画を見る日本の観客にとっての最初の選択肢となっている。なぜなら現代的な外観と親日的な文化的傾向が、日本帝国の政治目標と合致しているからである。浪速町は、満洲時代の大連で最も繁華な日本式商店街の一つだった。それは、さまざまな訪問者の旅程に頻繁に登場する場所であり、これらの訪問者の身分や目的は異なっていた。一九三二年、国際連盟のリットン調査団が満洲事変を調査するために満洲にやって来た時、満鉄のドキュメンタリー映画『滿洲におけるリットン調査団』は、調査団の満洲訪問を記録しており、その中で浪速町のにぎやかな通りの景色を詳細に映し出している。雨除けの下には、日本語の広告が貼られたガラスのショーウィンドウが並び、西洋風の洋服や日本式の和服が展示されている。和服を着た日本女性やチャイナドレスを着た満洲女性が、忙しい車両の間を行き交う。歩道の脇には漢字の広告が掲示され、灯箱看板は外壁に沿って吊り下げられている。満鉄の『日満綴方使節』の映像では、学童たちが大連浪速町を徘徊し、日本式の木造商店街の門の下にあるさまざまな店を訪れている。これらのシーンは、日本に似た経済的・文化的生活が満洲の都市に移植されていることを示し、日本人が新しい大陸に来る際の親しみと自信を増大させる。

ハルビンの中央大街は、映画の中でもロシア式商業街の代表的な場所である。この街は、ロシア移民が満洲で定住する場所として建設された。中央大街は、『迎春花』『滿洲におけるリットン調査団』『内鮮満周遊の旅―満洲篇』などでも描かれており、ロシアの都市の街並みとほとんど変わらず、壮大な新しい芸術主義の建築、ロシア語の看板のついた店舗、花崗岩の舗装道路が溢れている。『夏のハルビン』では、映画の中でハルビンをヨーロッパの都市に仕立て上げている。ハルビンのある朝、まだ朝霧が立ち込める時間帯に、中央大街には牛乳配達の車が走り、ロシア人たちは日常生活を始めている。街は、正教会の鐘の音で目を覚ます。松花江には、美しく強健な若いロシア人男女が乗った帆船が航行している。太陽島では、ロシア人の居住地や保養施設が集まっており、あるロシアの家族が庭の木陰でアフタヌーンティーを楽しんでいる。

この映画では、ほとんどの俳優が白系ロシア人である。市内のあらゆる場所で、ヨーロッパ化された都市生活が繰り広げられていた。これらは実際には、当時の日本人にとって中流および上流階級の生活様式だった。明治維新後、西洋文化が日本に広まり、時代と先進性を象徴するものとなり、また満洲の都市建設においてヨーロッパ的な風格を大量に取り入れる主な要因となった。満洲の観光宣伝映画では、西洋人の出現は、ある程度、日本の観客の地方への憧れを高め、満洲をより国際的な場所のイメージに形成した。そのため、白人俳優は何度も「満洲国」の地方宣伝に登場した。たとえば、『北戴河』では、ビーチで水着姿のスタイルの良い白人男女が並んで座っている。また『内鮮満周遊の旅』では、大連星浦の大和ホテル前で、白人女性がベンチにゆっくり座り、立っている従業員に外套を手渡すシーンもある。

この西洋式のくつろぎと優雅さこそが、日本民衆が憧れるものであり、植民地支配者が一般視聴者に見せたい新満洲の生活洋式でもあった。『躍進国都』では、満鉄の監督は『夏のハルビン』で描かれたロシア式のアフタヌーンティーの撮影手法を新京の「文化住宅」の撮影に移植し、現代都市住宅地域における人々の素晴らしい生活を強調した。文化住宅で撮影されたアフタヌーンティーのシーンは、ハルビンのシーンとほぼ同じカメラワークと視点が使われているが、ここでは日本人がアフタヌーンティーの主役になっている。

文化住宅とは、西洋生活スタイルを融合させた一般住宅で、一般的に和洋折衷の建築スタイルが採用されている。それは日本の大正時代中期以降に流行し、当時の一般市民が西洋生活に憧れたものであり、一九三〇年代に新満洲に伝わり、都市の現代化の一部ともなった。『楽土新満洲』と『躍進国都』の映像では、文化住宅街区は新しい建設資本とともに満洲に上陸し、一般の住宅地とは異なる流行の生活として表現されている。低密度のレイアウト、犬の散歩、テニスコート、そしてアフタヌーンティーを楽しむプライベートガーデンなど、それは当時の日本の庶民が憧れ、追い求めていた生活であり、その願望に応えた西洋生活に合わせて精密に構築された鮮やかな広告であった。

大都市で撮影された日欧の中産階級の画像以外にも、満洲の都市の映画の断片には時折り伝統的な中国風の街区が現れ、現地の特色を複雑な植民地景観に加えている。これらのシーンは、地元の住宅地の風景と活動のシーンと一緒に現れ、満洲の地元の中国人の活気にあふれるが混沌とした市井の生活を共に示している。奉天の四平街は、映画のシーンで描かれる満洲の商業街で、日本式の浪速町やロシア式の中央大街にも劣らない繁華街であった。『白蘭の歌』（渡辺邦男監督、東宝・満映　一九三九）や『迎春花』（佐々木康監督、満映　一九四二）のような物語映画や、『内鮮満周遊の旅―満洲篇』や『楽土新満洲』のような宣伝映画でも、四平街の景色を愛でるように描いている。古い城壁の曲がり角には、映画のカメラが豪華なシルク店や金物店へと導き、また路上の雑貨店や列を成す仮設の屋台、風に揺れる商店の旗、路傍で遊ぶ子供たち、絶え間なく流れる人力車にも密着している。しかし満洲の地元民のより市井の生活を示す際、映画はこれらの場所の混沌と無秩序を利用し、日本式の新市街区の清潔さと文明を間接的に強調しようとしている。これらの宣伝映像により、日本帝国の一般市民が新しい世界を認識するうちに、植民地と被植民者を比較して見ることで、優越感に満ちたものが含まれている。

四　表現者の視線：厳選された個性的な地域の風景

映像で表現された満洲大陸は、憧れの景色としても提示された。映像の大部分は、地形の文化的なユニークさと複雑さに対応しようとしている。これらのシネマティックな景観は、スクリーン上での文化的な展示であり、農業や畜産、先住民の活動、歴史的な見どころ、少数民族の居住地、季節の文化祭など、望ましい多面的な生活環境を探求している。

これらの映画は、満洲の風景に存在する多様性と多様な機会を捉えることを目的としている。これらの映画は、外国の視点から撮影され、満洲人が体験している日常に外部からの異質な視線をもたらした。満鉄の教育ドキュメンタリー映画『氷の表情』（満鉄 一九三七）や満映の文化映画『氷上漁業』（満映 一九三九）など、多くの映画が、北満洲の四カ月間の冬期間における人々の生活を描いている。寒冷な気候は道路にひび割れを起こし、川を凍らせ、氷上運送が盛んであった。北満洲の氷上での釣りは、厚い氷の河や湖を掘り進む特定の技術が使用されており、驚くべき冬の風景に彩りを添えている。他の場所での文化的実践の描写には、吉林での鵜飼い漁（『吉林の鵜飼』、満鉄 一九三七）や興安嶺の森での虎狩り（『東満の狩猟』、満鉄 一九三九）が含まれている。これらの映画は、日本の観客にとって想像しにくかった満洲大陸でのユニークで魅力的な生活のあり方を紹介しているのである。

これらの映画は、原生地域に関連する様々な民族文化を捉えることで、民族間の調和を促すことも目的としていた。モンゴルの遊牧生活を最もよく表現していたのは、『草原バルガ』（芥川光蔵監督、満鉄 一九三六）で、壮大な草原やゲル、そしてモンゴル人たちが登場する。また、『内鮮満周遊の旅』の中で登場するゲゲンミャオの草原や、『協和満映時事報 第二集』（満洲国協和会 制作年不明）で報じられるモンゴル相撲や市場も、モンゴルの生活を紹介する映像として重要である。また『協和満映時事報 第七集』（満洲国協和会 一九三五）の「晩秋の広大な草原・甘珠爾廟会」というドキュメンタリーでも、満洲の「五族協和」を実現するために、モンゴル相撲が演じられる。この特別なイベントには、モンゴルの地元コミュニティに属さない日本の映画クルーや政府関係者も参加した。彼らは、ガンジュエル市の闘技場に集まって、モンゴル相撲取りと日本の相撲力士が闘う様子を見学した。民族的なイベントや遊牧文化の豊かさが、日本の領土支配をアピールする政策目的のために、シンボルとして取り扱われたといえよう。

歴史的で文化的な遺産景観は、満鉄と満映のノンフィクション映像の中でも重要なカテゴリーを占めている。満洲映画で最も有名な遺産地は、熱河のラマ寺ポタラで、ドキュメンタリー、ニュース映像、フィクション映画に登場する。チベットのポタラ宮殿を模して建てられたこの場所は、かつて清朝の皇帝の王宮であった歴史的な遺産であり、約二二万平方メートルの広大な地域を占め、さまざまな中庭やホールから構成されている。満鉄が制作した『秘境熱河』は、一九三六年に熱河のラマ寺ポタラを美しく捉え、風景や歴史的建築の詳細、熱河の土地の人々が感じる古都の余暇の雰囲気など優美な映像で表現している。

さらに、熱河の建築遺産を調査するためにやってきた国際的な愛好家たちに対して競争的な姿勢をとり、生まれて間もない「満洲国」に対する国際的認証を高める政治的な目的により熱河の寺院の調査に多大な努力を投入した。『秘境熱河の修築状況』（『協和満映時事報　第七集』）で強調されたように、この地域の歴史的建築物に修復工事が行われ、その王室の遺産を復元し、「満洲国」の文化的シンボルとした。少なくとも映画の世界では、満洲は外国の驚異と古代の謎の地として描かれたのである。

おわりに

満洲旅行というテーマは、日本の海外旅行の風習が興った初期の起点として、今でも東アジアの文化地理に影響力を持ち続けている。関連する映像資料や文化遺産は、一般の文芸作品に豊富な資料を提供している。たとえば、満洲旅行の資料を詳しく整理して物語風に書いた『満洲鉄道まぼろし旅行』（川村　一九九八）、満洲の歴史映像を鉄道路線や停車場所で分類し再編集した『ノスタルジック・ジャーニー　満州』（DVD全三巻　二〇〇四）などである。これらの歴史資料を活用した再創作は、現代においても多くの人々のノスタルジックな夢を刺激し続けている。

しかしながら映像は媒体として、観客を幻想の世界に導き、彼らが歴史を直接的に経験したものと勘違いさせることも可能である。「こうすることで、ノスタルジアは魅力的な商品になる」(呉靖 二〇一二：四五)。映像は一種の視点を提供し、その視点の記録は観客の「本体」に他者の「客体」を反映させる。それは歴史だけを含むのではなく、歴史を形作り、変えてしまうこともあり得るのである。

視点の選択、変換、そして映像の編集や隠蔽によって、これらの宣伝映像は観客に、主体としての日本帝国による「満洲国」という客体の物語や凝視を提供しており、満洲地方そのものの歴史ではない。本稿は、現存する満洲の歴史映像が、地理的、文化的、歴史的な景観をより深く検討し、探究するためのきっかけとなることを望んでいる。それは当時の宣伝戦略によって作り出された満洲の奇観に捕らわれるのではなく、帝国の凝視やノスタルジックな歴史の虚像に陶酔することであってはならないのである。

謝辞

日本語の執筆にご協力頂いた日中口述歴史・文化研究会 干場辰夫副会長、森彪副会長、李素楨副会長に感謝したい。この論文の議論は、筆者のケンブリッジ大学における博士研究「Atlas in Motion：Visualising Manchuria in Moving Images」の一部である。

文献リスト

〈日本語文献〉

『ノスタルジック・ジャーニー 満州DVD―BOX』二〇〇四 ポニーキャニオン
佐野利器 一九三三「講演・満洲の国都建設」『建築雑誌』四七（五七五）
小牟田哲彦『大日本帝国の海外鉄道』東京：東京堂出版　二〇一五
川村湊『満洲鉄道まぼろし旅行』ネスコ　一九九八
武藤富男『私と満州国』東京：文藝春秋　一九八八
『満州アーカイブス「満州ニュース映画」全一〇巻セット』二〇一五 ケーシーワークス
『満州アーカイブス「満鉄記録映画集」全一二巻セット』二〇一五 ケーシーワークス
『満州アーカイブス「満映作品望郷編」全五巻セット』二〇一五 ケーシーワークス
『満州の記録：映像の証言』一九九四 テンシャープ

〈中国語文献〉
胡昶・古泉『満映――国策電影面面観』中華書局　一九九〇
呉靖『文化現代性的視覚表達：観看、凝視与対視』北京大学出版社　二〇一一

〈英語文献〉
Chang, Shao-sung 1938「Moviedom of Manchoukuo」『Concordia & Culture in Manchukuo, Extraordinary Issue of Manchuria』, July 20, 1938
Fleming, Peter. 1956. One's Company: A Journey to China in 1933. Harmondsworth, Middlesex: Penguin Books Ltd

〈参考映画〉
芥川光蔵監督『草原バルガ』満鉄鉄道総局　一九三六a

芥川光蔵監督『秘境熱河 満鉄鉄道総局 一九三六b
同右『日満綴方使節』満鉄鉄道総局 一九四〇a
同右『娘々廟會』満鉄鉄道総局 一九四〇b
佐々木康監督『迎春花』満洲映画協会 一九四二
渡辺邦男監督『白蘭の歌』東宝株式会社 満洲映画協会 一九三九
南満洲鉄道株式会社『滿洲におけるリットン調査団』一九三二
満洲国協和会『協和満映時事報 第七集』一九三五
同右『協和満映時事報 第二集』制作年不明
満洲映画協会『満映通信 第二八二報』一九三九
満鉄影片部『満洲帝国大観』制作年不明
満鉄影片部／満鉄映画製作所『楽土新満洲』一九三五
満鉄映画製作所『内鮮満周遊の旅 満洲篇』一九三七a
同右『躍進国都』一九三七b
同右『東満の狩猟』一九三九
同右『氷の表情』一九四一
満鉄鉄道総局『夏のハルビン』一九三七a
同右『吉林の鵜飼』一九三七b
同右『北戴河』一九三七c

「加害の史実」展示をめぐる一逆流
――長野県飯田市平和祈念館で起きていること

原文夫

はじめに――祈念館発足まで

戦前、学校教師などの勧誘で満蒙開拓青少年義勇軍に加わり、ついに帰還できなかった何人かの級友を持つ久保田昇（元教員）など市民有志により、「平和のための信州戦争展」が一九九一年に長野県飯田市で行われ、市と市教育委員会が後援した。ここで元七三一部隊員だった胡桃澤正邦が自身の体験を証言した。この時の参加者アンケートで戦争遺品の常設展示施設を望む声が六四％あったことを契機に、展示施設開設を市に求める取り組みが始まった。

九五年にはチラシを市内全戸に配布、九九年の「戦争展」は市・市教育委員会との共催で開催した（以後は毎回「共催」）。そして二〇〇〇年に飯田市議会が戦争資料の収集保存施設設置の請願を全会派一致で採択し、推進のための委員会が設けられた。

二〇〇三年、飯田市竜丘公民館の一室を戦争に関する寄贈遺品の保存・展示のための「平和祈念館資料室」とし、胡桃澤正邦の遺品である手術器具・薬品・医学書、そして七三一部隊戦友会名簿等を収納し展示も可能とした。

二〇〇八年に市（市教委）は資料の本格的収集と整理のため資料収集委員会を発足させ、事務局を市教委に置き、久保田昇など「戦争展」関係者等に委員を委嘱した。一三年、竜丘公民館に「飯田市平和祈念館資料室」の看板が設置された。

二〇一五年、竜丘公民館の「資料室」を飯田市中央公民館の一室（四階）へ移転。資料室の来館者に配布用の図録を作成し、元七三一部隊員の遺品及び同部隊に関する詳しい解説も明記した。その後、一六年の「戦争展（ピースミーティング）」で、七三一部隊少年隊員だった清水英男が初めて体験を証言した。

二〇二二年五月、市公民館の移転で、JR飯田市駅前の「ムトスぷらざ」内での「平和祈念館」開設が実現した。祈念館の趣旨は、「平和資料を通して戦時下の悲惨で過酷な情況を学ぶとともに、当地域の満蒙開拓の歴史を始めとした内外の『戦争の惨禍』の真実から、一人ひとりが『平和とは何か、そのために何をすべきか、何ができるのか』を考え、次世代に平和の大切さを語り継ぎます……」（HP）としている。

長野県飯田市平和祈念館

ところが二〇二二年五月に新装開館した市平和祈念館で、それまで同資料室で展示されてきた地元出身の七三一部隊員が持ち帰った同部隊で使用していた手術器具等の説明文が削除され、また直前まで展示予定で準備されていた地元出身元七三一部隊員たちの「証言パネル」などの展示が突然見送られたのである。

本稿では、飯田市平和祈念館で起きている問題に絞って二〇二三年七月時点までの経緯を報告し、考察する。

一　飯田市平和祈念館の展示をめぐる経緯

(1) 問題の露見と波紋

二〇二二年八月一七日、信濃毎日新聞等が「飯田市平和祈念館、元隊員の証言　展示せず」「市教委　七三一部隊　事実関係に議論」などと大きく報道。また「証言」を展示予定だった清水英男・元七三一部隊少年隊員のコメント「これでは事実が伝わらない」などを紹介した。

これに対し長野県内外の読者・市民から、飯田市の対応に強く疑問を投げ、再考を求める声や同市に対する問い合わせや抗議が拡大、信濃毎日新聞も再考を促す「コラム」や「社説」更に「読者の声」を相次いで掲載した。私(原)も、市の担当者に再三電話等で問い合わせ、関係団体等へ対応を呼びかけた。

(2) 市が展示を見合わせた「理由」——国の見解と異なるから

市が七三一部隊員の証言パネルなどの展示を見合わせた「理由」を、市は二〇二二年九月更新の飯田市平和祈念館のホームページで以下のように述べている。

第三種郵便物認可　信濃毎日新

元隊員の証言展示せず

市教委「731部隊 事実関係に議論」

飯田市平和祈念館

戦争の悲惨さや平和の大切さを後世に伝えるため今年5月にオープンした飯田市平和祈念館で、関東軍防疫給水部（731部隊）の証言などを印刷したパネル展示が取りやめられたことが16日、市教育委員会などへの取材で分かった。住民有志でつくる市平和資料収集委員会が展示を求めていたが、市教委は事実関係が確定していないなどとして見送った。現在、展示は市出身の元隊員から寄せられた医療器具や人体解剖の医学書など十数点だけとなっている。

取りやめた理由について、市教委生涯学習・スポーツ課は取材に「部隊の事実関係を巡ってはさまざまな議論がある。証言などを伝えたいという思いは理解しているが、公の施設としての展示は難しい」としている。

市平和祈念館の展示は「戦争の恐ろしさ」「戦時下のくらし」など五つのテーマに分かれている。祈念館設置に向け、同委員会はこれまでに市教委と協力して戦時中の資料を集め、展示内容についても話し合ってきた。

同委員会は「戦争の被害だけでなく、加害の歴史も伝えないといけない」と、731部隊が細菌兵器の開発を進め、捕虜となった中国人やロシア人に対して人体実験をしてきた―などとする説明文を作成。県内出身の元隊員4人の証言も文章にまとめた。市教委に証言などをパネル展示するよう求め、議論も重ねた。

だが、市教委は遺品の展示のみにとどめている。同委代表の吉沢章さん(73)＝飯田市＝は「県内の元隊員らの証言を通して地域と部隊との関わりを明らかにし、戦争の姿を伝えたかったのに」と割り切れない思いでいる。

731部隊　生物・細菌兵器の研究開発のため、1936（昭和11）年に編成された旧陸軍の特殊部隊。旧満州（現中国東北部）のハルビン近郊で秘密裏に中国、ロシア人らの政治犯や捕虜に非人道的な人体実験を繰り返し、多数を殺害したとされる。ペストやチフスなどの細菌を研究し、日中戦争で実際に使ったとされる。

元隊員が持ち帰った医療器具などが並ぶ飯田市平和祈念館の731部隊の展示。元隊員の証言は紹介されていない

これでは伝わらない

パネル展示予定だった宮田の清水さん

731部隊を巡っては2002年、中国人被害者らが起こした国家賠償請求訴訟で東京地裁が戦時中に生物兵器の開発、研究を行い、細菌戦を行っていたなどと認定した。一方、03年に当時首相だった小泉純一郎氏は国会で、細菌戦を示す資料は「現時点で確認されていない」と答弁。部隊については終戦直後に文書が処分された経緯もあり、専門家からは貴重な歴史的証言の展示を見合わせた市教委の姿勢を疑問視する声が出ている。

「自分たちの証言が紹介されなければ、部隊の事実が伝わらない」。戦時中、731部隊の少年隊に所属していた清水英男さん(92)＝上伊那郡宮田村＝はそう訴える。飯田市平和祈念館の開館前、市資料収集委員会から証言のパネル展示を打診され、了承。また14歳だった入隊時の集合写真も自費で拡大コピーし、展示用に用意していた。

清水さんは国民学校高等科を卒業後、731部隊の少年隊に配属された。主に見習い技術員として病原菌の基礎知識などを学び、「マルタ」と呼ばれた中国人やロシア人の捕虜の人体実験後の標本を見たこともある。日本の敗戦間近に「マルタ小屋」で多数の人骨を拾って袋に詰めた。証拠隠滅のために殺された捕虜のものだと後で知った。

上官からは他の隊員に自分の任務を口外することや、メモを取ることを禁じられた。旧満州（現中国東北部）から帰国する際、自決用の拳銃を渡された。「捕虜になった場合、部隊について口外させないためだったと思う」。帰国直後も部隊のことは口外せず、他の隊員とも連絡を取らないよう要求された。

敗戦から71年たった2016年、初めて体験を明らかにした。今回のパネル展示では、先輩研究者から渡されたまんじゅうを口にしたら高熱で1週間うなされ、治療もされなかったとの証言が紹介される予定だった。自分も実験台になったと疑う体験だったが、展示はかなわず「県内の関係者はどんどんいなくなっている。未来の子どもたちにも伝えていかないといけないのに」と焦りをあらわにする。

「『戦争と医の倫理』の検証を進める会」呼びかけ人で、滋賀医大名誉教授の西山勝夫さん＝京都市＝は「731部隊は終戦直後、文書の処分が命令され、証言でしか明らかにできないこともある。文書の裏付けがないからといって、貴重な隊員の証言が否定されるべきではない」と指摘。ただ、「展示があるだけでも意義は大きい」とし、今後、証言などをどうすれば展示できるか、議論が必要だと強調している。（佐藤 勝）

731部隊の少年隊に所属し、飯田市平和祈念館での証言の展示を打診されていた清水さん。入隊時の写真の拡大コピーも用意していた＝7月12日、宮田村

展示見送りを報じる信濃毎日新聞（2022年8月17日付）

飯田市平和祈念館の展示につきましては、「公設」の施設としての性格を踏まえ、さまざまな考え方や認識の違いがある事柄については、国の見解や教科書等の内容を参考に表現や展示内容を判断してきました。七三一部隊については、さまざまな見解や論点があり、どのような解説がふさわしいかについての判断は難しいものがありました。そのため、寄贈いただいた遺品は展示しておりますが、部隊を解説するパネルの展示は現時点では行っておりません。

ここで言う「国の見解」とは、野党議員による政府への七三一部隊についての質問主意書に対する二〇〇三年一〇月の小泉純一郎首相名の「政府答弁書」だという。

「答弁書」には「外務省、防衛庁等の文書において、関東軍防疫給水部等が細菌戦を行ったことを示す資料は現時点では確認されていない」とし、「新たな事実が判明した場合は、歴史の事実として厳粛に受け止めていき

たい」と書かれている。

二　道理のない市（教委）の判断

（1）国（政府・軍）は証拠を徹底隠滅、アメリカと免責取引

朝枝繁春・元大本営参謀など旧軍幹部も証言しているように、日本軍参謀本部と七三一部隊は、戦犯訴追を逃れるため敗戦時に人間の「マルタ」（スパイ容疑等で捕らえ生体実験に使用した中国人等のこと）を含むあらゆる物的証拠を抹殺・焼却し隠滅した。さらに石井四郎部隊長は隊員全員に生涯の箝口を命じたため、明白な物的証拠は乏しく、さらにアメリカと生物兵器開発のための生体実験等の「研究成果」と部隊の戦犯免責を取引した経緯から、日本政府は七三一部隊の問題を一切不問に付し、今日まで経過してきた。

アメリカの公文書館に保存されている終戦直後（一九四五〜四八年）の米国国防総省などと極東司令部、東京とワシントン間で行われた通信往来に、生々しい戦犯免責に関するやり取りが記されている。例えば空軍省のR. A. Fearey は、「ソ連が生物戦情報を得ることを阻止し、可能な限り全ての生物戦情報を得るという米国の目標を再確認し、今こそ、より大きな利益のために正義の主張を放棄する時だ」と提案。一九四八年三月四日の米統合本部からマッカーサーへの回答では、七三一部隊による人体実験の主なデータは全て入手できたこと、米統合本部等は「生物戦、化学戦、人体実験情報の取得を目標とし、日本人を訴追しないことを事実上約束するが、書面による免罪を受ける権利を与えない。併せて生物戦情報を秘密裏に情報チャンネルに保存する」との最終合意を伝えた（「東京裁判からハバロフスク裁判へ―生物戦情報をめぐる米国とソ連の交渉」、楊彦君『戦争と医学』二〇二二年一二月）。東西冷戦体制の進行下で、アメリカが自国の「大きな利益のために、正義の主張を放棄」し隠蔽

したのだった。

生物・化学兵器は一九二五年のジュネーブ議定書で使用が禁止されており、当時でも七三一部隊による細菌戦実行は国際法違反だった。明白な戦争犯罪であり、それを裁けば矛先は当時の日本軍の最高責任者・天皇に及ぶことが必定だった。

戦後の日本は、重大な「戦争犯罪の隠蔽という罪」をアメリカと共有し、かつアメリカの意に沿うことに腐心しながら歩んできた。今の日本政府（自民党政府）が頑なに七三一部隊の問題に目を瞑り、真実に背を向けつづけている背景には、このような経緯がある。

(2) 二〇〇三年の「小泉答弁書」に関して

これは当時、川田悦子衆議院議員が政府に提出した七三一部隊に関する「質問主意書」に対し、時の小泉純一郎首相名で出された「政府答弁書」だった。川田議員は、薬害エイズ事件を代表する被害者（児）川田龍平の母親であり、薬害エイズ事件解明に奔走し、後に推されて国政選挙に臨み当選を果たしていた。この薬害エイズ事件の被告は血液製剤を扱うミドリ十字（当時）であり、この会社は朝鮮戦争時に、七三一部隊で石井四郎隊長の腹心だった内藤良一を中心に元七三一部隊幹部たちが、米軍の輸血用血液の需要を当て込んで、七三一部隊在籍時に培った血液に関する知見を基に起業し、急成長した企業だった。川田質問と答弁書は、こうした背景の下であったことは記憶しておく必要がある。

(3) 解明されてきた細菌戦の実態

1、陸軍中央の将校による四つの業務日誌

一九九三年、防衛庁の防衛研究所図書館が陸軍中央の中堅将校による業務日誌を公開した。それは①一九三九年から支那派遣軍参謀を務め、一九四〇年九月に参謀本部作戦課員として細菌戦実施の連絡調整する様子を克明に記した井本熊男大佐の業務日誌、②一九四一年一一月に陸軍省医事課長になった金原節三軍医大佐の「陸軍省業務日誌摘録」、③一九四三年九月に医事課長となり、アメリカ軍に対する細菌戦計画を詳述した大塚文郎軍医大佐の「備忘録」、④一九四三年一〇月から翌四四年一二月まで参謀本部第一作戦部長だった真田穣一郎少将の業務日誌がある。これらは作戦司令部の具体的メモ・記録類であり、動かぬ証拠の一つである。現在はなぜか非公開扱いとされているようだ。

2、金子順一論文集の発見

二〇一一年夏、NPO法人七三一部隊細菌戦史料センターの奈須重雄が国立国会図書館関西館から発見した「金子順一論文集」（朝日新聞二〇一一年一〇月一五日報道）は、七三一部隊長・石井四郎の腹心だった金子軍医が、一九四八年に東京大学へ提出した博士論文の一部で、ここの「PX効果略算法」は、本来「陸軍軍医学校防疫研究報告」第一部（未発表）の報告だった。PXとはペスト感染ノミのことで、一九四〇～四二年に中国各地（六カ所）で行った細菌戦の「効果を検証した」としており、細菌戦実施者側のリアルな証拠の一つと言える。

3、瀋陽特別軍事法廷での七三一部隊員の供述調書

二〇一五年春に、中国吉林省档案館から旧日本軍関連資料が新たに見つかり、七月には中国社会科学院より一九五六年の瀋陽特別軍事法廷で裁かれた旧日本軍人四五人の供述調書が公開された。その中に、榊原秀夫・元七三一部隊林口支部長の自筆供述書があり、細菌戦に関わったことが赤裸々に記されていた。

4、旧ソ連の解禁極秘資料から、ハバロフスク裁判の音声記録等を発見し照合

一九四九年のハバロフスク軍事裁判での元七三一部隊幹部等の証言が、旧ソ連の公開極秘資料の中から発見され、音声記録なども明らかにされてきた。その一つが二〇一七年にNHKが発見し、同年「七三一部隊の真実」として放映された。元七三一部隊中心幹部たちの証言で、細菌兵器の製造やその生産量、生体実験で中国人などの「マルタ」が死亡したことなどが生々しく語られ、かつて『ハバロフスク裁判公判記録』として公刊されたものの内容と照合され、改めてその信憑性が裏づけられた。

ここでは長野県出身の七三一部隊細菌製造課長だった柄沢十三夫軍医少佐が、痛切な悔恨を込めて自身の「罪」を告白しており（柄沢は許されて帰国直前に自死）、NHKは柄沢の二人の子息（息子、娘）にもインタビューし、その音声と手元に残されていた軍事郵便等から、父親であることを確認している。

5、防疫給水部隊の留守名簿（公文書）を発見、復刻公刊

七三一部隊など防疫給水部の膨大な名簿（留守名簿。満洲第七三一部隊だけで三一一六名）が、西山勝夫・滋賀医大名誉教授により二〇一八年に国立公文書館から発見され、分析・解説が付されて順次復刻出版されてきている（不二出版）。この留守名簿の表紙は「一九四五年一月一日　関東軍防疫給水部」となっていて、軍が隊員の記録を管理し、家族との連絡や給与の払い渡しなどを所掌していたことが窺える。そして一九四五年五月に陸軍省に設けられていた留守業務部が、敗戦後の四五年九月九日付で名簿を引き継ぎ、同年一二月一日に復員省留守業務部が設置されて引き継ぎ、後に厚生省に移管して軍人恩給支給などの資料とされてきたようだ。陸軍、そして厚生省によるれっきとした「公文書」である。

6、公文書「関東軍防疫給水部行動経過概況図」発見、細菌生産を明記

西山勝夫らが二〇一九年一一月に国立公文書館から発見し、二〇年二月七日に記者発表した新資料は、戦後五年目の一九五〇年九月に当時の厚生省復員局留守業務第三課が作成した「資料通報（B）第五〇号　関東軍防疫給水部」との文書で、戦後中ソに取り残された元七三一部隊の軍医や軍人らの状況を把握するために作成されたものだった。うち一枚は「関東軍防疫給水部行動経過概況図」と題する縦約九〇、横約六〇センチの大図面。「防給本部」について「部隊長　石井四郎中将以下約一三〇〇人内外　本部は敗戦と共に全部を揚げて北鮮方面に移動すべく」などと旧「満洲」から日本に帰国するまでの経路が図説され、本部第一部が細菌研究、第四部が細菌生産などと部隊構成も記載されている。

図は、大連支部や牡丹江支部、ペスト防疫部隊など、関東軍防疫給水部の各支部がソ連参戦時にどういう部隊構成だったか、武装解除や敗走経路（榊原秀夫・元七三一部隊林口支部長なども含む）、ソ連に抑留された人数や指揮官の氏名、中国側に残留している人数なども記載している。七三一部隊の撤退経路が日本側公文書で裏付けられるのは初めてで、部隊の役割の最初に「細菌の研究、生産」とあり、細菌戦部隊であったことを裏付けている（京都新聞二〇二〇年二月七日付等）。

その他、小泉首相の国会答弁以降、七三一部隊に関する研究は続いており、中国を含め多くの書籍も出版されている。

⑷　二つの裁判判決より

1、家永三郎教科書検定裁判──「七三一部隊の大筋は学会の定説に」

三二年間にわたる裁判（一九六五年第一次、六七年第二次、八四年第三次提訴）が、九七年に第三次訴訟の最高裁判決で終結した。最終判決では、教科書検定自体は合憲としつつも、国の裁量権の逸脱を七件中四件で認めた。具体的には「南京大虐殺」、「中国戦線における日本軍の残虐行為」と「旧満洲七三一部隊の記述」に関する検定を違法とし、国に四〇万円の賠償を命じた。そして判決は、以下のように政府の検定を断罪した。

――関東軍の中に細菌戦を行うことを目的とした「七三一部隊」と称する軍隊が存在し、生体実験をして多数の中国人等を殺害したとの大筋は、既に本件検定当時の学界において否定するものはないほどに定説化していたものというべきであり……。

このように、裁判所は一九九七年の時点で、七三一部隊の存在と部隊による細菌戦等は既に当時の学会で定説になっていたと明確に認定していたのである。この最高裁確定判決から四半世紀も経過した二〇二二年段階では、七三一部隊に関する研究・解明は大きく進み、学会での「定説」はさらに確たるものとなっている。

2、「細菌戦裁判」での事実認定――膨大な原告側証言や調査で

七三一部隊による細菌戦攻撃で被害を受けた中国人遺族たちが、一九九七年から東京地裁に謝罪と賠償を求めて提訴し、二〇〇七年に最高裁で結審した「細菌戦裁判」（原告一八〇人）では、明治帝国憲法の「国家無答責」なる法理を根拠に原告敗訴となったものの、一審の東京地裁は七三一部隊等の防疫給水部が生物兵器開発の研究・製造を行い、中国の各地で実戦使用したこと、そして一万人に及ぶ死者や多くの被害を生んだ事実を認定し確定している。

東京地裁の判決で岩田好二裁判長は、「本件細菌戦による被害は誠に悲惨かつ甚大であり、旧日本軍による当該戦闘行為は非人道的なものであったとの評価を免れない……」との所感を述べ、「本件細菌戦被害に対し我が

国が何らかの補償等を検討するとなれば……国会において……高次の裁量により決すべき性格のものと解される」と言及していた（二〇〇二年八月二七日付、朝日新聞等が「七三一部隊訴訟―細菌戦の存在認める」と大きく報道）。

・国立研究所室長による細菌戦の鑑定

この細菌戦裁判で、二〇〇〇年一二月に国立予防衛生研究所（当時、現・国立感染症研究所）の中村明子・細菌部室長が、鑑定書「中国で発生したペスト流行と日本軍による細菌戦との因果関係について」を提出し証人として法廷答弁を行った。国が訴えられた裁判で、国の研究機関の室長が原告側の証人に立つことは異例だった。中村の著書『オウムと731と新型コロナ』（薬事日報社、二〇二一年九月）には、大量の一次資料の分析で格闘し、中国常徳でのペスト流行が人為流行であると鑑定したこと、「判決では、原告の損害賠償請求は棄却されたものの、七三一部隊による「細菌戦」の存在は認められた。細菌学および疫学の立場から、細菌戦の存在を証言した一人として感慨深く満足であった」と記している。

なお、国立予防衛生研究所は、敗戦後の一九四七年にGHQの思惑の下で東大伝染病研究所を分割し、厚生省管轄下の研究機関として誕生したが、小林六造初代所長を筆頭に、

朝日　（夕刊）　2002年（平成14年）8月27日　火曜日　43

731部隊訴訟

細菌戦の存在認める

東京地裁　賠償請求は棄却

日中戦争が行われていた40〜42年に旧日本軍の731部隊が細菌戦を実施し、親族が死亡したなどとして中国人の遺族ら180人が日本政府に1人当たり1千万円の損害賠償と謝罪を求めた訴訟の判決が27日、東京地裁であった。731部隊による細菌戦の存否が正面から法廷で争われたのは初めて。岩田好二裁判長は細菌戦があったことを認めたものの、賠償請求権を認めず原告側の請求を棄却した。

訴えていたのは、「細菌戦で親族が殺されたり、自分自身が被害を受けたりした」と主張している中国・湖南省や浙江省などに住む中国人。

裁判には原告側の要請に応じて、731部隊の元隊員2人が出廷。「細菌を培養していた」「パイロットとしてペスト菌の散布実験にかかわった」などとそれぞれの任務を証言した。

このほか、日中双方の研究者ら計8人も証人として法廷に立ち、「細菌戦はあった」と主張。このうち中央大の吉見義明教授（近現代史）は「当時の部隊幹部の業務日誌によると、日本軍は国際法で禁止された細菌戦を実施し、ペスト菌に感染したノミを飛行機からまいて住民を感染死させたことは明らかだ」などと指摘していた。

また、原告は、戦後の日本政府が組織的に細菌戦のことを隠し、現在も認めない不誠実な態度を取り続けていると述べ、こうした対応によっても精神的苦痛が増したと訴えている。

これに対し政府側は、戦前の憲法では国家が公権力を行使して何らかの被害が発生しても賠償責任を負わない「国家無答責」が原則だったと主張。さらに、不法行為から20年で賠償責任が消滅する「除斥期間」の考え方からも請求棄却を求めていた。一方で、最大の争点だった細菌戦の有無については最後まで認否を明らかにしていなかった。

細菌戦は第2次世界大戦前に結ばれたハーグ条約やジュネーブ条約で「非人道的行為」として禁止された。しかし、90年代に入ってから、731部隊が中国でひそかに実験していたことを裏付ける資料が多数発見された。政府は部隊の存在は認めたものの、細菌戦については国会答弁などで「活動を示す資料がなく、確認できない」との立場を取っている。

細菌裁判の判決を報じる朝日新聞
（2002年8月27日付）

幹部研究者の多くを元七三一部隊関係者で占め、七三一部隊の影を大きく引きずった機関だった。

(5) 戦争体験の「証言」に関する市のダブルスタンダード

七三一部隊は敗戦時にあらゆる物的証拠を焼却・抹殺し隠滅した。そうした中では、元隊員たちの「証言」が、極めて貴重な歴史史料である。

『防疫給水部留守名簿』で七三一部隊本部分を見ると、長野県出身者が一〇〇人余確認出来る。その中で、これまでに自身の体験を外部に証言してきた人が私の知る限りで七~八人存在する。飯田市平和祈念館では当初、胡桃澤正邦、越定男、砂場章二、清水英男の四名の証言パネルを展示予定で準備がなされていたが、開館直前になって見送られたままである。

飯田市歴史研究所が、地元の元満蒙開拓団の生還者を丹念に訪問して収録した膨大な体験の口述記録集『下伊那の中の満洲』全一〇冊(二〇一二年)は、オーラルヒストリーの金字塔と評されている。命からがら、身一つで辛くも帰還できた人たちの実態把握は、「口述」の収録がその大半である。そしてここには元開拓団員・生存者の夥しい悲劇・被害の体験が記録されている他、「開拓」が中国の現地住民たちに多大な災厄をもたらした「加害」の苦い体験・記憶としても記されており、現代および未来への貴重な教訓となっている。これは七三一部隊に関しても同様ではないか。飯田市の「証言」に対する対応のダブルスタンダードは道理が無い。

三　飯田市の対応の背後に見えるもの

（1）公的博物館における「加害の史実・常設展示」の現状

飯田市は、七三一部隊関係の展示を見合わせた理由の一つを「他の公共施設では展示の例が見当たらない」からだとしている。博物館研究者の山辺昌彦の調べによれば、現在わが国の平和専門の博物館は七四館で、内訳は①日本平和博物館会議に加盟が一〇館、②公立の総合的平和博物館は二〇館で、この中に飯田市平和祈念館も分類されている。③空襲関係の公立平和博物館は七館、④その他の個別のテーマの公立平和博物館は九館、⑤民間の総合的な平和博物館は七館、⑥民間の空襲関係の平和博物館は二館で、⑦民間のその他のテーマを扱った平和博物館は一七館である。また、歴史博物館の中の平和関係常設展示が、公立で一五年戦争を取り上げているのが四七館あるようだ。

この中で、七三一部隊を取り上げているのは、①の中の立命館大学国際平和ミュージアム（京都）の他、②では世田谷区立平和資料館（東京）があり、民間⑤の平和資料館「草の家」（高知）、と岡まさはる記念長崎平和資料館（長崎）、⑦では明治大学平和教育登戸研究所資料館（神奈川県）がある（『前衛』二〇二三年七月号および八月号）。

平和祈念館はいわゆる平和博物館の一つである。そして「各地の平和博物館や資料館が、地域での平和教育や平和活動を担っている」と言われている。しかし、山辺昌彦の調査「日本における平和博物館のこの四〇年間の変遷」（『わだつみの声』二〇二二年一二月）によれば、憂うべき状況にある。

戦後四〇年（一九八五・中曽根内閣）当時は、一九九一年の「ピースおおさか」（大阪市）の開設を皮切りに全国各地に平和博物館の設立が相次いだ。戦後五〇年（一九九五・村山内閣）には全国で約一〇〇の地域博物館で戦争関連の特別展が行われている。しかし戦後六〇年（二〇〇五・小泉内閣）になると地域博物館での戦争展示は六〇館に減少し、規模も縮小して加害の展示は後退した。戦後七〇年（二〇一五・安倍内閣）には、戦争関連展示は二六〇館で行われたものの、「ピースおおさか」の全面リニューアルなどで「加害の展示」は激減した。さらに二〇一九年八月に名古屋市で行われた「あいちトリエンナーレ」での「表現の不自由展」では市長が展示内容にクレームをつけ、会場不使用を打ち出すなどの大紛糾となった。

(2)「ピースおおさか」の悪しき前例

公立の平和博物館での一五年戦争時の日本による他国への侵略、加害の史実の展示は、二〇一五年まで大阪にあった。大阪府と大阪市が共同で一九九一年に大阪城公園内にオープンした「ピースおおさか（大阪国際平和センター）」である。「設置理念」では、日本国民が戦争で受けた大きな被害と共に、日本が近隣諸国の人々に多大な危害を与えたことを忘れないために設けたことを謳っている。私はこの「ピースおおさか」に、二〇〇四年秋、国際シンポジウムに招いた中国社会科学院近代史研究所の歩平所長を案内し、二〇〇七年にも中国ハルビンの第七三一部隊罪証陳列館の王鵬館長を案内して訪れ、当時の館長の歓待を受けたことがあった。飯田市も二〇〇一年にこの「ピースおおさか」を視察してきている。

改変の経緯と背景

一九九一年のオープン以降、展示資料の一部に、出所があいまいな加害の写真があったことが問題とされ、「ピースおおさか」の展示を「自虐史観」に立つものだと非難する人たちが現れ、さらに大阪府議会、大阪市議会で自民党と維新会派がやり玉に挙げた。二〇一一年、橋下徹知事が展示物を問題視し、その強い意向で一二年に全面リニューアルを決定した。

そして展示の方向を決める定款の項目を、従来の「戦争と平和に関する資料の展示」から、「大阪空襲を中心に、大阪の人々の戦争体験に関する資料の展示」に変えた。さらに自民府議団は、南京事件に関する展示を行えば、その内容に行政としてお墨付きを与えることになるので反対だと主張した。

結局、一室を使っていた「展示室・一五年戦争」が全面撤去され、代わりに「世界中が戦争をしていた時代」に変え、「侵略」という文字も内容も姿を消した。

四　その後の飯田市・市教委と住民有志等の動き

(1) 市・市教委の対応

二〇二二年八月の報道以降、市へ批判や要請が続き、市長も市教委も微妙な姿勢を続けていた。例えば市教委の松下参与は、新聞の取材に対し、「いろいろな意見を真摯に受け止めながら（展示を）いいものにしていきたい」、今後の展示の在り方については、「（専門家らから）幅広く意見を聞き、協議し、検討していきたい」と述べ（九月一六日付）また佐藤健市長も二三年一月二〇日の定例記者会見で、「展示内容は完成形ではなく常に検討していく」と応じていた。

二三年七月現在、飯田市議会には二二人の議員がいて、会派が五つ。「新政いいだ」八人、「会派・きぼう」五人、「会派・みらい」四人、「公明党」三人、「日本共産党」二人である。この間、日本共産党議員の質問に対し佐藤市長は、「（七三一部隊に関しても）必要と判断されれば展示もありうる」と述べ、その判断のために新たな委員会を設けて検討しようとの姿勢を述べていた。

（2） 市の「検討委員会」発足と検討の開始

市教委は二三年一月一七日、「平和祈念館展示・活用検討委員会」（以下・「検討委員会」）の発足方針を明らかにした。委員には、満蒙開拓平和記念館の事務局長、飯田市歴史研究所の特任研究員、市美術博物館の学芸員などの他、小中学校教員、平和のための戦争展実行委員会から二人など計一三人で構成することになった（任期は二年）。

第一回「検討委員会」は二月二一日に行われ、市教委から「検討委員会」の設置目的と委員の任務が説明された。設置目的は「祈念館の展示及び活用について幅広い市民の意見を聞くこと」で、委員は「教育委員会からの求めに応じ祈念館の展示及び活用について、意見を述べることができる」が、あくまでも判断は市教委で行うとタガがはめられた。しかし、委員の意見交換の中では、七三一部隊に関する明確な説明が必要だとの意見が複数あり、展示を否定する声はなかった。

第二回「検討委員会」は三月二八日に、また第三回が七月二六日に開かれたが、ここで市教委側から、展示を見送っているパネルではなく、別の案「七三一部隊とは（素案）」が提案された。それは家永教科書裁判の最高裁判決（前記）と細菌戦裁判の東京地裁判決（同）が「七三一部隊について事実認定した内容」として紹介し、パネルにあるQRコードから裁判の判決文全文を読むことができるというものだった。

これは七三一部隊に関して、「細菌戦を行ったという公文書は見つかっていない」との「政府見解」を別に置き、司法で確定している判断は客観的素材として示そうという苦肉の対応のようだ。「見送り」からは一歩前進と言えるが、裁判の判決文をそのまま示すというだけでは祈念館としての主体性もなく、児童・生徒などの見学者には難しく分かりにくい。何よりも肝心の地元出身元七三一部隊員の貴重な「証言」をどうするのかには答えていない。引き続き検討の行方が注目される。

（3）住民有志の「考える会」結成と運動の広がり

市の新たな動きを踏まえ、資料収集委員の有志等は、広く市民に呼びかけ「平和祈念館を考える会」を結成することを決めた（一二月一三日に準備会）。その「呼びかけ文」では、「七三一部隊員の方の切なる願いを活かし、七三一部隊の説明および証言パネルを一日も早く展示」し、「平和祈念館が被害と加害の両面から戦争の事実を伝え、次世代に平和の大切さを語り継ぐにふさわしい施設となるよう運動していく」との決意を述べている。呼びかけ人は、飯田下伊那地区の医療法人理事長、元村長、退職教員組織の代表、婦人団体代表、平和団体代表、弁護士など九人だった。

結成集会は一月二九日、飯田市内で行われ、県内外から一四〇人が参加して会場は満杯となった。集会で祈念館の展示を準備した吉沢章は、「（祈念館の）『戦争の恐ろしさ』のパートでは、七三一部隊の展示の他にも、市教委の指摘で『南京大虐殺』の言葉は控えて『南京事件』と記し、詳しいことは書けなかった」と紹介。「加害の事実を知らせず本当に戦争の恐ろしさが伝わるのか」と訴えた。教員の推薦により一四歳で七三一部隊に入隊した清水英男（九二歳）も、「子どもたちには残酷なことを知らせたくないと、加害の事実を知らせないのは本当に残念だ」と語った。

その後、「平和祈念館を考える会」（「考える会」）は、連続学習会を取り組み、第一回は三月一二日、久保田昇・平和資料収集委員の講演「胡桃澤正邦さんとの出会い・平和祈念館」（東京や大阪等からも含め八〇人参加）、第二回は四月一六日、「胡桃澤正邦さん証言録画の視聴『私は七三一部隊員だった（一九九一年八月収録）』」（七八人参加）、第三回は五月二八日に清水英男・元七三一部隊少年隊員の講演「七三一部隊少年隊・平和祈念館」（六五人参加）、第四回は七月三〇日、七三一部隊研究で多くの蓄積を持つ西山勝夫・滋賀医大名誉教授による講演「日本軍細菌戦部隊七三一部隊とはどんな部隊であったか―最近の研究から見えてきたこと」（一三〇人余が参加、中国の中央電視台などメディア各社が取材し報道など）を開催した。

五　胡桃澤元隊員の証言・遺品の経緯と意義

（1）児童文学書の中で伝えられてきた痛苦の証言、「証言」の中にある真実

一九八三年一一月に初版が出ている、草土文化社発行で日本児童文学者協会と日本こどもを守る会の編集による『続・語りつぐ戦争体験4　満洲第731部隊』の中の胡桃澤正邦の証言は、長野県松本市在住の池田久子による聞き取りだった（小林久雄、越定男・元七三一部隊員への聞き取りも）。ここでは胡桃澤が七三一部隊員となった経緯、ハルビンの部隊本部へ着任した当時の様子、部隊での細菌兵器づくり、生体解剖の担当になっての状況、敗戦と部隊の壊滅、証言の決意（当時七〇歳）までが端的に記されている。

池田に久保田昇が問い合わせたところでは、以下の回答があった。

「胡桃澤さんへの訪問（インタビュー）は一九八一年で、場所は上村の胡桃澤さんの自宅。胡桃澤さんが七三一部隊員だったと知ったのは、『語りつぐ戦争体験シリーズ』責任者の来栖良夫氏（児童文学者）の依頼の際。車で訪問し、聞き取りはテープでなくメモで行い、完成原稿を胡桃澤さんが見て確認している」。

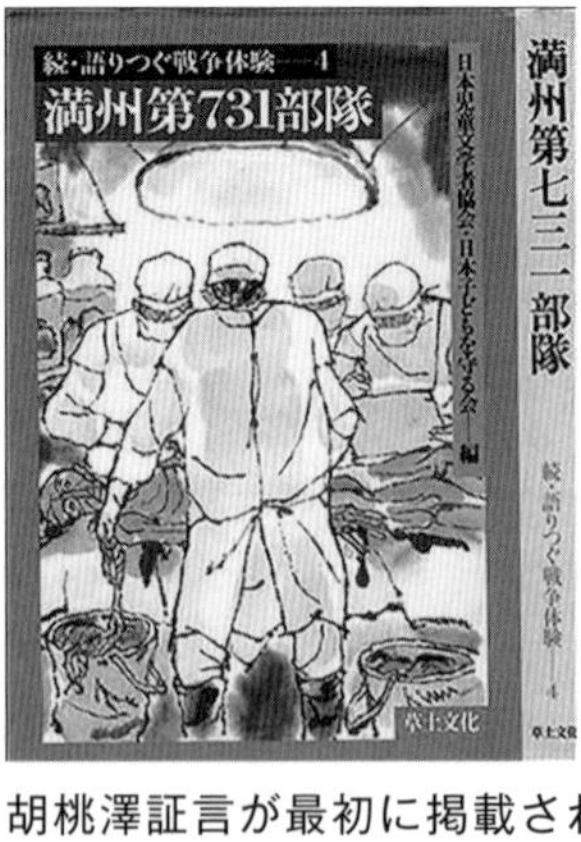

胡桃澤証言が最初に掲載された『続・語りつぐ戦争体験4 満洲第731部隊』と胡桃澤正邦

（2）『悪魔の飽食』執筆取材の中で「発見」

胡桃澤のことが来栖良夫などに知られた経緯は、森村誠一の著書『『悪魔の飽食』ノート』（晩聲社、一九八二年五月）の記述が手掛かりになる。本書は一九八一年一一月に光文社から刊行されベストセラーとなった『悪魔の飽食』が、どのような経緯で生まれたのか、その取材過程を明かしたものだった。森村は八一年当時『赤旗・日曜版』に長編推理小説『死の器』を執筆し、その中に七三一部隊を取り入れ、裏付取材に、ジャーナリスト下里正樹の協力を得ていた。

新聞掲載『死の器』が終盤にさしかかった八一年五月、森村のもとへ一本の電話があった。それは『死の器』に書かれた七三一部隊に関する記述が事実と異なるという指摘で、話の内容は極めて具体的で自信ありげだったという。森村は懸命に電話の主とコンタクトをとり、やがてその元隊員から始まり隊員同士の連絡をたぐることとなった。

森村は協力者の下里と取材プランを立て、主に下里が日本列島を連日のように飛び回った。その過程で思いがけず入手できたのが、元隊員たちが戦後に営々と復元努力を尽くし保存してきたという手書きの七三一部隊の本部施設要図（「マル秘関東軍防疫給水

石井部隊（731部隊）の蔵書印と森村誠一著『悪魔の飽食』

部本部　満洲第七三一部隊要図」。『悪魔の飽食』に収録）だった。そこには七三一部隊の一七に及ぶ専門班と生体実験の担当責任者、執刀した隊員の名前が書かれていて、その一人が胡桃澤正邦だった。やがて胡桃澤を知る元隊員の協力と案内で、下里は長野県の山奥に暮らす胡桃澤に会い、生体解剖の証言や解剖所見書メモなどが森村に伝わることとなった。

『悪魔の飽食』は森村・下里が取材できた三〇余名にのぼる元七三一部隊員の証言に基づくとしているが、特に胡桃澤の証言はその核心部分になったと思われる。

これに関連する別の資料がある。一つは一九八一年九月五日、長野県松本市の浅間温泉で関東軍第七三一部隊の第一回戦友会が全国から一九人の参加で開かれているが、胡桃澤が久保田昇に託し、現在は平和祈念館に収納されている当日の出席者名簿だ。ここには当日の主催者（長野県幹事代表）三名の名前がある。その一人が胡桃澤であり、また参加者の中に森村誠一『悪魔の飽食』取材協力者だった下里正樹の名前もある。下里は、恐らく胡桃澤の協力を得て元七三一部隊関係者を装い密かにこの会合に加わったと思われる。

もう一つは、平和祈念館に展示されている胡桃澤の遺品の医学書に押されている「石井部隊図書・第一三一二號」の印判である。これは、『悪魔の飽食』に掲載された医学書の印判と同じであり、つまり下里が胡桃澤所有の医学書を撮影し、使用したことが確認できる。

（３）平和のための学びの書『語りつぐ戦争体験』

前述の日本児童文学者協会と日本こどもを守る会の編集による『続・語りつぐ戦争体験４　満洲第７３１部隊』の中の「証言」は、この森村・下里による胡桃澤正邦「発見」を一つの契機に生まれたものと言える。胡桃澤はその後、一九九一年に下伊那高校生ゼミナール（飯田風越高校生）による取材などに応じ、また地元の「平和のための戦争展」等で七三一部隊での自身の体験を語り、更に部隊から持ち帰った手術器具や薬品、医学書を公開し、特に若い世代に戦争の真実を伝え平和への教訓とすることを願いながら、九三年に世を去った。

『続・語りつぐ戦争体験　満洲第731部隊』は、飯田市の図書館にも置かれている。主に児童・生徒を対象にしたこの本の趣旨は、平和のための学びの書であった。日本児童文学者協会と日本こどもを守る会が戦争体験を募り記録し、子どもたちに向けて刊行してきた努力を無にしてはならない。

(4) 飯田市だけにある貴重な遺品、公開活用は市の責務

胡桃澤正邦が七三一部隊から持ち帰った手術器具等の遺品は、中国の七三一部隊罪証陳列館も含め現在他では見られない唯一の七三一部隊で生体解剖に関わった現物史料で貴重な公共物である。その活用は飯田市だけができること、それは市の責務であることを改めて指摘したい。

中国ハルビンの侵華日軍第七三一部隊罪証陳列館から、これまで二回、飯田市に対してこの胡桃澤遺品の提供要請があった（二〇〇七年四月の七三一罪証陳列館・王鵬館長の飯田市訪問には原も同道した）。しかし当時の飯田市は「国際関係を考慮し」（「中国側に渡せば反日教育の材料にされかねない」との声も）、「本市で平和のために役立てたいとの声がある」と断った経緯がある。

第七三一部隊図書館には多数の貴重な医学書が置かれてあった。写真は『人體解剖學』。表紙裏に「石井部隊圖書第1312號」のスタンプがある。珍しい写真である。

飯田市平和祈念館に寄贈されている元731部隊員・胡桃澤正邦所蔵の医学書は森村誠一著『悪魔の飽食』の中で写真紹介されている。

(5) 胡桃澤遺品中の「麻薬」をめぐって

二〇二二年一〇月九日、祈念館の資料収集委員の久保田昇に県の薬事課から、祈念館に展示してある薬品の中に麻薬らしいものがあり、廃棄すると連絡があった。この薬品は、元七三一部隊員・胡桃澤正邦が、部隊から持ち帰り、亡くなる前に平和のための史料として活用を久保田に託したものである。胡桃澤正邦は七三一部隊の技手として平房の本部で石川・岡本班(病理)に配属され、三〇〇〇人を超える生体解剖に携わったことを証言しているが、薬品は解剖等に使用したものの一つとされる。

現在の「麻薬及び向精神薬取締法」では、不法所持者に懲役刑など厳しい処罰が定められている。しかしこれは胡桃澤が決死の思いで部隊から持ち帰り、七〇有余年保管されてきた稀有な歴史史料であり、廃棄してしまえば永久に失うことになる。

私(原)は久保田から相談を受け、直ぐ医師や薬剤師の多い戦医研会員にメーリングリストで知らせ意見を求めた。即座に十数人から専門的内容の意見が寄せられ、整理し久保田に伝えた。久保田はこれを踏まえ、県薬事課へ、薬品が唯一無二の歴史史料であることを訴えた手紙を送り、然るべき善処を強く要請した。

その後の一一月二日、長野県庁から担当職員が飯田市平和祈念館を訪れ、市の担当職員と久保田などの立ち合いのもと、当該薬品の確認と処分がなされた。

飯田市の担当者作成による「薬品廃棄の立ち合い記録」要旨は以下のとおり。

長野県薬事管理課が当市に寄贈されている七三一部隊員が所持していたとされる薬品について確認、以下の二点について所持することが違法であり廃棄することが必要と判断したため、その場で廃棄を行った。

①「モルヒネ注」等と記載のラベルが添付された褐色のアンプル容器に入った液体(一㎖)一本。

②「モヒ液」等の文字が印字された褐色のアンプル容器に入った液体（一㎖）一本。

各アンプルをカットし、中の液体を注射器で吸い出し、液体のみを廃棄処分した。アンプル容器二本は中を洗浄後に返却された。また、カットされたアンプルの頭部も返却された。

なお、廃棄にあたり久保田氏から以下の発言があった（略）。

県の対応は、「歴史史料の保全」を理解しつつ、毒劇物に関する現行法規を踏まえた止むを得ないものと言えよう。当初は薬品がアンプルごとすべて廃棄されることが危惧されたが、久保田等の強い働きかけが反映された。

六　七三一部隊を「過去の過ち」と認めた日本医学会の変化──「未来への提言」

七三一部隊に関して、日本の医学・医療界の中心はこれまで長く沈黙を続けてきた。医師の自主団体である保険医協会（全国保険医団体連合会）や「一五年戦争と日本の医学医療研究会」は、二〇〇〇年代の初頭から日本医学会や日本医師会に対し、かつての一五年戦争へのわが国医学・医療界の加担に関する検証を申し入れ、四年に一度開催される日本医学会総会（明治時代から続く）へは、「七三一部隊と医の倫理」をテーマに取り入れるよう要請を続けてきた。しかし、これらは毎回受け入れられず、独自に研究・検証を続け、国際シンポジウムや展示会などを取り組んできた。

そういう積み重ねの反映だったのか、二〇二二年は日本医学会の創立一二〇周年で、記念誌が発刊され、その中に西山勝夫・滋賀医大名誉教授（一五年戦争と日本の医学医療研究会前事務局長）に原稿執筆の打診があり、これに応じ西山は、過去の日本医学界の検証すべき課題として、毒ガス兵器や七三一部隊による細菌兵器研究の問題を指摘して掲載された。更に日本医学会創立一二〇周年の記念事業の中で、日本医学会（会長・門田守人）としての『未来への提言』が発表された（二〇二三年四月二日に記念式典とシンポジウムが行われ、ここで発表・発刊）。そこで医学会として初めて七三一部隊の問題を取り上げ、以下のような反省と決意を表明した。

> **「わが国も、これまで医学・医療の名において、人々に大きな犠牲を強いた過去を持つ。戦時中に石井機関と七三一部隊で中国人やロシア人等を対象とした非人道的な人体実験が広範に行われ、この研究には当時の日本の医学界をリードしていた大学教授たちが多く参加していた事実がある。**その後も、ハンセン病患者に対する強制隔離や優生手術を行った事件や薬害エイズ事件等の重大な事例、さらには、「旧優生保護法」に象徴される生命倫理原則や基本的人権、インフォームド・コンセントの蹂躙が起こった。**私たちは、こうした過去の過ちに学び、将来にわたって非倫理的な状況が再び起こることのないよう、私たち自身の倫理を確固たるものとし、時には流れに抗うことも医学に携わる者の責務であることを改めて認識する**」（日本医学会『未来への提言』の第四章。この章の検討・執筆者は一〇人で、当日は門脇孝・日本医学会副会長で虎の門病院院長が発表を担当）〈太字は原〉

この、わが国医学会（界）の新しい認識と決意は、大きな流れの転換であり、日本内外の多くの人々が知り、また政界や飯田市教育委員会なども含め広く教育界でも知られるべきであろう。

おわりに

第二次大戦で日本の同盟国であったドイツでは、今日、国として先人たちが犯したホロ－コストの忌まわしい歴史に真摯に向き合い学ぶことに努めている。ドイツも終戦後、暫くは元ナチス党員たちが経歴を隠して政府や公的機関の中枢を占めるなど、過去に無反省だった。しかし、真実が次第に明かされて若い世代による変化が生まれ、国のリーダーたちが過去に向き合い、過去との明確な決別を決意してきた。その象徴が一九七〇年一二月七日、ポーランドのワルシャワ・ゲットー英雄記念碑前で跪き許しを請うたブラント首相であり、また戦後四〇年の一九八五年五月八日、西ドイツ国会で当時のワイツゼッカー大統領が行った「過去に目を閉ざす者は、現在にも盲目となる」とのドイツ国民に向けた演説だった。

過去にわが国が行った他国への侵略、その加害の史実に関する日本政府の姿勢は、まさに「過去に目を閉ざす」ものではないか。飯田市平和祈念館に対しては、自ら掲げた開館の趣旨に添い、加害の史実の展示も等しく行うことを改めて強く求めたい。

〈追記〉

本稿脱稿後、以下の動きがあった。飯田市平和祈念館では、市教委主管の「展示活用検討委員会」での議論を踏まえ、本年（二〇二三年）九月に「七三一部隊」表題のパネル一枚の展示をはじめた。そこには「七三一部隊は、中国東北部のハルビン郊外に本部を置き、細菌兵器の研究、開発、製造を行った部隊です。この部隊は細菌兵器の研究、開発の過程において各種の人体実験を行いました」とし、七三一部隊による細菌兵器研究での人体実験や細菌戦による被害の事実を認定した二〇〇二年八月の東京地裁判決の要旨が二次元コードから見られるようになっている。これは不十分ながら公的博物館としては全国的に稀有な展示であり、一歩前進と言える。引き続き検討委員会では、地元出身元七三一部隊員の証言（四人）パネルの展示をめぐり検討が続いている。（二〇二三年一二月現在）

歴史認識雑感――被害と加害と

須藤正親

歴史認識雑感：日本と西欧（上）　フォスターとベンヤミン

「ヒロシマ・ナガサキ」

漸く暑い夏が今年もやってきた。とかく過去のことを忘れがちな日本人も、年に一度この時期に戦争のことを回顧する。だが戦争を知らない世代の台頭とともに、その事実すらもが今消え去ろうとしている。

先頃、広島と長崎の原爆投下の悲惨さを、アメリカのみならず世界の人々に知ってもらおうとドキュメンタリー『ヒロシマ・ナガサキ』を制作したアメリカのスティーブン・オカザキ監督（日系三世）が、広島と長崎で、「八月六日」、「八月九日」が「何の日」か、と尋ねたところ、若い世代の三分の一以上の日本人が応えられなかったことに絶句していた。精確なところは分からないが、東京のネオンの「明るさ」に慣れた人々が、いやな思い出に目を瞑り、「暗さ」を避けて、そこに未来を託する目が優先する中（東京一極集中）で、やはり、と同意する自分がいたことも事実だ。

原爆が投下されてから六二年（二〇〇三年三月時点で七七年）、唯一の被爆国として核の廃絶を世界に訴えてきたが、現実は、その反対に核保有国は拡散するばかりである。日本の核廃絶運動以上に、厳しい国際情勢が各国を核保有に走らせてはいるのだろうが、日本の運動自体に問題があったことは否めない。唯一の被爆国でありながら、その実験をやった当のアメリカの核の傘に保護されながらの訴えに、説得力は乏しい、と指摘されても反論が難しい。東京から、広島や長崎は遠く、国民運動として政治を動かすまでには至らなかったのである。ソ連軍の参戦下、旧満洲の開拓民を別とすれば、米軍上陸によって、多くの民間人が犠牲となった沖縄に、戦後六二年（同七七年）、米軍基地の存在を放置してきたことが重なる。しかも東京並みの小さな沖縄本島に、米軍基地の七五％がおかれている異常さ。沖縄はもっと遠いのだ。鳩山内閣が、米軍基地の移転について「最低でも県外」と沖縄県民に約束した後、それが実現せず「迷走」とマスコミのいう世論が声を大にして、一方的に批判の矛先を鳩山内閣に向けたのは記憶に新しい。

日本を代表する映画監督、今村昌平と黒澤明の作品に、原爆投下を描いた、『黒い雨』（一九八九年）と『八月のラプソディー』（一九九一年）がある。二作品とも日本では評判になった作品だが、欧米では受け入れられることはなかった。と言うより、試写会ではブーイングすら出たという。決して、日本人だけの悲惨さや悲しみを描いた作品ではないが、日本の戦争によって被害を受けた側にはそのように受け取られたのだろう。

同じように、日中戦争を描いた、七〇年代の戦争映画の代表作、五味川純平原作・山本薩夫監督の『戦争と人間』三部作（一九七〇年）にも言えた。最近の「自虐史観」と言う踏み絵を意識したような、「愛国史観」を滲ませた映画ではなく、真正面から資本と軍と政治との絡み合いを鋭く突きながら、戦争のおろかさと悲しみを描いた作品で、未だ政治的熱気もあったこともあって、当時日本では高い評価を受けたが、舞台となった中国の評価は厳しかった。文化大革命時だったと言うことを割り引いたとしても、侵略された側の中国が描かれていないと言う指摘は、今なお正当な評価だろう。

「水に流す」と言う独自の文化風土的な背景はもとより、同じ同胞の痛みや悲しみを、実態として共有しえていない日本人が、まして他国の人々の側に立って、思い馳せることがどのようにして可能なのだろう。「厭離穢土」なのである。

「廃仏毀釈」と国家神道

豊臣秀吉の朝鮮出兵以降、ほぼ三〇〇年間、日本は国家として外国の領土を侵略することはなかった。日本が大手を振るって朝鮮半島や中国、アジアに侵略を開始しはじめたのは明治維新、「脱亜＝奪亜入欧」、「西欧近代化」以降のことである。西欧近代が、一神教・キリスト教を土台にした資本主義経済の派生としての帝国主義によって形成されたことは否定すべくもない。日本は正に遅れてきた少年としてこのレールに乗ったのである。しかし、伝統としての日本文化を護持するために、「和魂洋才」を一応唱えはしたものの、大和古代国家以来、国是としてきた多神教的な「神仏習合」は、国論の統一を図りたい明治政府にとって極めて曖昧、近代化の足かせになると写ったのだ。一神教・キリスト教国家への対抗軸にはなりえないと。そこで取られたのが、仏教を禁止する「廃仏毀釈」（一八六八年）による国家神道への収斂であった。靖国神社（一八七九年）がその中心の座に据えられたことは言うまでもない。今日言うところの靖国神社の「伝統」は、西欧近代化そのものが生み出した、と言っては言い過ぎか。その明治維新は、島原の乱を除けば、外国を侵略することもなく、戦争もしなかった江戸幕府を叩き壊して成立したのだが、その勝者の側の寵児となった高杉晋作や坂本龍馬たちを始め、西欧近代を称揚した維新の元勲たちが、今もなお、英雄視されることに違和感を持つものは少ない。彼らが、明治時代を「美しい日本」、強国としてノスタルジーを掻き立てるがあまり、戦争の世紀に繋がった日本の近現代史を厳密に検証することを阻んでいる。そこには日本の仏教が内包していた、自己否定を通じて肯定に至る、いわゆる「如実知自身」（『大日経』）の精神が置き去りにされている。

だが、一方で、その明治維新を鋭く突いた新渡戸稲造（『武士道』）や和辻哲郎（『国民統合の象徴』）らの碩学が同時代にいたこともまた事実なのだ。同時代人であった夏目漱石の庶民の視座に立った見識がそれを表している。

「『開化』が進めば進む程競争が益劇しくなって生活は愈困難になるような気がする。生存競争から生ずる不安や努力に至っては決して昔よりは楽になってはいない。否昔より却って苦しくなっているのかもしれない。昔は死ぬか生きるかの為に争ったものである。今日は、それが変化して寧ろ生きるか生きるかと云う競争になってしまった」（『現代日本の開化』）と、日清・日露戦争を経て、今日的状況をも透視した発言を漱石はしていたのである。

さらに言えば、一九八四年、新一万円札発行に当たり、日中戦争、太平洋戦争を経験したわれわれの同時代人でもあった東大寺宮大工の西岡常一の一言が、筆者にはより鮮明で記憶に新しい。これまで「御足（おあし＝お金）」の象徴として馴染み深かった聖徳太子に代わって福沢諭吉が登場したのだが、西岡は「『学問のすすめ』で、西洋の学問を取り入れたのはよいけれど、植民地政策までまねして、結果的に夢破れてしまった。それで目を覚まして、終戦直後に聖徳太子のデザインがお札にのったんです。……それが又、明治維新の『学問のすすめ』やろ」と、一刀両断したのである。ちなみに、その後「日本の没落」を予測したロンドン大学教授の森嶋道夫が、東京に一極集中する日本経済構造の危うさに比べて、江戸時代の都市分散型の城下町の優位性を説いていたことも付記しておいてよいだろう。

だが、漱石や西岡の見識も、現実の日本的状況を考えれば、そこには依然として、大衆と彼らとの知性の隔たり、歴史認識において大きな落差が、今もなお続いていることを証明したに過ぎなかった、と言えるのだろう。筆者自身顧みれば、その一方的な見方を刷り込まれるだけで、明治維新の負の遺産については、深く考えの及ばなかった一時期のあったことを隠すわけにはいかない。

翻って、遅れてきた帝国主義日本の経験は余りにも浅かった。長い帝国主義の時代に培われた西欧の「民族学」は、侵略・支配の道具として奥行きを深め、良くも悪くも侵略される側の民族理解に資した。「五族共和」、「大東亜共栄圏」が名ばかりで、その実がなかったのは、侵略・支配の道具としての「民族学」すらも、まともに理解しえなかった現われであろう。戦後一時期、日本が、「エコノミック・アニマル」、「トランジスターのセールスマン」と呼ばれたのも、決して戦前と無縁になっていないばかりか、依然として学習していない、日本の姿を浮き彫りにしたに他ならなかった。加えて、西欧の影響を受けながらも、日本の「民俗学」の礎を築いた柳田国男や折口信夫に加えて、明治期「神社合祀」に反対した南方熊楠らの業績と思想が、依然として狭い学問の領域に閉じ込められているという印象を受けているのは筆者ばかりだろうか。

イギリスと日本

三〇〇年余、イギリス帝国の植民地支配下にあったインドの人々は言う。「イギリス人は嫌いだが、尊敬に値する」と。その意味するところは複雑だが、「尊敬に値する」という言葉の中に、イギリス人のインドを見る知性が含意されているのを読み取ることは難しいことではない。植民地時代のインド人とイギリス人との関係を描いたE・M・フォスター（一八七九〜一九七〇年）の『インドへの道』（一九二四年）は、その代表的な作品の一つと思うが、寡聞ながら、これに比肩するだけの日本人と中国人との関係を描いた、日本人作家の作品は知らない。『インドへの道』はその後、イギリス人の名匠・デビット・リーン監督によって映画化（一九八四年）されている。同じイギリス植民地時代を描いたリチャード・アッテンボロー監督の『ガンディー』（一九八三年）は、インド、イギリスのみならず世界中を釘付けにした（同監督には南アフリカのアパルトヘイトを取り上げた『夜明け前』がある）。

日本の教科書でも取り上げられ、二度にわたって市川昆監督が映画化（一九五六年、八五年）した竹山道雄原作の『ビルマの竪琴』（今日のミャンマー）を知らない中高年の日本人は珍しい。第二次大戦下、ビルマ戦線で一六万余の日本兵が戦死した。一九四五年、帰国するはずであった上等兵水島は、戦友の霊を弔うため僧侶となってビルマに残る決意をする。原作を読んで、映画を観てどれほどの日本人が涙したことか。特に映画の、「埴生の宿」、「仰げば尊し」を合唱する最後の映像は、今もなお目に焼きついている人も多かろう。しかしそれから何年後のことだったたか、同じビルマの植民地支配の警察官であったイギリスの作家ジョージ・オーウェル（一九〇三〜五〇年）の『象を撃つ』（一九三六年）を読んで愕然とした。東洋人に媚びるのではなく、むしろ嫌悪的な違和感を持ちつつも、ジョージ・オーウェルは被植民地ビルマの側に立ち、決然と帝国イギリスを撃っていたのである。

そしてドイツの歴史認識

「日中口述歴史・文化研究会」の新規会員を希望されているKさんの手紙を拝読した。所感の中で、残念なことのうち、二つが目に留まった。一つは、カナダのバンクーバー空港の売店（中国系）で、販売を断られたこと、もう一つは、中国旅行で出会ったドイツ人グループが、モンゴルに好意的であったKさんのグループの一人に、「八〇〇年前に、モンゴル軍にドイツが侵略された」と抗議した、とする箇所だった。

「わが身をつねって人の痛さを知れ」とあるように、人の痛さは分からない、分かろうとしない。上述したように、被爆体験すら、日本では風化しかかっている、と言う。加害をや、である。そのことは、ここ数年来の日中、日韓・朝関係に如実に現れている。中国が日本から受けた傷は一〇〇年余り前から、ドイツは、それより更に昔八〇〇年前、それでも、加害された側の傷は癒えていないのである。ちなみに、モンゴル軍のドイツ侵略は、一二〇〇年代に成立した伝説的叙事詩に基づき、ヴァーグナー（一八一三〜八三年）の大作・楽劇『ニーベルングの指輪』に結実する。ドイツ人にとって、ヴァーグナーの偉大さが続く限り、モンゴル軍への怨念は消え去ることはないのだろう。

そのドイツが、第二次大戦で加害者となり、敗戦後、近隣諸国に対する徹底した謝罪と補償によって、今日信頼を回復し、ＥＵでの確固たる地位を築くのに成功した。「過去の歴史に目を閉ざす者は、再びその過ちを繰り返す」と語ったヴァイゼッカー大統領の言葉は余りに有名だが、「道徳的責任は個人にあるのであって、国家はあくまでも政治的責任を負うだけに過ぎない」の言葉も忘れられない。

そのドイツの戦後の歴代の政治指導者たちが否定しているヒトラー政権に追われ、スペインで客死したドイツのユダヤ人思想家、ヴァルター・ベンヤミン（一八九二〜一九四〇年）は、何よりも歴史を重視した。世界は時間的に構成され、過去、現在、未来、あるいは三次元のアスペクトを持つが、出来事は既におきてしまっているので、出来事は優越的に過去的である、とする。即ち、世界は本質的に過去的であり、現在ある世界は単に現在的であるのではなく、過去的に現存在するのであると見る（今村仁司『ベンヤミン「歴史哲学テーゼ」精読』岩波書店、二〇〇〇年刊）。

ドイツと日本との歴史認識の落差を、誤解を恐れずに言うならば、文化的な違いはもとより、明治維新の「脱亜＝奪亜入欧」、そして敗戦後の日米安保条約による日本外交のアメリカ追随、その結果としてのアジア軽視の継続、さらにその結果としての、侵略戦争に対する個人の道徳的責任及び国家の政治的責任が曖昧化され、今日的には、自己責任の放棄が余儀なくさせられていったのではあるまいか。

閑話休題。

わが娘が小学校時代のことである。彼女の友人が、学芸会の配役割り当てのことで、不満げに話したことである。友人が「わたしたち白人なんだよね」と、彼女に問いかけたのである。彼女の応えは、「アジア人で黄色人種」。頭でっかちの彼女の返事に、友人はしぶしぶと同意せざるを得なかったようだが、誰が一体こんなことを刷り込んだのか？

今度は彼女の疑問に、筆者が応える番だった。そこで、当時、話題となっていたフィリピンの神父が、日本人を端的に評していた言葉を取り上げた。「日本人は黄色いバナナ」。つまり、同じアジアの人々から見ても、「表向きは黄色だが、中身は白い白人」と受け取られている、のだと。

とまれ、内外の戦争を知っている世代の多くが鬼籍に入るか入ろうとする齢に近づきつつある今日、私たちに残された時間は余りに短く、残された責任は余りに大きい。

従軍慰安婦にされたある中国人の女性は八二歳。その女性から生まれた、誰だか分からない日本兵の子供、羅善学さん（六二歳）は、日本政府に対して言う。「仕方がない。昔のことだから。あれほど多くの日本兵が母を辱めたのだから、本当の父はわかるはずがない。ただ、母に謝ってほしい。彼らは母に失礼なことをしてしまったのだから。それだけを望んでいます」「日本の若い人たちにはこういう失礼なことはしないでほしい。こういうことを再び繰り返したら畜生にも劣るのだから……」。そして賠償を求めるかとの問いに、「賠償は望んでいない」と（糟谷廣一郎「私は「日本鬼子」の子」『週刊金曜日』二〇〇七年八月三日号より）。

〈二〇〇七年八月一一日記、二〇二三年三月加筆、長野県の僻村にて〉

歴史認識雑感：日本と西欧（下）　ベルグソンからフロイトへ

二〇〇七年九月、日中国交正常化三五周年を記念して日中口述歴史・文化研究会の会員が中国を訪問してから九年の歳月が流れた。その折、瀋陽師範大学と吉林社会科学院で開かれた日中口述歴史・文化研究会訪問記念講演大会で、筆者は講演者の一人として「歴史認識雑感―被害と加害と、フォスターとベンヤミン」（二〇〇七年九月、会報第三号・特別号所収）と題し、お話をさせていただいた。当研究会設立一〇周年を迎えるにあたり、改めて小論を読み返し、その思いをまた新たにせざるを得なかった、と言うのが正直な心境だった。それは、前掲小論でお話した日本と西欧との歴史認識の違いが、今日的状況の中で一層鮮明になってきているように感じているからでもあった。

以下、思いつくまま、ヨーロッパの哲人たちを速写しながら筆者の歴史認識雑感を重ねて述べることとしたい。

歴史を哲学＝学問の礎とする西欧社会

日本の戦後処理のあり方について、ドイツとの比較が今日もなお取り上げられることがある。その代表的な例が、当時ドイツの大統領であったヴァイゼッカー（一九二〇～二〇一五年）が一九八五年、連邦議会で「荒野の四〇年」と題して演説した、ナチスの加害に対する周知の一節である。

「過去に眼を閉ざす者は、現在に対してもやはり盲目となる」

前掲小論では、ナチスのユダヤ人迫害の最中、亡命中に客死したドイツのユダヤ人思想家ベンヤミン（一八九二～一九四〇年）が、世界は本質的に過去的であり、現在ある世界は単に現在的であるのではなく、過去的に現存在するのである（『歴史哲学テーゼ』）、と見ているとしたが、実はベンヤミンより半世紀前に生まれたフランスの同時代人、哲学者ベルグソン（一八五九〜一九四一年）は、「我々の過去は我々に従い、その途上で現在を拾って大きくなるものだ」とし、さらに「過去がこういうふうに現在に生き残れなくなれば、持続というものはなく、ただ瞬間があるばかりである」（『哲学入門』）として、過去＝歴史の必然的重要性を説いている。

そのベルグソンが、二〇世紀フランス文学の最高傑作といわれているプルースト（一八七一〜一九二二年）の『失われた時を求めて』にも大きな影響を与えていたことは、文学者の間ではこれまた周知のことである。

閑話休題。

プルーストに先立つことと半世紀前、ロシアの文豪ドストエスキーが、『地下室の記』や『カラマーゾフの兄弟』などの作品を通じて、ヨーロッパの近代に疑問を投げかけていたことを忘れるわけにはいかない。そのドストエフスキーを通じて、プルーストやフローベール、そしてヘルマン・ヘッセ、トーマス・マンなどの西欧の文学者たちが多大な影響を受け、ヨーロッパの近代について自問自答していたのである。筆者は、『カラマーゾフの兄弟』を中心に、その近現代を問う視点から、三〇歳で夭逝した一作家の作品を巡って、二〇二一年、『苦海の美学』（而立書房刊）を上梓した。

ともあれ、ベルグソンもベンヤミンも哲学者、思想家であってヴァイゼッカーのような政治家ではない。彼らが過去を重視するのは、あくまでも思想哲学上のことであり、それを、例えばヘーゲル（一七七〇〜一八三一年）の『歴史哲学』なども含めて、学問の根本原理としてきたドイツ（やフランス）で学んだヴァイゼッカーが「過去に眼を閉ざすものは、現在に対してもやはり盲目になる」と言ったのは、自国が生んだナチスの歴史を身近に知る知識人として当然の論理的帰結でもあったのである。

ちなみに、前掲小論で取り上げたイギリスの文豪E・M・フォスター（一八七九〜一九七〇年）の国でも、というよりか、フランスやドイツ以上に過去＝経験を重視したのがイギリスであった。その代表者が一八世紀のフランスにも計り知れない影響を与えた哲学者・啓蒙思想家のジョン・ロック（一六三二〜一七〇二年）であった。ロックの哲学は根本原理を経験主義に基づき、「知識は先天的に得られるものではない」と説くもので、それは「色は目がなければばない」（『人間悟性論』）の一言に端的に集約している。その影響は国民国家イギリスに今も色濃く残っている。イギリスの法律体系が成文法よりも不文法である判例法に重きを置いているのも、ロックの経験哲学の影響なのであろう。少し横道にそれるかもしれないが、ロックの後、フランス大革命とは常に一線を画していたイギリスが、EU加盟に躊躇しながら加盟し、今日EU離脱に踏み切った背景には、イギリス独自の歴史認識、経験主義があるような気がしてもいる。

この観点から、さらにわたしたちにとっても馴染み深い先人を振り返れば、歴史＝過去＝経験を深く掘り下げ、学問の領域だけでなく二〇世紀に世界中の国民国家に大きな影響を及ぼした二人の哲学者と医学者を忘れることができない。一人は社会主義革命を唱えたドイツ人のマルクス（一八一三〜八三年）、もう一人はオーストリアの精神医学者フロイト（一八五六〜一九三九年）である。二人に共通するのは、共に問題の解決口を過去に視点を当てたことである。マルクスは、社会行動における無意識要因を鋭く意識し、つまり「社会的な無意識」をあぶり出し分析して社会変革に繋げたのに対して、フロイトは「個人的な無意識」に光を当て精神症理解の糸口を見出した。共に無意識下の潜在意識、眠っていた過去の経験事実を掘り起こすことによって現在の実像をとらえ直そうとしたのである。この二人は、専門の政治経済学や精神医学の枠を超えて、社会科学、思想哲学にも大きな影響を及ぼした点でも特筆すべき存在だと言えるのだろう。

いずれにしても、今日の世界的支配原理となっている欧米文明＝資本主義文明の土台となったキリスト教そのものが、古代ギリシャのプラトンのイディア論やアリストテレスの形而上学を歴史的に認識し取り入れながら世界宗教となっていることを振り返れば、ヴァイゼッカーの発言は、政治家以前のドイツの教養人としては当たり前のことであったし、ドイツ国民がそれを受け入れたのも歴史的土壌と日常性の中で培われてきた上での自然の成り行きであったに違いない。

以上、思いつくまま紹介してきたように、一人ひとりの個人も、集団も国家も、そして社会も、過去＝歴史認識がなければ、ベルグソンの説くように「現在は、持続することはなく、瞬間ばかりになってしまう」、よって立つ場をなくしてしまうことを、少なくもヨーロッパの知識人の多くは認識しているということなのである。

歴史認識からさらに遠ざかる？　日本

翻って「沖縄の激戦、東京大空襲、原爆投下、戦争を知らない子」たちはどうなのか。

チャップリン（一八八九〜一九七七年）が、一九三六年に映画『モダンタイムス』で人間と資本との関係を分かりやすく描いていたように、かつて資本は人間の道具であったのが、今や人間が資本の道具に転じていることは、昨今の市場経済万能社会の中で一層明らかになってきているのだが、哀しいことに、誰もがそれに気がついているわけではないことだ。端的に言えば、グローバル下、社会も教育機関も、幼い頃から人間が資本の道具になることを奨励しているからなのだろう。哲学者バートランド・ラッセル（一八七二〜一九七〇）が、かつて「知性抜きで知識を与えることに一番成功した国は日本である」（『懐疑論集』）、と指摘した一文が甦る。

戦後の家族制度の解体、親子別居、核家族化による持ち家の普及が都市部とりわけ東京圏を肥大化させたのも市場経済万能による資本の成果でなかったと誰が言えよう。その成果は更に少子高齢化、地域社会の崩壊、原発誘致（再稼働）、環境破壊までに連鎖してきている。「絆」とか「夢」が鳴り物入りで喧伝されているのは、その反対の現象が広がっていることを物語っている。現実はその反対に、「絆」や「連帯」は薄れて行くばかりか、総体的な経済力の衰退とともに、既成の価値観から抜け出せない為政者と民草は、先行きが見通せない中で流浪するばかり、と言ったら悲観に過ぎるのか？　正に資本の文明化作用のなせる業なのである。

人間と資本の関係を解りやすく指摘したのがチャップリンだったのに対し、同じ映画監督・小津安二郎が、その人間と資本の影響下にある人間模様、壊れ行く日本の風景を、『モダンタイムス』とは対照的に、ゆったりとした映像観で、儚くそして美しく描いたのが『東京物語』（一九五二年）であった。東京に在住する長男の町医者と、美容院を営む長女を訪ねて、初老の両親が遠く広島の尾道から上京してくるのだが、時は高度経済成長前夜、長男も長女も「忙しさ」にかまけて対応もできず、熱海の安宿に両親を追いやる。一人、戦死した次男の嫁が優しく迎えるのだが、熱海旅行の疲れも重なって、母親は尾道に帰宅後危篤状態となる。駆けつけた長男、長女、そして遅ればせながら大阪からやって来た三男の三人兄妹は、母親の葬儀後、次男の嫁と末の妹に後を任せて、そそくさと東京、大阪に帰って行く。日本社会の根底、家族の崩壊はこの頃から既に始まっていたことに気付いた小津の慧眼に、改めて敬意を表さざるを得ない。寡黙な両親と次男の嫁の優しさから滲み出る美しさが救いとなっているのだが、前述した経済学者・森嶋道夫の警鐘とは裏腹に、今日、どこもかしこも再開発という美名の下で、東京一極集中の肥大化はさらに続いている。われわれの日常を左右してきたこの経済優先主義は、果たして『東京物語』で小津が描いたように、ラッセルの辛辣な一文に対する反論としての、日本の優しさと美しさをこれからも残し得るのか。兄姉たちが帰京した後、父と二人暮らしになる妹が、「お姉さん、お兄さん、……ずいぶん勝手よ」と、別れ際、戦死した兄の嫁・義姉に愚痴をこぼした言葉が、なぜか強く印象に残っている。

こうした状況下、冒頭で取り上げた歴史認識についての西欧と日本との違いをさらに広げる一要因となるであろう極めて日常的な生活慣習の変化が気になった。母親の葬儀を終えて、そそくさと帰京する『東京物語』の子供（大人）たちの映像を想い起しながら、当時以上に忙しくなった今の時代の現実の映像を観るにつけ、親子関係はもとより先人とのつながりばかりか、人間関係そのものが一層希薄化している中で、大衆はどこに向かって行くのか老婆心が働いたのだ。

そのきっかけの一つとなったのは、お墓の消滅である。人生の締めくくり後の安住の地になるはずの先祖代々のお墓が、全国津々浦々で消滅していっていることである。筆者の在住しているような耕作放棄が広がる過疎地ばかりか、人口の密集した都会でもお墓の放置が増えているのである。NHKの調査によれば、二〇一五年の時点で、その数は一〇年前の二倍に上っている、と言われている。空地の少ない大都会はともかく、地方での空き家の全国的な広がりは、それを反映したものなのである。『東京物語』が描いていたように、七〇余年前から始まった「東京一極集中」現象は、地方から若者を引き離し、彼らは盆暮れだけ帰省する都会人となってしまっている。極端に言えば、地方は後継者のいない老人だけの終の棲家となっている。やがては老人すら居なくなる住処が廃屋になることは避けられない。帰るべき両親や先祖（代々）のわが家を失った都会化した住人が、先祖（代々）のお墓から足が遠のいてゆくのもまた避けられない。地域社会の崩壊は避けられなくなっているのだ。

閑話休題。

二〇余年前、筆者が東京から長野県の山村に移り住んだ家は、先祖代々に繋がる改装した古民家であった。跡取りのいない先代の当主が、仕事上、東京圏に移住せざるを得なくなり、古民家を手放したのである。彼らの先祖代々の墓は、家から一四、五分登った山の中にあった。当初三、四年ぐらいまでは、彼らも盆の墓参りには帰省していたが、そのうち姿を見ることもなくなった。若くて働き盛り、都会の生活がそれを余儀なくさせているのだろう、と推測している。筆者の身近な見分も、けっして例外だとは言えないのだ。

その結果、大都会では、散骨や樹木葬なども含めてお墓を作らない人たちが増えてきているのは、少なくも年配者には周知の通りでもあろう。マルクスはともかく（マルクスのお墓はロンドンにある）、古代から、宗教家はもちろんのこと、哲学者のほとんどが、人類にとって普遍的、永遠に存在するものとして、「神」とともに「霊魂の不滅」をあげている。あの直角三角形の定理で有名な古代の数学者・ピタゴラス（前五六九年頃〜前四七〇年頃）の思索の核心が霊魂の存在であったことは知る人ぞ知る。それは、有史以来、人類が人種・民族・宗教・肌の色の違いを超えて共通の認識だとしてきたからに違いない。お墓はその意味で「霊魂の不滅」という人類の「普遍の真実」を、形にしたものに他ならないということになるのだろう。われわれにとって、孔子の遺産であるお墓も、西欧哲学的に解釈すれば、プラトンの「イディア論」と、アリストテレスの「形而上学」との合体とも解釈できる。その意味で、記念碑を含めて慰霊碑やお墓は歴史認識の礎ともなってきたと言っても、それほどの異論はないように思えるのだ。北方四島の島民の墓参問題が毎年話題になるのは、その象徴的なことなのだろう。

つまり、お墓という過去の軽視、消滅して行く、生きている者だけの日常性は、次第に死者＝先祖との境界を一層隔てるだけでなく、大胆な予測が許されるならば、いずれは「霊魂の不滅」をも消滅させる道行になるのだろう。それは家族、個々人の歴史の断絶に繋がることに他ならない。資本にからめとられた「浮草」の繁茂である。それでなくとも、良くも悪くも、過去を「水に流す」国民性からするならばその趨勢は避けられない。自分史さえ顧みない人間が、まして他人に対してをやである。もともと人間は「自分勝手」になりがち？　被害を受けた他国民に対する自責の程度も深浅も想像に難くない。

フロイトの精神分析の処方箋を援用するならば、「お墓の軽視も消滅」も、現在を最優先する経済万能主義＝物欲主義が、時には身勝手な自由賛歌と近視眼的な合理主義（＝科学主義）の肥大化によって生み出された現象ということとなる。したがって、こうした価値観が続いてゆく限り、われわれの歴史認識への道はさらに薄らぎ弱体化したものとならざるを得ない。墓の存在、つまり歴史認識の存在は、それこそ、権力者、有産階級、今様に言えば、「上級国民」など一部の者たちだけに残される畏れなしとしないのである。

耳の痛い話だが、一言付け加えよう。コロナ禍以前にも感じていたことだが、遠く離れた墓参の難しさに加えて、死者との対話の定期的機会となってきた、回忌、仏教でいう法事までもが軽視されるようなってきたことだ。一回忌、三回忌、七、十三、十七、二十三、二十七、三十三、五十、百の回忌が、かつては行われてきたのだが、恐らく今日では、十三回忌ぐらいまでが限度か。亡くなった年に、一回忌、三回忌が同時に行われる場合の多いことがそれを示唆している。法事は死者との対話といいながらも、久方ぶりに出会う親類縁者との集いの場でもあった。デジタル化の進行が、最も濃密な人間同士の触れ合いと繋がりの場を一層形骸化させ、「今を生きる」ことのみに拍車をかけさせる。それは仏教の法事ばかりに限らない。筆者が民俗学者、柳田国男や折口信夫の仕事に敬意を表する所以でもある。

何よりも恐れるのは『大衆の反逆』

しかも、歴史認識の希薄化とともに、問題はさらに進行する恐れがあることだ。そしてそこから派生する問題の深刻さは、これまでわれわれが直面している社会問題の比ではない、あの道への回帰である。「金持ち喧嘩せず」の譬えがあるように、日中国交が回復した一九七〇年代当時の日本は、未だ経済成長を謳歌する余裕があったし、加えて、「裸の王様」が愛用するようなものでも、GDP世界第二位の経済大国という鎧を着飾っていた。近現代史を顧みれば、日本を問わず、各国間で起きた—現在も起きている—紛争や戦争のほとんどは、経済不況と政治的貧困と社会不安の果て、国民の不満を解消できない中で、あたかもその不満を吸収させるかのように、軍部や為政者や権力者がスケープ・ゴートとして利用してきたと言ってよい。省みて、今日の国際関係を踏まえた日本の状況に重なるところはないのか?

経済万能主義を支えた経済成長という果実が、一方で保証されない現実が露わになり始めていることに目を背けることはあっても、肌身に感じていない者は、一部の「勝ち組」を除いてわずかだと断定しても大きな誤りはないのだろう。少子高齢化、人口減少、財政赤字、国際競争力の劣化など、今さら繰り返すまでもないのだが、問題は、米中の覇権対立も加わり、その負荷を直視しないまま、今また、あのスケープ・ゴートという悪しき手段を使って、現実から逃避しようとする動きが再浮上していることなのだ。戦争を多少知っている者にとって、杞憂に過ぎないと目を瞑るわけにはいかないのである。先に防衛力強化に向けた「国家安全保障戦略」など安保関連3文書を政府が閣議決定したことが絵空事では済まないことを如実に語っている。それは、第二次世界大戦の反省から生まれた憲法九条のもとでの「専守防衛」からの大転換を示すもので、曲がりなりにも平和主義を唱えてきた歴史認識からの決別だけでなく、新たな「加害と被害」の道に通ずることを意味するからだ。

深刻の度合いを濃くするのは、閣議決定の前に国会で議論することもなかったばかりか、それ以上に国民の過半が当局発表の「狼が来た！」警報に振り回されてか、この閣議決定を容認する機運にあることである。かつて、ヨーロッパに大衆社会が根付き浸透している現実を踏まえて、スペインの哲学者オルテガ・イ・ガゼー（一八八三〜一九五五年）は、『大衆の反逆』という著書の中で、民主主義という大義のもとで反知性的言動に迎合する大衆の原始性と野蛮性を鋭く突いた。ヒットラーの戦争も、日本の戦争も、大衆の熱狂的な支持なくしてはあり得なかった。良くも悪くも「がんばれニッポン！」も、過度に熱すると危険が伴うものなのである。出口もなく寄る辺なき冷静さを失った人間が、狂気に走りがちになるのは今も昔も変わりない。ヒステリーは人間につきもの。怖いのは、戦争を知らない世代が大多数を占める中で、それを組織的に扇動する者と一体化した集団ヒステリー、「集団的精神異常」だ。止めようがない。仏教がいうところの「自ら愛する者は、他の者を害してはならぬ」（『相応部経典』）の戒めもこうなっては役に立たない。しかも周りを見回せば、政治的無関心層が国民の四割以上占めるのだ。オルテガの指摘を、筆者が被害と加害の歴史認識を雑感する上で、何よりも怖れているのはそのことである。蛇足ながら、フロイトが精神分析の土台とした「人間とは願望によって支配された、知性弱き存在である」という定義を座右としていたことを付記しておこう。

〈二〇一六年一〇月二五日記、二〇二三年三月、文体を一部訂正、加筆〉

おわりに

干場辰夫

二〇二二年に設立一五周年を迎えた日中口述歴史・文化研究会は、それを記念した研究大会（国内での研究例会としては通算第二九回）を、九月四日に、コロナ禍の中ZOOMを用いてインターネット上で開催した。参加者は、日本や中国はもとより、米国・オーストラリア・英国・マレーシアといった諸国、また日中の多くの大学の教員や学生、さらには社会人も参加して、その数は、約一八〇人に達し、四時間以上にわたる盛大な大会となった。

開催にいたるまで、多くの会員が献身的に準備活動に当たったが、その過程で、複数の会員から、研究大会だけでなく、書籍としても本会の活動の成果を残してはどうだろうかという提案がなされた。それが本書出版の発端である。

冒頭三編の論考は、本会の概要について記している。研究会活動の中心である李素楨の論考は、本会の全体像を簡潔に叙述している。読者はこの論考で研究会の全体像を知ることができよう。李素楨を助けながら本会の立ち上げからその後の発展に尽力した初代会長の植田渥雄の論考は、本研究会の歩みを李素楨論考とは異なる側面から光を当てている。現会長の須藤正親の論考は、複雑多様な歴史を複眼的視野で叙述した司馬遷に学ぶことを説くが、それは、当研究会の対象に即するならば、加害の歴史も被害の歴史も含めて多様な歴史を長期的な視座のもとで客観的に叙述するという本研究会の根本理念を示している。

第一部は、戦時期の実際の体験に基づく証言である。本研究会は多くの方々の実体験の発表の場でもあったが、その中からとりわけ研究会の中心的メンバーであった会員を中心に六篇の証言を選び、それをテーマ別に配列した。満蒙開拓団とその後の中国人民解放軍への参加（桜井規順、橋口傑）、七三一部隊（清水英男）、日本軍による「三光作戦（殺しつくし・焼きつくし・奪いつくす）」（中川寿子）、三光作戦の一環としての日本軍の略奪作戦である「糧秣作戦」（山下正男、豊喜成）についてである。なお豊喜成論考は、その前の山下正男論考が、日本軍による略奪を行った側からの体験を書いているのに対して、略奪を受けた中国側からの証言を対応させている。

第二部は、様々な口述証言を基に（文献資料も参照しながら）、歴史の再構成に挑んだ本研究会の中心的な分野であり、研究会ではこれまで多様なテーマで発表が行われたが、ここではいくつかの中心的なテーマに絞り、会員のみならず、本研究会と関係のある中国側の研究者にも加わっていただき、それぞれのテーマで最新の研究成果を発表してもらった。まず最初のテーマは日本軍による細菌戦にかかわるものであり、これまで七三一部隊がよく知られたものであったが、ほかにも八六〇四部隊（呉軍捷論考）、五一三部隊（李素楨他論考）、一〇〇部隊がある。とりわけ五一三部隊は、本研究会の李素楨を中心とする調査団によって初めて発見された成果であり、さらには「満洲国」全体に細菌戦研究開発のネットワークが張り巡らされていたことを見出している。また張暁剛論考は、細菌戦にかかわる軍医たちによる生体実験の生々しい実態を叙述し、ナチスドイツのアウシュビッツにも匹敵する日本軍の一つの収容所に関して記した呉軍捷論考とともに、極めて衝撃的な内容となっている。第二のテーマは「慰安婦」であり、日本では韓国での従軍慰安婦だけが取り上げられがちであるが、蘇智良論考は、日本軍が展開した各地の事例をも広く取り上げ、慰安婦史の全体像の再構成を目指している。第三のテーマは、兵士たちが戦地から内地に送った「軍事郵便」であり、片山兵衛論考は、その膨大な郵便物を渉猟しつつ、日本軍兵士の戦時における意識とその変遷を分析している。

第三部は、「日中文化研究編」と題している。本研究会は口述歴史をメインテーマとするものではあるが、それを専門とする研究者は少なく、多くは別の専門をもちながらも、李素楨の提唱する斯学の趣旨に賛同して参加した。そのために本書でもこの第三部を設定したが、一五周年の記念書としては、口述歴史をより前面に出すために、今回は、口述歴史のテーマと関連する李雨菲論考一つにとどめた。日本による「満洲国」の建国過程における映画メディアによるランドメイキングの役割の諸相を読み解こうとし、「満洲国」建国を文化的側面から光を当てている。他の二論考は、研究論文ではないが、口述歴史のテーマと密接にかかわるものを、あえてここで掲載した。原文夫論考は以下の事情による。冒頭で述べた本研究会の一五周年記念研究大会で、清水英男による「七三一部隊　少年隊員の体験」が発表されたが、その少し前の五月に、長野県飯田市で新装開館した市立「平和祈念館」で、直前まで展示が予定されていた地元出身の元七三一部隊員たち（清水英男を含む）の「証言パネル」などの展示が、市当局によって突然見送られるという事態が起こっていたのである。本研究会は実証的客観的な研究を旨とし政治的な主張とは一線を画すものではあるとは言え（中国側の研究者にはその旨、徹底しえなかった）、自治体の施策の評価とは別に、本研究会の研究にとって意義あるものとしてあえてこの論考を掲載した次第である。最後の須藤正親論考は、本研究会の基本的な立場に関する本研究会会長の長年にわたる思索の結実であり、本書の結びに代えた。

海外では口述歴史研究（オーラルヒストリー）が飛躍的に発展し、広く認知されるに至っている。日本でも近年、政治家や官僚からの聞き取りによって政策決定過程を解明しようとする研究（エリートオーラル）など、多くの口述歴史研究が見られるようになったとは言え、文献史学から口述証言の正確性や客観性への不信や批判はなお根強い。しかし文字資料がない分野や文字資料では知りえない情報にアクセスでき、他方、複数の話し手や文字資料との併用によってクロスチェックの精度を高め、あるいは複数の聞き手によって質問や視点に多様性を持たせることによって、正確性や客観性に接近しうることも確かである。

しかも本研究会の口述歴史研究とは、口述証言のみに依拠しようとするものではなく、本書第二部の諸論考に見られるように、文字資料を縦横に用い、文字資料と口述資料とを同等な資料として、相互に補完しながら行う研究である。エリート・オーラルよりも民衆のオーラルによる日中戦争史の分野での本書の研究が、日本の口述歴史研究に一石を投じることを願っている。

最後に当研究会の中心的メンバーとして、これまで尽力された理事の方々のリストを、文末に掲載しておきたい。

名誉会長
植田渥雄
会長
須藤正親
常務副会長
李素楨
副会長
田中慎也
椎名宮雄
何彬
史東陽
森彪
副会長 兼 事務局長
干場辰夫
会計 兼 副事務局長
長野真理子
理事
田剛
尹東燦
崔貞
渡辺美佐子
今村真
竹上勝利
平井潤一
劉紅
片山兵衛
遠藤幸美
名誉理事
大沼昭彦
桜井規順
橋口傑

執筆者・翻訳者等紹介（掲載論考順）

はじめに

須藤正親（すどうまさちか）　日中口述歴史・文化研究会会長、東海大学名誉教授

植田渥雄（うえだあつお）　日中口述歴史・文化研究会初代会長、桜美林大学名誉教授、元副学長

李素楨（リー・スージェン）　日中口述歴史・文化研究会常務副会長、長春師範大学特聘教授

第一章

橋口傑（はしぐちすぐる）　日中口述歴史・文化研究会名誉理事、富士語りべの会代表

桜井規順（さくらいきじゅん）　日中口述歴史・文化研究会名誉理事、静岡政経市民フォーラム代表、元国会議員

清水英男（しみずひでお）　日中口述歴史・文化研究会会員、元七三一部隊少年隊員

中川寿子（なかがわすみこ）　「三光作戦調査会」代表

山下正男（やましたまさお）　日中口述歴史・文化研究会理事、熱海市議会議員　二〇一九年死去

豊喜成（フォン・シーチォン）　海南島興隆鎮太陽河花園住民

劉紅（リウ・ホン）　日中口述歴史・文化研究会理事、武蔵野大学講師

第二章

呉軍捷（ウー・ジュンジェ）　香港抗戦歴史研究会会長、中国和平統一促進会香港総会副会長

郭寧（グオ・ニン）　中国日本友好協会理事

張暁剛（チャン・シォーガン）　長春師範大学特聘教授、東北口述歴史研究センター主任、池田大作文化研究所所長

孫妍（スン・イェン）　長春師範大学講師

田剛（テェン・ガン）　日中口述歴史・文化研究会理事、長春師範大学特聘教授

おわりに

森彪（もりたけし）　日中口述歴史・文化研究会副会長
渡辺美佐子（わたなべみさこ）　日中口述歴史・文化研究会理事
蘇智良（スー・ヂーリャン）　上海師範大学教授、中国〝慰安婦〟問題研究センター長
周潯輝（ヂョウ・シュンフイ）　上海師範大学講師
瀋海濤（シェン・ハイタオ）　吉林外国語大学教授
片山兵衛（かたやまひょうえ）　日中口述歴史・文化研究会理事、海老名市文化財審議委員

第三章

李雨菲（リー・ユィフェー）　日中口述歴史・文化研究会会員、ケンブリッジ大学建築専攻博士課程
原文夫（はらふみお）　「戦争と医学医療研究会」会員・前幹事

おわりに

干場辰夫（ほしばたつお）　日中口述歴史・文化研究会副会長　事務局長　本書編纂委員会委員長

いま語るべき日中戦争
——民衆の視点による歴史認識の日中共同研究

2024年2月15日　初版第1刷発行

編　者　日中口述歴史・文化研究会
発行者　川上　隆
発行所　株式会社同時代社
〒101-0065　東京都千代田区西神田2-7-6
電話 03(3261)3149　FAX 03(3261)3237
組　版　精文堂印刷株式会社
装　幀　クリエイティブ・コンセプト
印　刷　精文堂印刷株式会社

ISBN978-4-88683-959-6